THE UNIVERSITY OF CHICAGO
ORIENTAL INSTITUTE PUBLICATIONS
VOLUME 117

Series Editors
Thomas A. Holland
and
Thomas G. Urban

*To the memory of
Edith Porada*

SEALS ON THE PERSEPOLIS FORTIFICATION TABLETS
VOLUME I
IMAGES OF HEROIC ENCOUNTER
PART 2: PLATES

by

MARK B. GARRISON

and

MARGARET COOL ROOT

with

Seal Inscription Readings

by

CHARLES E. JONES

ORIENTAL INSTITUTE PUBLICATIONS • VOLUME 117
THE ORIENTAL INSTITUTE OF THE UNIVERSITY OF CHICAGO
CHICAGO • ILLINOIS

Library of Congress Catalog Card Number: 97-78494

ISBN: 1-885923-12-0

ISSN: 0069-3367

The Oriental Institute, Chicago

©2001 by The University of Chicago. All rights reserved.
Published 2001. Printed in the United States of America.

The preparation of this volume of the Persepolis Seal Project was made possible in part by grants from the Program for Research Tools and Reference Works of the National Endowment for the Humanities, an independent Federal Agency, the Samuel Kress Foundation, and the Iran Heritage Foundation.

Series Editors Acknowledgments

The assistance of Dennis Campbell, Blane Conklin, John A. Larson, and Leslie Schramer is acknowledged in the production of this volume.

Printed by United Graphics, Inc., Mattoon, Illinois

The paper used in this publication meets the minimum requirements of American National Standard for Information Services — Permanence of Paper for Printed Library Materials, ANSI Z39.48-1984.

TABLE OF CONTENTS

INTRODUCTION	vii
LIST OF ABBREVIATIONS	viii
LIST OF PLATES	ix
PLATES	
Photographs of Selected Impressions of Seals in Volume I with Composite Drawings	1–173
Selected Comparative Features on Seals in Volume I	174–291

INTRODUCTION

Plates 1–173 contain photographs of impressions of seals in Volume I. When a seal exists in more than one impression, generally only select impressions (ones that were judged to give the most visual information) are shown. No attempt has been made to document every impression of every seal. When there may be ambiguity as to where an impression occurs on a tablet, or which impression is the relevant one on tablet surfaces that carry multiple impressions of different seals, an arrow (→) indicates the relevant place on the tablet where the impression occurs. The photographs of the impressions of each seal are accompanied by the composite line drawing of the seal. These composite line drawings reproduce exactly the composite line drawings that accompany the catalog entries in Part One. The photographs and the composite line drawings are arranged on the plates so that there is a consistent vertical center for the images. The seals are arranged in catalog order. Both the photographs and the composite line drawings on plates 1–173 are rendered at a scale of 2:1.

Plates 174–291 contain composite line drawings of select seals illustrating comparative features such as iconographic elements, poses, compositional formats, perspective elements, types of animals and creatures, deities, classes of seal types (e.g., inscribed seals, stamp seals, office, seals), seals caps, and borders. These comparative plates are intended to provide a sampling of comparative features. They are not comprehensive either as regards the comparative features or the seals that illustrate them. For a comprehensive accounting of this type of information the reader is referred to the indices in Appendices Four–Eleven and the General Index. The composite line drawings on these plates generally show just one complete rolling of the seal (i.e., they do not reproduce the repeats that are included in the composite line drawings that accompany the catalog entries in Part One). Because the compositions are often densely intertwined, as is typical of the cylinder seal medium, one rolling of the seal often does not result in a neat visual presentation of the full design. In some cases, one rolling of the seal would not capture completely the specific figure, iconographic device, inscription, and so forth that is being highlighted on the comparative plate(s). In those cases, some or all of both repeats may be included in the composite line drawing. The composite line drawings on plates 174–291 are rendered at a scale of 2:1.

LIST OF ABBREVIATIONS

*	inscribed seal
Cat.No.	in parentheses after PFS number, catalog number of seal in Part One: Text Volume
PF	Persepolis Fortification tablet published by Hallock (1969)
PFS	seal documented by impression(s) on Persepolis Fortification tablet(s)
s	stamp seal

LIST OF PLATES

PHOTOGRAPHS OF SELECTED IMPRESSIONS OF SEALS IN VOLUME I WITH COMPOSITE DRAWINGS

1. PFS 102 (Cat.No. 1) on PF 154 and PF 157 and Composite Drawing

2. PFS 524 (Cat.No. 2) on PF 256 and Composite Drawing and
   PFS 2 (Cat.No. 3) on PF 544 and PF 113 and Composite Drawing

3. PFS 2 (Cat.No. 3) on PF 1049 and PF 1848 and Composite Drawing

4. PFS 7* (Cat.No. 4) on PF 709, PF 719, PF 698, and PF 702 and Composite Drawing

5. PFS 36* (Cat.No. 5) on PF 849, PF 1041, and PF 849 and Composite Drawing

6. PFS 970 (Cat.No. 6) on PF 848 and Composite Drawing,
   PFS 429 (Cat.No. 7) on PF 121 and Composite Drawing, and
   PFS 1189 (Cat.No. 8) on PF 1247 and Composite Drawing

7. PFS 1460 (Cat.No. 9) on PF 1577 and Composite Drawing,
   PFS 1499 (Cat.No. 10) on PF 1622 and Composite Drawing, and
   PFS 778 (Cat.No. 11) on PF 1106 and Composite Drawing

8. PFS 1467 (Cat.No. 12) on PF 1586 and Composite Drawing and
   PFS 841 (Cat.No. 13) on PF 644 and Composite Drawing

9. PFS 1550 (Cat.No. 14) on PF 1769 and Composite Drawing and
   PFS 18 (Cat.No. 15) on PF 1376 and PF 1095 and Composite Drawing

10. PFS 38 (Cat.No. 16) on PF 732 and PF 1837 and Composite Drawing

11. PFS 38 (Cat.No. 16) on PF 1835 and Composite Drawing

12. PFS 1684 (Cat.No. 17) on PF 1324 and Composite Drawing and
    PFS 1641 (Cat.No. 18) on PF 2087 and Composite Drawing

13. PFS 113* (Cat.No. 19) on PF 879 and PF 864 and Composite Drawing

14. PFS 164* (Cat.No. 20) on PF 969 and Composite Drawing and
    PFS 1465 (Cat.No. 21) on PF 1580 and Composite Drawing

15. PFS 16* (Cat.No. 22) on PF 1802, PF 1798, PF 665, PF 1805, PF 1802, and PF 1800 and Composite Drawing

16. PFS 49 (Cat.No. 23) on PF 687, PF 1556, and PF 1558 and Composite Drawing

17. PFS 63 (Cat.No. 24) on PF 1688 and PF 1687 and Composite Drawing

18. PFS 95 (Cat.No. 25) on PF 1139 and PF 1368 and Composite Drawing

19. PFS 232 (Cat.No. 26) on PF 37 and PF 117 and Composite Drawing

20. PFS 249 (Cat.No. 27) on PF 1641 and PF 971 and Composite Drawing and
    PFS 329 (Cat.No. 28) on PF 17 and Composite Drawing

21. PFS 1071 (Cat.No. 29) on PF 1114 and Composite Drawing and
    PFS 1362 (Cat.No. 30) on PF 1464 and Composite Drawing

22. PFS 1374 (Cat.No. 31) on PF 1478 and Composite Drawing and
    PFS 1527 (Cat.No. 32) on PF 1686 and Composite Drawing

23. PFS 1243 (Cat.No. 33) on PF 1297 and Composite Drawing,
    PFS 1276 (Cat.No. 34) on PF 1332 and Composite Drawing, and
    PFS 1320 (Cat.No. 35) on PF 1403 and Composite Drawing

24. PFS 1322 (Cat.No. 36) on PF 1405 and Composite Drawing,
    PFS 1020 (Cat.No. 37) on PF 1047 and Composite Drawing, and
    PFS 385 (Cat.No. 38) on PF 85 and Composite Drawing

25. PFS 1142 (Cat.No. 39) on PF 1234 and Composite Drawing and
    PFS 1146 (Cat.No. 40) on PF 1200 and Composite Drawing

26. PFS 1325 (Cat.No. 41) on PF 1409 and Composite Drawing and
    PFS 1440 (Cat.No. 42) on PF 1549 and Composite Drawing

27. PFS 1083 (Cat.No. 43) on PF 1131 and Composite Drawing and
    PFS 1285 (Cat.No. 44) on PF 1341 and Composite Drawing

28. PFS 1053 (Cat.No. 45) on PF 1095 and Composite Drawing and
    PFS 225 (Cat.No. 46) on PF 1167 and Composite Drawing

29. PFS 361 (Cat.No. 47) on PF 324 and Composite Drawing and
    PFS 86 (Cat.No. 48) on PF 128 and PF 1015 and Composite Drawing

30. PFS 120 (Cat.No. 49) on PF 2079, PF 2013, and PF 2001 and Composite Drawing

31. PFS 201 (Cat.No. 50) on PF 1276 and PF 1404 and Composite Drawing

32. PFS 231 (Cat.No. 51) on PF 1703 and PF 1677 and Composite Drawing

33. PFS 233 (Cat.No. 52) on PF 328 and Composite Drawing

34. PFS 294 (Cat.No. 53) on PF 1005 and Composite Drawing and
    PFS 301 (Cat.No. 54) on PF 1231 and PF 1230 and Composite Drawing

35. PFS 426 (Cat.No. 55) on PF 120 and Composite Drawing and
    PFS 430 (Cat.No. 56) on PF 121 and Composite Drawing

36. PFS 720 (Cat.No. 57) on PF 492 and Composite Drawing and
    PFS 774 (Cat.No. 58) on PF 556 and Composite Drawing

37. PFS 844 (Cat.No. 59) on PF 645 and Composite Drawing and
    PFS 851 (Cat.No. 60) on PF 650 and Composite Drawing

38. PFS 1072 (Cat.No. 61) on PF 1114 and Composite Drawing and
    PFS 1444 (Cat.No. 62) on PF 1562 and Composite Drawing

39. PFS 1598 (Cat.No. 63) on PF 2020 and Composite Drawing,
    PFS 673 (Cat.No. 64) on PF 436 and Composite Drawing,
    PFS 882 (Cat.No. 65) on PF 759 and Composite Drawing, and
    PFS 1135 (Cat.No. 66) on PF 1192 and Composite Drawing

40. PFS 1117 (Cat.No. 67) on PF 1176 and Composite Drawing and
    PFS 1091 (Cat.No. 68) on PF 1140 and Composite Drawing

41. PFS 132 (Cat.No. 69) on PF 1531 and PF 1336 and Composite Drawing and
    PFS 1057 (Cat.No. 70) on PF 1101 and Composite Drawing

42. PFS 1081 (Cat.No. 71) on PF 1129 and Composite Drawing and
    PFS 1387 (Cat.No. 72) on PF 1490 and Composite Drawing

43. PFS 34 (Cat.No. 73) on PF 151 and PF 1093 and Composite Drawing and
    PFS 168 (Cat.No. 74) on PF 1667 and Composite Drawing

44. PFS 123* (Cat.No. 75) on PF 162, PF 163, and PF 219 and Composite Drawing

45. PFS 362 (Cat.No. 76) on PF 56 and Composite Drawing and
    PFS 1016 (Cat.No. 77) on PF 1040 and Composite Drawing

46. PFS 399 (Cat.No. 78) on PF 837 and Composite Drawing and
    PFS 787 (Cat.No. 79) on PF 581 and Composite Drawing

LIST OF PLATES

47. PFS 1458 (Cat.No. 80) on PF 1574 and Composite Drawing,
    PFS 940 (Cat.No. 81) on PF 1550 and Composite Drawing, and
    PFS 1613 (Cat.No. 82) on PF 2050 and Composite Drawing
48. PFS 79 (Cat.No. 83) on PF 251 and PF 1948 and Composite Drawing
49. PFS 103* (Cat.No. 84) on PF 240 and Composite Drawing
50. PFS 513 (Cat.No. 85) on PF 1986, PF 233, and PF 2074 and Composite Drawing
51. PFS 819 (Cat.No. 86) on PF 611 and Composite Drawing
52. PFS 981* (Cat.No. 87) on PF 1012 and PF 937 and Composite Drawing
53. PFS 1483 (Cat.No. 88) on PF 1607 and Composite Drawing and
    PFS 1165 (Cat.No. 89) on PF 1217 and Composite Drawing
54. PFS 461 (Cat.No. 90) on PF 163 and Composite Drawing and
    PFS 392 (Cat.No. 91) on PF 89 and Composite Drawing
55. PFS 454 (Cat.No. 92) on PF 150 and Composite Drawing and
    PFS 555 (Cat.No. 93) on PF 312 and Composite Drawing
56. PFS 158 (Cat.No. 94) on PF 108 and Composite Drawing,
    PFS 380 (Cat.No. 95) on PF 72 and Composite Drawing, and
    PFS 945 (Cat.No. 96) on PF 819 and Composite Drawing
57. PFS 883* (Cat.No. 97) on PF 760 and Composite Drawing,
    PFS 516 (Cat.No. 98) on PF 239 and Composite Drawing, and
    PFS 370 (Cat.No. 99) on PF 63 and Composite Drawing
58. PFS 326 (Cat.No. 100) on PF 13, PF 161, and PF 13 and Composite Drawing
59. PFS 1658 (Cat.No. 101) on PF 1256 and Composite Drawing and
    PFS 536 (Cat.No. 102) on PF 291 and PF 824 and Composite Drawing
60. PFS 594 (Cat.No. 103) on PF 346 and Composite Drawing and
    PFS 62 (Cat.No. 104) on PF 1767 and PF 1768 and Composite Drawing
61. PFS 782 (Cat.No. 105) on PF 567 and Composite Drawing and
    PFS 1489 (Cat.No. 106) on PF 1614 and Composite Drawing
62. PFS 781 (Cat.No. 107) on PF 565 and Composite Drawing and
    PFS 496 (Cat.No. 108) on PF 224 and Composite Drawing
63. PFS 341 (Cat.No. 109) on PF 33 and Composite Drawing and
    PFS 749 (Cat.No. 110) on PF 524 and Composite Drawing
64. PFS 284* (Cat.No. 111) on PF 330 and PF 2027 and Composite Drawing
65. PFS 1485 (Cat.No. 112) on PF 1608 and Composite Drawing and
    PFS 99 (Cat.No. 113) on PF 161 and PF 120 and Composite Drawing
66. PFS 52 (Cat.No. 114) on PF 1767 and PF 1768 and Composite Drawing
67. PFS 145 (Cat.No. 115) on PF 762 and PF 761 and Composite Drawing
68. PFS 197 (Cat. No. 116) on PF 206 and Composite Drawing
69. PFS 222 (Cat.No. 117) on PF 1762 and PF 1727 and Composite Drawing
70. PFS 552 (Cat.No. 118) on PF 310 and Composite Drawing and
    PFS 687 (Cat.No. 119) on PF 453 and Composite Drawing
71. PFS 1030 (Cat.No. 120) on PF 1062 and Composite Drawing and
    PFS 1586 (Cat.No. 121) on PF 1953 and Composite Drawing

72. PFS 1654 (Cat.No. 122) on PF 981 and Composite Drawing and
    PFS 884 (Cat.No. 123) on PF 760 and Composite Drawing

73. PFS 297 (Cat.No. 124) on PF 99 and Composite Drawing and
    PFS 321 (Cat.No. 125) on PF 9 and Composite Drawing

74. PFS 1017 (Cat.No. 126) on PF 1045 and Composite Drawing,
    PFS 1023 (Cat.No. 127) on PF 1048 and Composite Drawing, and
    PFS 1437s (Cat.No. 128) on PF 1546 and Composite Drawing

75. PFS 944 (Cat.No. 129) on PF 818 and Composite Drawing and
    PFS 494 (Cat.No. 130) on PF 223 and Composite Drawing

76. PFS 731 (Cat.No. 131) on PF 502 and PF 626 and Composite Drawing

77. PFS 1102 (Cat.No. 132) on PF 1164 and Composite Drawing and
    PFS 334 (Cat.No. 133) on PF 26 and Composite Drawing

78. PFS 480 (Cat.No. 134) on PF 203 and Composite Drawing and
    PFS 217 (Cat.No. 135) on PF 115 and Composite Drawing

79. PFS 1204 (Cat.No. 136) on PF 1262 and Composite Drawing and
    PFS 1202 (Cat.No. 137) on PF 1261 and Composite Drawing

80. PFS 912 (Cat.No. 138) on PF 786 and Composite Drawing and
    PFS 690 (Cat.No. 139) on PF 460 and Composite Drawing

81. PFS 213 (Cat.No. 140) on PF 1440 and PF 1550 and Composite Drawing

82. PFS 501 (Cat.No. 141) on PF 225 and Composite Drawing and
    PFS 669 (Cat.No. 142) on PF 432 and Composite Drawing

83. PFS 632 (Cat.No. 143) on PF 376 and PF 514 and Composite Drawing

84. PFS 1188 (Cat.No. 144) on PF 1246 and Composite Drawing and
    PFS 20 (Cat.No. 145) on PF 1850 and PF 352 and Composite Drawing

85. PFS 740 (Cat.No. 146) on PF 513 and Composite Drawing and
    PFS 72 (Cat.No. 147) on PF 837 and Composite Drawing

86. PFS 228 (Cat.No. 148) on PF 201 and Composite Drawing,
    PFS 364 (Cat.No. 149) on PF 59 and Composite Drawing, and
    PFS 439 (Cat.No. 150) on PF 130 and Composite Drawing

87. PFS 547 (Cat.No. 151) on PF 304 and Composite Drawing,
    PFS 714 (Cat.No. 152) on PF 486 and Composite Drawing, and
    PFS 783 (Cat.No. 153) on PF 567 and Composite Drawing

88. PFS 991 (Cat.No. 154) on PF 997 and Composite Drawing,
    PFS 996 (Cat.No. 155) on PF 1010 and Composite Drawing, and
    PFS 1026 (Cat.No. 156) on PF 1059 and Composite Drawing

89. PFS 1045 (Cat.No. 157) on PF 1090 and Composite Drawing,
    PFS 1077 (Cat.No. 158) on PF 1123 and Composite Drawing, and
    PFS 1236 (Cat.No. 159) on PF 1291 and Composite Drawing

90. PFS 1238 (Cat.No. 160) on PF 1293 and Composite Drawing,
    PFS 1252 (Cat.No. 161) on PF 1306 and Composite Drawing,
    PFS 1388 (Cat.No. 162) on PF 1492 and Composite Drawing, and
    PFS 1447 (Cat.No. 163) on PF 1565 and Composite Drawing

91. PFS 1535 (Cat.No. 164) on PF 1723 and Composite Drawing and
    PFS 1630 (Cat.No. 165) on PF 2066 and Composite Drawing

92. PFS 1454 (Cat.No. 166) on PF 1570 and Composite Drawing,
    PFS 1519 (Cat.No. 167) on PF 1667 and Composite Drawing,
    PFS 1217s (Cat.No. 168) on PF 1275 and Composite Drawing, and
    PFS 1099 (Cat.No. 169) on PF 1158 and Composite Drawing

93. PFS 131 (Cat.No. 170) on PF 235 and PF 249 and Composite Drawing

94. PFS 971 (Cat.No. 171) on PF 1587 and PF 854 and Composite Drawing

95. PFS 31 (Cat.No. 172) on PF 58, PF 70, PF 65, PF 59, and PF 66 and Composite Drawing

96. PFS 64* (Cat.No. 173) on PF 1100 and PF 1220 and Composite Drawing and
    PFS 671* (Cat.No. 174) on PF 434 and Composite Drawing

97. PFS 1090 (Cat.No. 175) on PF 1139 and Composite Drawing and
    PFS 1321s (Cat.No. 176) on PF 1404 and Composite Drawing

98. PFS 1475 (Cat.No. 177) on PF 1596 and Composite Drawing and
    PFS 396 (Cat.No. 178) on PF 93 and Composite Drawing

99. PFS 381 (Cat.No. 179) on PF 76 and Composite Drawing and
    PFS 32* (Cat.No. 180) on PF 985 and PF 989 and Composite Drawing

100. PFS 677* (Cat.No. 181) on PF 439 and Composite Drawing and
    PFS 1* (Cat.No. 182) on PF 956, PF 949, and PF 878 and Composite Drawing

101. PFS 684 (Cat.No. 183) on PF 444 and Composite Drawing,
    PFS 1260s (Cat.No. 184) on PF 1315 and Composite Drawing, and
    PFS 1018 (Cat.No. 185) on PF 1046 and Composite Drawing

102. PFS 138 (Cat.No. 186) on PF 1405 and Composite Drawing,
    PFS 885 (Cat.No. 187) on PF 761 and Composite Drawing,
    PFS 234 (Cat.No. 188) on PF 340 and Composite Drawing, and
    PFS 849 (Cat.No. 189) on PF 648 and Composite Drawing

103. PFS 1155 (Cat.No. 190) on PF 1226 and Composite Drawing and
    PFS 1300 (Cat.No. 191) on PF 1378 and Composite Drawing

104. PFS 514 (Cat.No. 192) on PF 236 and Composite Drawing and
    PFS 1076 (Cat.No. 193) on PF 1212 and Composite Drawing

105. PFS 180 (Cat.No. 194) on PF 261 and Composite Drawing,
    PFS 719 (Cat.No. 195) on PF 1127 and Composite Drawing, and
    PFS 1002 (Cat.No. 196) on PF 1018 and Composite Drawing

106. PFS 109 (Cat.No. 197) on PF 1489 and PF 1541 and Composite Drawing,
    PFS 256 (Cat.No. 198) on PF 1689 and Composite Drawing, and
    PFS 1153 (Cat.No. 199) on PF 1203 and Composite Drawing

107. PFS 913 (Cat.No. 200) on PF 786 and Composite Drawing and
    PFS 418 (Cat.No. 201) on PF 110 and Composite Drawing

108. PFS 80 (Cat.No. 202) on PF 1125 and PF 425 and Composite Drawing

109. PFS 584* (Cat.No. 203) on PF 333 and Composite Drawing

110. PFS 853 (Cat.No. 204) on PF 1487 and Composite Drawing

111. PFS 859* (Cat.No. 205) on PF 691 and Composite Drawing and
    PFS 1264s (Cat.No. 206) on PF 1320 and Composite Drawing

112. PFS 43* (Cat.No. 207) on PF 580 and PF 507 and Composite Drawing

113. PFS 266* (Cat.No. 208) on PF 1120, PF 1097, and PF 1112 and Composite Drawing

114. PFS 523* (Cat.No. 209) on PF 256 and Composite Drawing

115. PFS 1181 (Cat.No. 210) on PF 1228 and PF 1112 and Composite Drawing

116. PFS 1367s (Cat.No. 211) on PF 1468 and Composite Drawing and
     PFS 149 (Cat.No. 212) on PF 276 and PF 10 and Composite Drawing

117. PFS 236 (Cat. No. 213) on PF 819 and Composite Drawing and
     PFS 795 (Cat.No. 214) on PF 587 and Composite Drawing

118. PFS 815* (Cat.No. 215) on PF 608 and Composite Drawing and
     PFS 526* (Cat.No. 216) on PF 271 and Composite Drawing

119. PFS 98* (Cat.No. 217) on PF 1611, PF 1583, and PF 1582 and Composite Drawing

120. PFS 1566* (Cat.No. 218) on PF 1852 and Composite Drawing and
     PFS 1277* (Cat.No. 219) on PF 1282 and Composite Drawing

121. PFS 33 (Cat.No. 220) on PF 1219 and PF 2061 and Composite Drawing and
     PFS 39s (Cat.No. 221) on PF 445, PF 782, and PF 601 and Composite Drawing

122. PFS 139s (Cat.No. 222) on PF 1533 and PF 1576 and Composite Drawing

123. PFS 151 (Cat.No. 223) on PF 577 and PF 576 and Composite Drawing

124. PFS 196 (Cat.No. 224) on PF 1100 and Composite Drawing and
     PFS 260 (Cat.No. 225) on PF 144 and PF 145 and Composite Drawing

125. PFS 916 (Cat.No. 226) on PF 788 and Composite Drawing and
     PFS 952 (Cat.No. 227) on PF 826 and Composite Drawing

126. PFS 1122 (Cat.No. 228) on PF 1190 and Composite Drawing and
     PFS 1309s (Cat.No. 229) on PF 1386 and Composite Drawing

127. PFS 1428s (Cat.No. 230) on PF 1532 and Composite Drawing and
     PFS 1463s (Cat.No. 231) on PF 1579 and Composite Drawing

128. PFS 1582 (Cat.No. 232) on PF 1942 and Composite Drawing

129. PFS 255 (Cat.No. 233) on PF 522 and Composite Drawing and
     PFS 1466 (Cat.No. 234) on PF 1585 and Composite Drawing

130. PFS 17 (Cat.No. 235) on PF 46, PF 48, and PF 1565 and Composite Drawing

131. PFS 298s (Cat.No. 236) on PF 1539 and PF 1477 and Composite Drawing

132. PFS 312 (Cat.No. 237) on PF 1140 and Composite Drawing and
     PFS 1501 (Cat.No. 238) on PF 1624 and Composite Drawing

133. PFS 57* (Cat.No. 239) on PF 2003 and Composite Drawing

134. PFS 265 (Cat.No. 240) on PF 1097 and PF 1228 and Composite Drawing

135. PFS 65 (Cat.No. 241) on PF 284 and Composite Drawing

136. PFS 58 (Cat.No. 242) on PF 79 and Composite Drawing

137. PFS 902 (Cat.No. 243) on PF 773 and Composite Drawing and
     PFS 1632* (Cat.No. 244) on PF 2070 and Composite Drawing

138. PFS 247 (Cat.No. 245) on PF 1743 and PF 1661 and Composite Drawing

139. PFS 959s (Cat.No. 246) on PF 834 and Composite Drawing and
     PFS 1311s (Cat.No. 247) on PF 1388 and Composite Drawing

140. PFS 1391 (Cat.No. 248) on PF 1494 and Composite Drawing

141. PFS 162 (Cat.No. 249) on PF 1249 and PF 1902 and Composite Drawing

142. PFS 125 (Cat.No. 250) on PF 1632 and Composite Drawing and
     PFS 10 (Cat.No. 251) on PF 1534, PF 1199, and PF 1519 and Composite Drawing

LIST OF PLATES

143. PFS 241 (Cat.No. 252) on PF 93 and Composite Drawing and
    PFS 1315s (Cat.No. 253) on PF 1573 and PF 1393 and Composite Drawing

144. PFS 1375s (Cat.No. 254) on PF 1479 and Composite Drawing and
    PFS 167 (Cat.No. 255) on PF 629 and PF 572 and Composite Drawing

145. PFS 990 (Cat.No. 256) on PF 995 and Composite Drawing,
    PFS 1480 (Cat.No. 257) on PF 1603 and Composite Drawing, and
    PFS 1286 (Cat.No. 258) on PF 1342 and Composite Drawing

146. PFS 919s (Cat.No. 259) on PF 793 and Composite Drawing,
    PFS 964 (Cat.No. 260) on PF 842 and Composite Drawing, and
    PFS 1624s (Cat.No. 261) on PF 2059 and Composite Drawing

147. PFS 338 (Cat.No. 262) on PF 31 and Composite Drawing,
    PFS 344 (Cat.No. 263) on PF 35 and Composite Drawing, and
    PFS 463 (Cat.No. 264) on PF 164 and Composite Drawing

148. PFS 818 (Cat.No. 265) on PF 610 and Composite Drawing and
    PFS 1025* (Cat.No. 266) on PF 1059 and Composite Drawing

149. PFS 939 (Cat.No. 267) on PF 814 and Composite Drawing and
    PFS 1612 (Cat.No. 268) on PF 2050 and Composite Drawing

150. PFS 807 (Cat.No. 269) on PF 600 and Composite Drawing,
    PFS 931* (Cat.No. 270) on PF 807 and Composite Drawing, and
    PFS 709 (Cat.No. 271) on PF 482 and Composite Drawing

151. PFS 272* (Cat.No. 272) on PF 2064 and PF 1695 and Composite Drawing and
    PFS 1637* (Cat.No. 273) on PF 2085 and Composite Drawing

152. PFS 100 (Cat.No. 274) on PF 627 and PF 467 and Composite Drawing and
    PFS 146 (Cat.No. 275) on PF 1541 and Composite Drawing

153. PFS 1406 (Cat.No. 276) on PF 1510 and Composite Drawing

154. PFS 54* (Cat.No. 277) on PF 448, PF 1181, and PF 1021 and Composite Drawing

155. PFS 769* (Cat.No. 278) on PF 548 and Composite Drawing and
    PFS 1123 (Cat.No. 279) on PF 1179 and Composite Drawing

156. PFS 414 (Cat.No. 280) on PF 106 and Composite Drawing,
    PFS 737 (Cat.No. 281) on PF 510 and Composite Drawing, and
    PFS 112 (Cat.No. 282) on PF 977 and Composite Drawing

157. PFS 1119 (Cat.No. 283) on PF 1177 and Composite Drawing and
    PFS 114 (Cat.No. 284) on PF 1206 and Composite Drawing

158. PFS 153 (Cat.No. 285) on PF 147 and Composite Drawing and
    PFS 190 (Cat.No. 286) on PF 356 and PF 357 and Composite Drawing

159. PFS 614 (Cat.No. 287) on PF 364 and Composite Drawing and
    PFS 9* (Cat.No. 288) on PF 1792, PF 1796, and PF 659 and Composite Drawing

160. PFS 263 (Cat.No. 289) on PF 1631 and Composite Drawing

161. PFS 246 (Cat.No. 290) on PF 1698 and Composite Drawing

162. PFS 30 (Cat.No. 291) on PF 1874, PF 1660, and PF 1721 and Composite Drawing

163. PFS 4* (Cat.No. 292) on PF 915 and PF 917 and Composite Drawing

164. PFS 67 (Cat.No. 293) on PF 484 and PF 1634 and Composite Drawing and
    PFS 1249 (Cat.No. 294) on PF 1304 and Composite Drawing

165. PFS 152 (Cat.No. 295) on PF 1118, PF 1062, PF 1117, PF 1094, and PF 1951 and Composite Drawing

166. PFS 757 (Cat.No. 296) on PF 533 and Composite Drawing and
PFS 1101 (Cat.No. 297) on PF 1164 and PF 1227 and Composite Drawing

167. PFS 24 (Cat.No. 298) on PF 352 and Composite Drawing and
PFS 26 (Cat.No. 299) on PF 1293 and PF 1704 and Composite Drawing

168. PFS 130 (Cat.No. 300) on PF 1227 and PF 1163 and Composite Drawing and
PFS 447 (Cat.No. 301) on PF 137 and Composite Drawing

169. PFS 29 (Cat.No. 302) on PF 1672, PF 798, PF 358, and PF 554 and Composite Drawing

170. PFS 243 (Cat.No. 303) on PF 1683 and Composite Drawing and
PFS 6 (Cat.No. 304) on PF 1727 and PF 976 and Composite Drawing

171. PFS 199* (Cat.No. 305) on PF 449 and PF 557 and Composite Drawing,
PFS 373 (Cat.No. 306) on PF 64 and Composite Drawing, and
PFS 503 (Cat.No. 307) on PF 226 and Composite Drawing

172. PFS 896 (Cat.No. 308) on PF 770 and Composite Drawing,
PFS 280 (Cat.No. 309) on PF 1617 and PF 1616 and Composite Drawing, and
PFS 435 (Cat.No. 310) on PF 124 and Composite Drawing

173. PFS 148 (Cat.No. 311) on PF 601 and Composite Drawing and
PFS 538 (Cat.No. 312) on PF 293 and Composite Drawing

SELECTED COMPARATIVE FEATURES ON SEALS IN VOLUME I

174. **Assyrian Garments**: PFS 79 (Cat.No. 83), PFS 168 (Cat.No. 74), PFS 201 (Cat.No. 50), PFS 236 (Cat.No. 213), PFS 246 (Cat.No. 290), PFS 536 (Cat.No. 102), PFS 844 (Cat.No. 59), and PFS 885 (Cat.No. 187)

175. **Assyrian Garments** (*cont.*): PFS 945 (Cat.No. 96), PFS 1260s (Cat.No. 184), PFS 1320 (Cat.No. 35), PFS 1367s (Cat.No. 211), PFS 1437s (Cat.No. 128), PFS 1387 (Cat.No. 72), PFS 1458 (Cat.No. 80), and PFS 1624s (Cat.No. 261)

176. **Assyrian Garments with Detailing Preserved**: PFS 9* (Cat.No. 288), PFS 16* (Cat.No. 22), PFS 38 (Cat.No. 16), PFS 98* (Cat.No. 217), PFS 86 (Cat.No. 48), PFS 513 (Cat.No. 85), PFS 981* (Cat.No. 87), and PFS 1101 (Cat.No. 297)

177. **Assyrian Garments with Detailing Preserved** (*cont.*): PFS 30 (Cat.No. 291), PFS 222 (Cat.No. 117), PFS 778 (Cat.No. 11), PFS 971 (Cat.No. 171), PFS 1102 (Cat.No. 132), PFS 1122 (Cat.No. 228), PFS 1466 (Cat.No. 234), PFS 1480 (Cat.No. 257), and PFS 1582 (Cat.No. 232)

178. **Persian Court Robes with Sleeves Pushed Up in Deep Swags**: PFS 52 (Cat.No. 114), PFS 95 (Cat.No. 25), PFS 102 (Cat.No. 1), PFS 294 (Cat.No. 53), PFS 301 (Cat.No. 54), PFS 632 (Cat.No. 143), and PFS 912 (Cat.No. 138)

179. **Persian Court Robes with Sleeves Pushed Up**: PFS 7* (Cat.No. 4), PFS 113* (Cat.No. 19), PFS 524 (Cat.No. 2), PFS 774 (Cat.No. 58), PFS 819 (Cat.No. 86), PFS 851 (Cat.No. 60), PFS 859* (Cat.No. 205), and PFS 1428s (Cat.No. 230)

180. **Persian Court Robes with Sleeves Down**: PFS 39s (Cat.No. 221), PFS 584* (Cat.No. 203), and PFS 1227* (Cat.No. 219); and **Kilts**: PFS 4* (Cat.No. 292), PFS 43* (Cat.No. 207), PFS 57* (Cat.No. 239), PFS 272* (Cat.No. 272), and PFS 769* (Cat.No. 278)

181. **Hybrid Garments** (Blending Assyrian or Persian Elements either Together or with Garment Forms of Uncertain Type): PFS 17 (Cat.No. 235), PFS 24 (Cat.No. 298), PFS 247 (Cat.No. 245), PFS 255 (Cat.No. 233), PFS 266* (Cat.No. 208), PFS 326 (Cat.No. 100), PFS 496(?) (Cat.No. 108), and PFS 1388 (Cat.No. 162)

182. **Robes with Various Features of Detail**: PFS 2 (Cat.No. 3), PFS 20 (Cat.No. 145), PFS 103* (Cat.No. 84), PFS 414 (Cat.No. 280), PFS 463 (Cat.No. 264), PFS 594 (Cat.No. 103), PFS 709 (Cat.No. 271), PFS 818 (Cat.No. 265), and PFS 1519 (Cat.No. 167)

LIST OF PLATES

xvii

183. **Robes of Various Undetailed Types**: PFS 62 (Cat.No. 104), PFS 139s (Cat.No. 222), PFS 148 (Cat.No. 311), PFS 418 (Cat.No. 201), PFS 849 (Cat.No. 189), PFS 1099 (Cat.No. 169), PFS 1155 (Cat.No. 190), and PFS 1321s (Cat.No. 176)

184. **Trousers**: PFS 18 (Cat.No. 15), PFS 34 (Cat.No. 73), PFS 120 (Cat.No. 49), PFS 249 (Cat.No. 27), PFS 1045 (Cat.No. 157), PFS 1309s (Cat.No. 229), PFS 1315s (Cat.No. 253), PFS 1375s (Cat.No. 254), and PFS 1527 (Cat.No. 32)

185. **Tunics**: PFS 54* (Cat.No. 277), PFS 80 (Cat.No. 202), PFS 284* (Cat.No. 111), PFS 552 (Cat.No. 118), PFS 690 (Cat.No. 139), PFS 913 (Cat.No. 200), PFS 1076 (Cat.No. 193), PFS 1090 (Cat.No. 175), PFS 1217s (Cat.No. 168), and PFS 1362 (Cat.No. 30)

186. **Headdresses**: PFS 4* (Cat.No. 292), PFS 43* (Cat.No. 207), PFS 58 (Cat.No. 242), PFS 80 (Cat.No. 202), PFS 120 (Cat.No. 49), PFS 130 (Cat.No. 300), PFS 146 (Cat.No. 275), PFS 225 (Cat.No. 46), and PFS 298s (Cat.No. 236)

187. **Headdresses** (*cont.*): PFS 594 (Cat.No. 103), PFS 740 (Cat.No. 146), PFS 883* (Cat.No. 97), PFS 971 (Cat.No. 171), PFS 1315s (Cat.No. 253), PFS 1367s (Cat.No. 211), PFS 1454 (Cat.No. 166), and PFS 1566* (Cat.No. 218)

188. **Persian Crowns and Fluted Tiaras**: PFS 7* (Cat.No. 4), PFS 34 (Cat.No. 73), PFS 39s (Cat.No. 221), PFS 79 (Cat.No. 83), PFS 113* (Cat.No. 19), PFS 139s (Cat.No. 222), PFS 301 (Cat.No. 54), and PFS 326 (Cat.No. 100)

189. **Persian Crowns and Fluted Tiaras** (*cont.*): PFS 774 (Cat.No. 58), PFS 1077 (Cat.No. 158), PFS 1189 (Cat.No. 8), PFS 1155 (Cat.No. 190), and PFS 1428s (Cat.No. 230); and **Polos Headdresses**: PFS 196 (Cat.No. 224), PFS 231 (Cat.No. 51), PFS 526* (Cat.No. 216), and PFS 677* (Cat.No. 181)

190. **Beards**: PFS 7* (Cat.No. 4), PFS 24 (Cat.No. 298), PFS 95 (Cat.No. 25), PFS 109 (Cat.No. 197), PFS 859* (Cat.No. 205), PFS 1020 (Cat.No. 37), PFS 1155 (Cat.No. 190), and PFS 1309s (Cat.No. 229)

191. **Variously Detailed Beards**: PFS 9* (Cat.No. 288), PFS 49 (Cat.No. 23), PFS 113* (Cat.No. 19), PFS 513 (Cat.No. 85), PFS 538 (Cat.No. 312), PFS 180 (Cat.No. 194), PFS 199* (Cat.No. 305), and PFS 1566* (Cat.No. 218)

192. **Rounded Coiffures**: PFS 39s (Cat.No. 221), PFS 125 (Cat.No. 250), PFS 217 (Cat.No. 135), PFS 778 (Cat.No. 11), PFS 844 (Cat.No. 59), PFS 859* (Cat.No. 205), PFS 1077 (Cat.No. 158), and PFS 1550 (Cat.No. 14)

193. **Round Coiffures**: PFS 9* (Cat.No. 288), PFS 49 (Cat.No. 23), PFS 109 (Cat.No. 197), PFS 225 (Cat.No. 46), PFS 249 (Cat.No. 27), PFS 312 (Cat.No. 237), PFS 690 (Cat.No. 139), PFS 1072 (Cat.No. 61), PFS 1142 (Cat.No. 39), and PFS 1586 (Cat.No. 121)

194. **Narrow Rounded and/or Pointed Coiffures**: PFS 10 (Cat.No. 251), PFS 98* (Cat.No. 217), PFS 139s (Cat.No. 222), PFS 247 (Cat.No. 245), PFS 594 (Cat.No. 103), PFS 896 (Cat.No. 308), PFS 912 (Cat.No. 138), PFS 916 (Cat.No. 226), PFS 939 (Cat.No. 267), and PFS 1309s (Cat.No. 229)

195. **Coiffures of Distinctive Types/Sub-types**: PFS 6 (Cat.No. 304), PFS 33 (Cat.No. 220), PFS 151 (Cat.No. 223), PFS 853 (Cat.No. 204), PFS 896 (Cat.No. 308), PFS 1465 (Cat.No. 21), PFS 1475 (Cat.No. 177), and PFS 1684 (Cat.No. 17)

196. **Coiffures of Unusual Types**: PFS 38 (Cat.No. 16), PFS 152 (Cat.No. 295), PFS 167 (Cat.No. 255), PFS 236 (Cat.No. 213), PFS 538 (Cat.No. 312), PFS 1202 (Cat.No. 137), and PFS 1375s (Cat.No. 254)

197. **Hands**: PFS 1* (Cat.No. 182), PFS 7* (Cat.No. 4), PFS 132 (Cat.No. 69), PFS 538 (Cat.No. 312), PFS 749 (Cat.No. 110), PFS 883* (Cat.No. 97), PFS 884 (Cat.No. 123), PFS 1586 (Cat.No. 121), and PFS 1613 (Cat.No. 82)

198. **Feet and Shoes**: PFS 4* (Cat.No. 292), PFS 9* (Cat.No. 288), PFS 16* (Cat.No. 22), PFS 30 (Cat.No. 291), PFS 49 (Cat.No. 23), PFS 109 (Cat.No. 197), PFS 114 (Cat.No. 284), PFS 249 (Cat.No. 27), PFS 263 (Cat.No. 289), and PFS 301 (Cat.No. 54)

199. **Feet and Shoes** (*cont.*): PFS 321 (Cat.No. 125), PFS 584* (Cat.No. 203), PFS 690 (Cat.No. 139), PFS 1072 (Cat.No. 61), PFS 1202 (Cat.No. 137), PFS 1227* (Cat.No. 219), PFS 1321s (Cat.No. 176), PFS 1566* (Cat.No. 218), and PFS 1582 (Cat.No. 232)

200. **Heroes as Various Composite Creatures**: PFS 1* (Cat.No. 182), PFS 146 (Cat.No. 275), PFS 684 (Cat.No. 183), PFS 1202 (Cat.No. 137), PFS 1204 (Cat.No. 136), PFS 1188 (Cat.No. 144), and PFS 1321s (Cat.No. 176)

201. **Heroes as Winged Humans**: PFS 30 (Cat.No. 291), PFS 64* (Cat.No. 173), PFS 112 (Cat.No. 282), PFS 263 (Cat.No. 289), PFS 321 (Cat.No. 125), PFS 463 (Cat.No. 264), PFS 513 (Cat.No. 85), PFS 931* (Cat.No. 270), PFS 964 (Cat.No. 260), and PFS 1632* (Cat.No. 244)

202. **Arm Positions of Heroic Control**: PFS 16* (Cat.No. 22), PFS 49 (Cat.No. 23), PFS 79 (Cat.No. 83), PFS 120 (Cat.No. 49), PFS 294 (Cat.No. 53), PFS 632 (Cat.No. 143), PFS 774 (Cat.No. 58), and PFS 819 (Cat.No. 86)

203. **Arm Positions of Heroic Control** (*cont.*): PFS 7* (Cat.No. 4), PFS 138 (Cat.No. 186), PFS 326 (Cat.No. 100), PFS 429 (Cat.No. 7), PFS 778 (Cat.No. 11), PFS 970 (Cat.No. 6), PFS 971 (Cat.No. 171), and PFS 1260s (Cat.No. 184)

204. **Arm Positions of Heroic Control** (*cont.*): PFS 1* (Cat.No. 182), PFS 2 (Cat.No. 3), PFS 34 (Cat.No. 73), PFS 36* (Cat.No. 5), PFS 38 (Cat.No. 16), PFS 123* (Cat.No. 75), PFS 164* (Cat.No. 20), and PFS 168 (Cat.No. 74)

205. **Arm Positions of Heroic Control** (*cont.*): PFS 225 (Cat.No. 46), PFS 232 (Cat.No. 26), PFS 362 (Cat.No. 76), PFS 513 (Cat.No. 85), PFS 1165 (Cat.No. 89), PFS 1320 (Cat.No. 35), PFS 1325 (Cat.No. 41), PFS 1460 (Cat.No. 9), and PFS 284* (Cat.No. 111)

206. **Arm Positions of Heroic Control** (*cont.*): PFS 52 (Cat.No. 114), PFS 109 (Cat.No. 197), PFS 131 (Cat.No. 170), PFS 152 (Cat.No. 295), PFS 222 (Cat.No. 117), PFS 297 (Cat.No. 124), PFS 385 (Cat.No. 38), PFS 418 (Cat.No. 201), PFS 536 (Cat.No. 102), and PFS 940 (Cat.No. 81)

207. **Arm Positions of Heroic Control** (*cont.*): PFS 1023 (Cat.No. 127), PFS 1099 (Cat.No. 169), PFS 1135 (Cat.No. 66), PFS 1155 (Cat.No. 190), PFS 1189 (Cat.No. 8), PFS 1217s (Cat.No. 168), PFS 1249 (Cat.No. 294), PFS 1387 (Cat.No. 72), PFS 1489 (Cat.No. 106), and PFS 1586 (Cat.No. 121)

208. **Arm Positions of Heroic Combat**: PFS 4* (Cat.No. 292), PFS 65 (Cat.No. 241), PFS 98* (Cat.No. 217), PFS 112 (Cat.No. 282), PFS 114 (Cat.No. 284), PFS 196 (Cat.No. 224), PFS 266* (Cat.No. 208), and PFS 236 (Cat.No. 213)

209. **Arm Positions of Heroic Combat** (*cont.*): PFS 265 (Cat.No. 240), PFS 312 (Cat.No. 237), PFS 859* (Cat.No. 205), PFS 1181 (Cat.No. 210), PFS 1309s (Cat.No. 229), PFS 1367s (Cat.No. 211), PFS 1501 (Cat.No. 238), and PFS 1637* (Cat.No. 273)

210. **Heroic Attitudes of Control Encounter**: PFS 1* (Cat.No. 182), PFS 2 (Cat.No. 3), PFS 16* (Cat.No. 22), PFS 18 (Cat.No. 15), PFS 32* (Cat.No. 180), PFS 109 (Cat.No. 197), PFS 120 (Cat.No. 49), and PFS 201 (Cat.No. 50)

211. **Heroic Attitudes of Control Encounter** (*cont.*): PFS 233 (Cat.No. 52), PFS 321 (Cat.No. 125), PFS 677* (Cat.No. 181), PFS 981* (Cat.No. 87), PFS 1026 (Cat.No. 156), PFS 1072 (Cat.No. 61), PFS 1102 (Cat.No. 132), PFS 1444 (Cat.No. 62), and PFS 1527 (Cat.No. 32)

212. **Heroic Attitudes of Combat Encounter**: PFS 4* (Cat.No. 292), PFS 9* (Cat.No. 288), PFS 30 (Cat.No. 291), PFS 39s (Cat.No. 221), PFS 67 (Cat.No. 293), PFS 162 (Cat.No. 249), PFS 263 (Cat.No. 289), PFS 272* (Cat.No. 272), PFS 584* (Cat.No. 203), and PFS 807 (Cat.No. 269)

213. **Heroic Attitudes of Combat Encounter** (*cont.*): PFS 769* (Cat.No. 278), PFS 795 (Cat.No. 214), PFS 853 (Cat.No. 204), PFS 1122 (Cat.No. 228), PFS 1286 (Cat.No. 258), PFS 1309s (Cat.No. 229), PFS 1311s (Cat.No. 247), PFS 1315s (Cat.No. 253), and PFS 1637* (Cat.No. 273)

214. **Profile Torsos**: PFS 43* (Cat.No. 207), PFS 199* (Cat.No. 305), PFS 373 (Cat.No. 306), PFS 859* (Cat.No. 205), PFS 931* (Cat.No. 270), PFS 1264s (Cat.No. 206); and **Frontal Faces and/or Bodies**: PFS 152 (Cat.No. 295), PFS 418 (Cat.No. 201), PFS 538 (Cat.No. 312), and PFS 1485 (Cat.No. 112)

215. **Unusual Heroic Attitudes**: PFS 10 (Cat.No. 251), PFS 148 (Cat.No. 311), PFS 418 (Cat.No. 201), PFS 536 (Cat.No. 102), PFS 538 (Cat.No. 312), PFS 1099 (Cat.No. 169), PFS 1217s (Cat.No. 168), PFS 1249 (Cat.No. 294), and PFS 1586 (Cat.No. 121)

216. **Hero Standing atop Pedestal Figure(s) or Other Supporting Element**: PFS 4* (Cat.No. 292), PFS 31 (Cat.No. 172), PFS 36* (Cat.No. 5), PFS 62 (Cat.No. 104), PFS 164* (Cat.No. 20), PFS 396 (Cat.No. 178), and PFS 523* (Cat.No. 209)

217. **Hero Standing atop Pedestal Figure(s) or Other Supporting Element** (*cont.*): PFS 524 (Cat.No. 2), PFS 931* (Cat.No. 270), PFS 1454 (Cat.No. 166), and PFS 1519 (Cat.No. 167); and **Hero Suspended High in Design Field**: PFS 20 (Cat.No. 145), PFS 246 (Cat.No. 290), PFS 737 (Cat.No. 281), PFS 1045 (Cat.No. 157), and PFS 1315s (Cat.No. 253)

218. **Comparative Heroic Proportions**: PFS 7* (Cat.No. 4), PFS 109 (Cat.No. 197), PFS 256 (Cat.No. 198), PFS 272* (Cat.No. 272), PFS 392 (Cat.No. 91), PFS 584* (Cat.No. 203), PFS 719 (Cat.No. 195), PFS 769* (Cat.No. 278), and PFS 859* (Cat.No. 205)

219. **Comparative Heroic Proportions** (*cont.*): PFS 1018 (Cat.No. 185), PFS 1045 (Cat.No. 157), PFS 1076 (Cat.No. 193), PFS 1117 (Cat.No. 67), PFS 1122 (Cat.No. 228), PFS 1264s (Cat.No. 206), PFS 1315s (Cat.No. 253), and PFS 1460 (Cat.No. 9)

220. **Bulls and Bull Creatures**: PFS 7* (Cat.No. 4), PFS 31 (Cat.No. 172), PFS 102 (Cat.No. 1), PFS 113* (Cat.No. 19), PFS 130 (Cat.No. 300), PFS 152 (Cat.No. 295), PFS 396 (Cat.No. 178), and PFS 970 (Cat.No. 6)

221. **Animals and Creatures of Uncertain Type**: PFS 246 (Cat.No. 290), PFS 463 (Cat.No. 264), PFS 501 (Cat.No. 141), PFS 538 (Cat.No. 312), PFS 849 (Cat.No. 189), PFS 1286 (Cat.No. 258), PFS 1315s (Cat.No. 253), and PFS 1375s (Cat.No. 254)

222. **Lions and Lion Creatures**: PFS 16* (Cat.No. 22), PFS 33 (Cat.No. 220), PFS 39s (Cat.No. 221), PFS 54* (Cat.No. 277), PFS 63 (Cat.No. 24), PFS 79 (Cat.No. 83), PFS 196 (Cat.No. 224), and PFS 255 (Cat.No. 233)

223. **Lions and Lion Creatures** (*cont.*): PFS 249 (Cat.No. 27), PFS 294 (Cat.No. 53), PFS 385 (Cat.No. 38), PFS 494 (Cat.No. 130), PFS 524 (Cat.No. 2), PFS 774 (Cat.No. 58), PFS 1142 (Cat.No. 39), and PFS 1181 (Cat.No. 210)

224. **Deer, Goats, Sheep, and Related Winged Creatures**: PFS 131 (Cat.No. 170), PFS 162 (Cat.No. 249), PFS 222 (Cat.No. 117), PFS 341 (Cat.No. 109), PFS 594 (Cat.No. 103), PFS 781 (Cat.No. 107), PFS 1123 (Cat.No. 279), PFS 1217s (Cat.No. 168), and PFS 1489 (Cat.No. 106)

225. **Horned Animals and Horned-animal Creatures of Undetermined Types**: PFS 17 (Cat.No. 235), PFS 114 (Cat.No. 284), PFS 243 (Cat.No. 303), PFS 496 (Cat.No. 108), PFS 782 (Cat.No. 105), PFS 1002 (Cat.No. 196), and PFS 1260s (Cat.No. 184)

226. **Birds**: PFS 9* (Cat.No. 288), PFS 24 (Cat.No. 298), PFS 30 (Cat.No. 291), PFS 31 (Cat.No. 172), PFS 65 (Cat.No. 241), PFS 130 (Cat.No. 300), PFS 138 (Cat.No. 186), and PFS 263 (Cat.No. 289)

227. **Birds** (*cont.*): PFS 266* (Cat.No. 208), PFS 326 (Cat.No. 100), PFS 329 (Cat.No. 28), PFS 461 (Cat.No. 90), PFS 841 (Cat.No. 13), PFS 939 (Cat.No. 267), PFS 1122 (Cat.No. 228), and PFS 1475 (Cat.No. 177)

228. **Pecking Birds**: PFS 30 (Cat.No. 291), PFS 130 (Cat.No. 300), PFS 1249 (Cat.No. 294), and PFS 1527 (Cat.No. 32); and **Fish and Reptiles**: PFS 152 (Cat.No. 295), PFS 247 (Cat.No. 245), PFS 263 (Cat.No. 289), PFS 418 (Cat.No. 201), and PFS 463 (Cat.No. 264)

229. **Scorpion, Fish, Horse, Bird, and Human Creatures** (Excluding Hero Creatures): PFS 4* (Cat.No. 292), PFS 29 (Cat.No. 302), PFS 1586 (Cat.No. 121), PFS 10 (Cat.No. 251), PFS 99 (Cat.No. 113), PFS 749 (Cat.No. 110), PFS 247 (Cat.No. 245), and PFS 1485 (Cat.No. 112)

230. **Feet of Animals and Creatures**: PFS 16* (Cat.No. 22), PFS 29 (Cat.No. 302), PFS 43* (Cat.No. 207), PFS 49 (Cat.No. 23), PFS 54* (Cat.No. 277), PFS 86 (Cat.No. 48), PFS 95 (Cat.No. 25), and PFS 399 (Cat.No. 78)

231. **Feet of Animals and Creatures** (*cont.*): PFS 513 (Cat.No. 85), PFS 536 (Cat.No. 102), PFS 673 (Cat.No. 64), PFS 749 (Cat.No. 110), PFS 841 (Cat.No. 13), PFS 970 (Cat.No. 6), PFS 1072 (Cat.No. 61), PFS 1181 (Cat.No. 210), and PFS 1624s (Cat.No. 261)

232. **Animals/Creatures with Distinctive Perspective Elements**: PFS 9* (Cat.No. 288), PFS 970 (Cat.No. 6), PFS 1155 (Cat.No. 190), and PFS 1204 (Cat.No. 136); and **Spectacular Animal Studies**: PFS 1* (Cat.No. 182), PFS 7* (Cat.No. 4), PFS 16* (Cat.No. 22), PFS 859* (Cat.No. 205), and PFS 1582 (Cat.No. 232)

233. **Ithyphallic Animals/Creatures**: PFS 18 (Cat.No. 15), PFS 102 (Cat.No. 1), PFS 152 (Cat.No. 295), PFS 414 (Cat.No. 280), PFS 526* (Cat.No. 216), PFS 939 (Cat.No. 267), PFS 1071 (Cat.No. 29), PFS 1119 (Cat.No. 283), and PFS 1637* (Cat.No. 273)

234. **Human-headed/Human-faced Creatures**: PFS 4* (Cat.No. 292), PFS 20 (Cat.No. 145), PFS 29 (Cat.No. 302), PFS 34 (Cat.No. 73), PFS 113* (Cat.No. 19), PFS 123* (Cat.No. 75), PFS 222 (Cat.No. 117), PFS 414 (Cat.No. 280), and PFS 514 (Cat.No. 192)

235. **Human-headed/Human-faced Creatures** (*cont.*): PFS 526* (Cat.No. 216), PFS 740 (Cat.No. 146), PFS 1023 (Cat.No. 127), PFS 1155 (Cat.No. 190), PFS 1204 (Cat.No. 136), PFS 1566* (Cat.No. 218), PFS 1586 (Cat.No. 121), and PFS 1684 (Cat.No. 17)

236. **Animals/Creatures as Secondary Elements of Main Design Field**: PFS 138 (Cat.No. 186), PFS 151 (Cat.No. 223), PFS 190 (Cat.No. 286), PFS 197 (Cat.No. 116), PFS 247 (Cat.No. 245), PFS 266* (Cat.No. 208), PFS 312 (Cat.No. 237), PFS 916 (Cat.No. 226), and PFS 1122 (Cat.No. 228)

237. **Animal Carcasses**: PFS 17 (Cat.No. 235), PFS 243 (Cat.No. 303), PFS 256 (Cat.No. 198), PFS 1142 (Cat.No. 39), PFS 1388 (Cat.No. 162), and PFS 1475 (Cat.No. 177)

238. **Subsidiary Human/Human-creature Figures in Encounter Images**: PFS 49 (Cat.No. 23), PFS 418 (Cat.No. 201), PFS 538 (Cat.No. 312), PFS 1099 (Cat.No. 169), PFS 1466 (Cat.No. 234), and PFS 1641 (Cat.No. 18)

239. **Unusual Formats of Heroic Encounter**: PFS 6 (Cat.No. 304), PFS 24 (Cat.No. 298), PFS 29 (Cat.No. 302), PFS 243 (Cat.No. 303), PFS 284* (Cat.No. 111), PFS 435 (Cat.No. 310), PFS 447 (Cat.No. 301), and PFS 896 (Cat.No. 308)

240. **Double Encounter Images**: PFS 146 (Cat.No. 275), PFS 152 (Cat.No. 295), PFS 757 (Cat.No. 296), and PFS 1249 (Cat.No. 294); and **Double Hero Encounters**: PFS 65 (Cat.No. 241), PFS 931* (Cat.No. 270), PFS 1101 (Cat.No. 297), and PFS 1227* (Cat.No. 219)

241. **Heroic Encounters Merged with Animal Contests**: PFS 114 (Cat.No. 284), PFS 148 (Cat.No. 311), PFS 167 (Cat.No. 255), PFS 241 (Cat.No. 252), PFS 818 (Cat.No. 265), and PFS 952 (Cat.No. 227); and **Heroic Encounters Fused with Heraldic Motifs**: PFS 162 (Cat.No. 249), PFS 225 (Cat.No. 46), PFS 496 (Cat.No. 108), and PFS 1204 (Cat.No. 136)

242. **Heroic Encounters Fused with Crossed Animals**: PFS 737 (Cat.No. 281), PFS 912 (Cat.No. 138), PFS 931* (Cat.No. 270), and PFS 952 (Cat.No. 227); and **Crossed Animals**: PFS 213 (Cat.No. 140), PFS 396 (Cat.No. 178), and PFS 990 (Cat.No. 256)

243. **Faux-crossed Animal Creatures**: PFS 284* (Cat.No. 111); and **Mixed Animals/Creatures**: PFS 334 (Cat.No. 133), PFS 494 (Cat.No. 130), PFS 731 (Cat.No. 131), PFS 1102 (Cat.No. 132), PFS 1249 (Cat.No. 294), and PFS 1437s (Cat.No. 128)

244. **Daggers and Swords**: PFS 80 (Cat.No. 202), PFS 167 (Cat.No. 255), PFS 246 (Cat.No. 290), PFS 263 (Cat.No. 289), PFS 584* (Cat.No. 203), PFS 853 (Cat.No. 204), PFS 1122 (Cat.No. 228), PFS 1181 (Cat.No. 210), PFS 1566* (Cat.No. 218), and PFS 1582 (Cat.No. 232)

245. **Various Weapons**: PFS 9* (Cat.No. 288), PFS 98* (Cat.No. 217), PFS 503 (Cat.No. 307), PFS 538 (Cat.No. 312), PFS 1367s (Cat.No. 211); and **Spears**: PFS 24 (Cat.No. 298), PFS 130 (Cat.No. 300), and PFS 1101 (Cat.No. 297)

246. **Bows, Arrows, Quivers**: PFS 49 (Cat.No. 23), PFS 196 (Cat.No. 224), PFS 266* (Cat.No. 208), PFS 301 (Cat.No. 54), PFS 709 (Cat.No. 271), PFS 859* (Cat.No. 205), PFS 1204 (Cat.No. 136), and PFS 1466 (Cat.No. 234)

247. **Projectiles, Slings**: PFS 4* (Cat.No. 292), PFS 10 (Cat.No. 251), and PFS 57* (Cat.No. 239); and **Weapons of Unusual or Uncertain Type**: PFS 125 (Cat.No. 250), PFS 151 (Cat.No. 223), PFS 241 (Cat.No. 252), PFS 247 (Cat.No. 245), and PFS 526* (Cat.No. 216)

248. **Deities Emergent from Winged Symbol**: PFS 7* (Cat.No. 4), PFS 774 (Cat.No. 58), PFS 1053 (Cat.No. 45), and PFS 1071 (Cat.No. 29); **Deity Emergent from Nimbus of Stars**: PFS 38 (Cat.No. 16); and **Abstract Symbols of Mesopotamian Deities**: PFS 228 (Cat.No. 148), PFS 247 (Cat.No. 245), PFS 913 (Cat.No. 200), and PFS 1501 (Cat.No. 238)

249. **Winged Symbols**: PFS 62 (Cat.No. 104), PFS 196 (Cat.No. 224), PFS 514 (Cat.No. 192), PFS 851 (Cat.No. 60), and PFS 1189 (Cat.No. 8); and **Rhombs**: PFS 38 (Cat.No. 16), PFS 944 (Cat.No. 129), and PFS 1026 (Cat.No. 156)

250. **Crescents**: PFS 1* (Cat.No. 182), PFS 38 (Cat.No. 16), PFS 120 (Cat.No. 49), PFS 232 (Cat.No. 26), PFS 326 (Cat.No. 100), PFS 364 (Cat.No. 149), PFS 494 (Cat.No. 130), PFS 614 (Cat.No. 287), and PFS 720 (Cat.No. 57)

251. **Crescents** (*cont.*): PFS 818 (Cat.No. 265), PFS 964 (Cat.No. 260), PFS 1076 (Cat.No. 193), PFS 1146 (Cat.No. 40), PFS 1440 (Cat.No. 42), PFS 1444 (Cat.No. 62), PFS 1463s (Cat.No. 231), PFS 1483 (Cat.No. 88), and PFS 1654 (Cat.No. 122)

252. **Crescents and Stars**: PFS 9* (Cat.No. 288), PFS 29 (Cat.No. 302), PFS 102 (Cat.No. 1), PFS 112 (Cat.No. 282), PFS 123* (Cat.No. 75), PFS 222 (Cat.No. 117), PFS 896 (Cat.No. 308), PFS 1030 (Cat.No. 120), and PFS 1142 (Cat.No. 39)

253. **Stars, Rosettes**: PFS 30 (Cat.No. 291), PFS 95 (Cat.No. 25), PFS 109 (Cat.No. 197), PFS 114 (Cat.No. 284), PFS 145 (Cat.No. 115), PFS 260 (Cat.No. 225), PFS 329 (Cat.No. 28), PFS 884 (Cat.No. 123), PFS 902 (Cat.No. 243), and PFS 1123 (Cat.No. 279)

254. **Various Devices and Symbols**: PFS 10 (Cat.No. 251), PFS 38 (Cat.No. 16), PFS 99 (Cat.No. 113), PFS 284* (Cat.No. 111), PFS 263 (Cat.No. 289), PFS 494 (Cat.No. 130), PFS 1236 (Cat.No. 159), PFS 1463s (Cat.No. 231), and PFS 1480 (Cat.No. 257)

255. **Various Devices and Symbols** (*cont.*): PFS 24 (Cat.No. 298), PFS 231 (Cat.No. 51), PFS 243 (Cat.No. 303), PFS 385 (Cat.No. 38), PFS 435 (Cat.No. 310), PFS 555 (Cat.No. 93), PFS 709 (Cat.No. 271), and PFS 1057 (Cat.No. 70)

256. **Stylized Trees**: PFS 225 (Cat.No. 46), PFS 1072 (Cat.No. 61), PFS 1091 (Cat.No. 68), and PFS 1123 (Cat.No. 279); and **Stylized Floral Elements**: PFS 38 (Cat.No. 16), PFS 162 (Cat.No. 249), PFS 614 (Cat.No. 287), and PFS 1204 (Cat.No. 136)

257. **Conifers**: PFS 131 (Cat.No. 170), PFS 334 (Cat.No. 133), PFS 496 (Cat.No. 108), PFS 971 (Cat.No. 171), and PFS 1023 (Cat.No. 127); and **Trees of Uncertain Type**: PFS 234 (Cat.No. 188) and PFS 849 (Cat.No. 189)

258. **Palm Trees**: PFS 58 (Cat.No. 242), PFS 80 (Cat.No. 202), PFS 149 (Cat.No. 212), PFS 280 (Cat.No. 309), PFS 381 (Cat.No. 179), PFS 503 (Cat.No. 307), PFS 1002 (Cat.No. 196), and PFS 1362 (Cat.No. 30)

259. **Date Palms**: PFS 7* (Cat.No. 4), PFS 113* (Cat.No. 19), PFS 123* (Cat.No. 75), PFS 125 (Cat.No. 250), PFS 853 (Cat.No. 204), PFS 1236 (Cat.No. 159), and PFS 1276 (Cat.No. 34)

260. **Papyrus Plants**: PFS 38 (Cat.No. 16) and PFS 514 (Cat.No. 192); and **Various Plants**: PFS 632 (Cat.No. 143), PFS 731 (Cat.No. 131), PFS 841 (Cat.No. 13), and PFS 1466 (Cat.No. 234)

261. **Paneled Inscriptions with Vertical Case Lines**: PFS 1* (Cat.No. 182), PFS 7* (Cat.No. 4), PFS 64* (Cat.No. 173), PFS 113* (Cat.No. 19), PFS 526* (Cat.No. 216), and PFS 671* (Cat.No. 174); and **Paneled Inscriptions without Case Lines**: PFS 54* (Cat.No. 277) and PFS 266* (Cat.No. 208)

262. **Paneled Inscriptions with Horizontal Case Lines**: PFS 16* (Cat.No. 22), PFS 36* (Cat.No. 5), PFS 43* (Cat.No. 207), PFS 199* (Cat.No. 305), PFS 272* (Cat.No. 272), PFS 523* (Cat.No. 209), PFS 584* (Cat.No. 203), and PFS 769* (Cat.No. 278)

263. **Paneled Inscriptions with Horizontal Case Lines** (*cont.*): PFS 859* (Cat.No. 205), PFS 981* (Cat.No. 87), PFS 1227* (Cat.No. 219), PFS 1566* (Cat.No. 218), and PFS 1637* (Cat.No. 273); and **Inscriptions without Panels, with Horizontal Case Lines**: PFS 4* (Cat.No. 292), PFS 98* (Cat.No. 217), PFS 931* (Cat.No. 270), and PFS 1025* (Cat.No. 266)

264. **Inscriptions without Panels or Case Lines**: PFS 9* (Cat.No. 288), PFS 32* (Cat.No. 180), PFS 57* (Cat.No. 239), PFS 103* (Cat.No. 84), PFS 123* (Cat.No. 75), PFS 164* (Cat.No. 20), PFS 284* (Cat.No. 111), and PFS 677* (Cat.No. 181)

265. **Inscriptions without Panels or Case Lines** (*cont.*): PFS 815* (Cat.No. 215), PFS 883* (Cat.No. 97), and PFS 1632* (Cat.No. 244); **Mock Inscriptions**: PFS 284* (Cat.No. 111), PFS 671* (Cat.No. 174), and PFS 677* (Cat.No. 181); and **Trilingual (Royal Name) Inscriptions**: PFS 7* (Cat.No. 4) and PFS 113* (Cat.No. 19)

266. **Terminal Field Motifs Other than Inscriptions**: PFS 196 (Cat.No. 224), PFS 418 (Cat.No. 201), PFS 774 (Cat.No. 58), PFS 851 (Cat.No. 60), PFS 1053 (Cat.No. 45), PFS 1071 (Cat.No. 29), PFS 1099 (Cat.No. 169), PFS 1501 (Cat.No. 238), and PFS 1582 (Cat.No. 232)

267. **Terminal Field Motifs Other than Inscriptions** (*cont.*): PFS 30 (Cat.No. 291), PFS 130 (Cat.No. 300), PFS 231 (Cat.No. 51), PFS 263 (Cat.No. 289), PFS 326 (Cat.No. 100), PFS 720 (Cat.No. 57), PFS 749 (Cat.No. 110), PFS 913 (Cat.No. 200), and PFS 1142 (Cat.No. 39)

268. **Terminal Field Motifs Other than Inscriptions** (*cont.*): PFS 31 (Cat.No. 172), PFS 197 (Cat.No. 116), PFS 256 (Cat.No. 198), PFS 265 (Cat.No. 240), PFS 461 (Cat.No. 90), PFS 536 (Cat.No. 102), PFS 853 (Cat.No. 204), PFS 990 (Cat.No. 256), PFS 1444 (Cat.No. 62), and PFS 1475 (Cat.No. 177)

269. **Terminal Field Motifs Other than Inscriptions** (*cont.*): PFS 38 (Cat.No. 16), PFS 80 (Cat.No. 202), PFS 162 (Cat.No. 249), PFS 225 (Cat.No. 46), PFS 496 (Cat.No. 108), PFS 514 (Cat.No. 192), PFS 1072 (Cat.No. 61), and PFS 1204 (Cat.No. 136)

270. **Compositions with Strong Unidirectional Movement**: PFS 26 (Cat.No. 299), PFS 781 (Cat.No. 107), PFS 912 (Cat.No. 138), PFS 1188 (Cat.No. 144), and PFS 1202 (Cat.No. 137); and **Compositions Creating Dynamic Negative Space as Terminal Field**: PFS 2 (Cat.No. 3), PFS 594 (Cat.No. 103), PFS 778 (Cat.No. 11), and PFS 1519 (Cat.No. 167)

271. **Compositions with Large Empty Space as Terminal Field**: PFS 79 (Cat.No. 83), PFS 99 (Cat.No. 113), PFS 454 (Cat.No. 92), PFS 996 (Cat.No. 155), PFS 1083 (Cat.No. 43), PFS 1090 (Cat.No. 175), and PFS 1613 (Cat.No. 82)

272. **Dense Compositions**: PFS 38 (Cat.No. 16), PFS 103* (Cat.No. 84), PFS 164* (Cat.No. 20), PFS 167 (Cat.No. 255), PFS 213 (Cat.No. 140), PFS 329 (Cat.No. 28), PFS 1388 (Cat.No. 162), PFS 1475 (Cat.No. 177), and PFS 1519 (Cat.No. 167)

273. **Open Compositions**: PFS 36* (Cat.No. 5), PFS 52 (Cat.No. 114), PFS 72 (Cat.No. 147), PFS 149 (Cat.No. 212), PFS 321 (Cat.No. 125), PFS 513 (Cat.No. 85), PFS 547 (Cat.No. 151), PFS 885 (Cat.No. 187), and PFS 1165 (Cat.No. 89)

274. **Stamp Seals**: PFS 39s (Cat.No. 221), PFS 139s (Cat.No. 222), PFS 298s (Cat.No. 236), PFS 919s (Cat.No. 259), PFS 959s (Cat.No. 246), PFS 1217s (Cat.No. 168), PFS 1260s (Cat.No. 184), PFS 1264s (Cat.No. 206), and PFS 1309s (Cat.No. 229)

275. **Stamp Seals** (*cont.*): PFS 1311s (Cat.No. 247), PFS 1315s (Cat.No. 253), PFS 1321s (Cat.No. 176), PFS 1367s (Cat.No. 211), PFS 1375s (Cat.No. 254), PFS 1428s (Cat.No. 230), PFS 1437s (Cat.No. 128), PFS 1463s (Cat.No. 231), and PFS 1624s (Cat.No. 261)

276. **Evidence of Original Seal Caps**: PFS 2 (Cat.No. 3), PFS 594 (Cat.No. 103), and PFS 690 (Cat.No. 139); and **Borders**: PFS 80 (Cat.No. 202), PFS 231 (Cat.No. 51), PFS 284* (Cat.No. 111), PFS 819 (Cat.No. 86), PFS 1072 (Cat.No. 61), and PFS 1090 (Cat.No. 175)

277. **Ground Lines on Stamp Seals**: PFS 919s (Cat.No. 259), PFS 1260s (Cat.No. 184), PFS 1321s (Cat.No. 176), PFS 1437s (Cat.No. 128), and PFS 1624s (Cat.No. 261); and **Ground Lines on Cylinder Seals**: PFS 30 (Cat.No. 291) and PFS 1440 (Cat.No. 42)

LIST OF PLATES　　　　　　　　　　　　　　　　　　　　　　　　　　　　　　xxiii

278. **Carving Anomalies:** PFS 6 (Cat.No. 304), PFS 247 (Cat.No. 245), PFS 103* (Cat.No. 84), PFS 740 (Cat.No. 146), PFS 255 (Cat.No. 233), and PFS 1367s (Cat.No. 211)

279. **Carving Anomalies** (*cont.*): PFS 373 (Cat.No. 306), PFS 1309s (Cat.No. 229), PFS 1101 (Cat.No. 297), PFS 1483 (Cat.No. 88), PFS 853 (Cat.No. 204), and PFS 1428s (Cat.No. 230)

280. **Chips in Seal Matrices:** PFS 9* (Cat.No. 288), PFS 20 (Cat.No. 145), PFS 43* (Cat.No. 207), PFS 99 (Cat.No. 113), PFS 463 (Cat.No. 264), PFS 594 (Cat.No. 103), PFS 1101 (Cat.No. 297), PFS 1428s (Cat.No. 230), PFS 1489 (Cat.No. 106), and PFS 1519 (Cat.No. 167)

281. **Office Seals:** PFS 1* (Cat.No. 182; Office Concerned with Rations for Workers), PFS 4* (Cat.No. 292; Office Recording Payments for Workers and Animals), PFS 7* (Cat.No. 4; Office in Charge of the King's Food Supply), PFS 33 (Cat.No. 220; Office Concerned with Flour, Beer, Grain, and Exotic Commodities), PFS 43* (Cat.No. 207; Office Concerned with Grain Supply), PFS 65 (Cat.No. 241; Tirazziš [Shiraz] Treasury), and PFS 113* (Cat.No. 19; Persepolis Treasury)

282. **Personal Seals of Supply/Apportionment Officers:** PFS 2 (Cat.No. 3; Irtuppiya, Grain and Cattle), PFS 20 (Cat.No. 145; Mamannawiš, Overseer of a Grain Depot), PFS 29 (Cat.No. 302; Ammamarda, Grain), PFS 63 (Cat.No. 24; Hiumizza, Horses), PFS 79 (Cat.No. 83; Unnamed, Grain and Wine), PFS 132 (Cat.No. 69; Kamišdana, Grain), and PFS 151 (Cat.No. 223; Šimut-ap, Grain)

283. **Personal Seals of Supply/Apportionment Officers** (*cont.*): PFS 815* (Cat.No. 215; Dattaparna, Wine) and PFS 859* (Cat.No. 205; Unnamed Officer, Cattle); and **Personal Seals of Tax Collectors:** PFS 34 (Cat. No. 73; Bakabaduš[?]) and PFS 1632* (Cat.No. 244; Raubasa, Collection of Animals as Tax for King)

284. **Personal Seals of Various Officers:** PFS 32* (Cat.No. 180; Šuddayauda, Chief of Workers), PFS 64* (Cat.No. 173; Tiridada, Co-overseer for the Provisioning of Workers at Hidali), PFS 72 (Cat.No. 147; Mannunda, Director of Royal Bakery in Persepolis Region[?]), and PFS 225 (Cat.No. 46; Daʾuka, *titikaš* [supervisor?], Receiving and Passing on Rations to Workers); and **Personal Seals of Women:** PFS 38 (Cat.No. 16; Irtašduna, Daughter of Cyrus and Wife of Darius, Drawing Royal Provisions and Ratifying Letters), and PFS 1437s (Cat.No. 128; Mizapirzaka, Woman Receiving Beer under Authority of Bakabana while en Route to Persepolis)

285. **Personal Seals of Barušiyatiš, Flour Supplier:** PFS 26 (Cat.No. 299) and PFS 1613 (Cat.No. 82); **Personal Seals of the Official Abbateya, Who Sets Apportionments:** PFS 98* (Cat.No. 217) (plausibly) and PFS 1566* (Cat.No. 218) (definitely); **Personal Seals of Parnaka, Son of Aršam, Uncle of Darius, and Chief Functionary at Persepolis:** PFS 9* (Cat.No. 288) and PFS 16* (Cat.No. 22); and **Personal Seals of Matukka:** PFS 139s (Cat.No. 222; Matukka Receiving Beer Rations while en Route to Persepolis with Forty *halla*-makers) and PFS 1428s (Cat.No. 230; Matukka Receiving Beer Rations while en Route to Persepolis [along with 2,454 Gentlemen] under Authority of King)

286. **Personal Seals of Accountants:** PFS 57* (Cat.No. 239; Mirinzana), PFS 99 (Cat.No. 113; Unnamed), PFS 103* (Cat.No. 84; Unnamed Director of Accounting Operations), PFS 228 (Cat.No. 148; Unnamed), PFS 513 (Cat.No. 85; Unnamed), PFS 1582 (Cat.No. 232; Unnamed), and PFS 1586 (Cat.No. 121; Manezza)

287. **Personal Seals of Various Suppliers:** PFS 10 (Cat.No. 251; Haturdada, Supplying Flour), PFS 17 (Cat.No. 235; Ušaya, Supplying Wine), PFS 67 (Cat.No. 293; Kuntukka, Involved in Grain Supply at Tirazziš [Shiraz]), PFS 138 (Cat.No. 186; Unnamed Supplier of Flour at Hidali), PFS 201 (Cat.No. 50; Unnamed Beer Supplier at Hidali), PFS 940 (Cat.No. 81; Karkašša, Supplying Wine to Group en Route from Susa to Kandahar), and PFS 1252 (Cat.No. 161; Appumanya, Supplier of Flour Rations)

288. **Personal Seals of Various Men Leading Groups:** PFS 1612 (Cat.No. 268; Barnuš, a *karamaraš* [OD], Receiving Flour for Large Group en Route to Susa under Authority of King), PFS 1285 (Cat.No. 44; Turpiš, Caravan Leader [*karabattiš*] Receiving Flour for One Gentleman and Two Servants), and PFS 1447 (Cat.No. 163; Šappiš, Receiving Wine Rations for 100 Turmiriyan Workers en Route to Elam under Authority of Ziššawiš); and **Personal Seals of Elite Guides (*barrišdama*):** PFS 49 (Cat.No. 23; Išbaramištima, Traveling from India to Susa with the Indian Abbatema), PFS 213 (Cat.No. 140; Zišanduš, Traveling from Susa to Kandahar), PFS 1325 (Cat.No. 41; Kammazikara, Escorting Two Sardian Men to Susa), and PFS 1460 (Cat.No. 9; Paršena, Escorting 108 Cappadocian Workers from Unstated Location to Elam)

289. **Personal Seals of Fast Messengers** (*pirradaziš*): PFS 1260s (Cat.No. 184; Harmasula, Traveling to King under Authority of Mišmina) and PFS 1264s (Cat.No. 206; Bakakeya, Traveling to King under Authority of King); and **Personal Seals of Various Receivers**: PFS 146 (Cat.No. 275; Karkiš, "of the Place Šurauša, formerly of Babylon," Receiving Beer under Authority of King), PFS 1391 (Cat.No. 248; Misraka, Receiving Flour Rations under Authority of Parnaka), PFS 1440 (Cat.No. 42; Yaunaparza, a Miller[?], Receiving Wine Rations under Authority of Parnaka), and PFS 1684 (Cat.No. 17; Šauša, Receiving Rations on Mission to King)

290. **Personal Seals of Various Travelers**: PFS 298s (Cat.No. 236; Išbakatukka, Arabian on Mission to King [along with Eight Companions], Receiving Flour under Authority of Bakabana), PFS 1238 (Cat.No. 160; Miyara, Receiving Flour Rations en Route to Susa under Authority of Parnaka), PFS 1276 (Cat.No. 34; Mirinzamna, Receiving Flour Rations en Route from Susa to Kerman), PFS 1286 (Cat.No. 258; Mannuya, Treasurer Receiving Flour Rations en Route from Susa to Matezziš), PFS 1300 (Cat.No. 191; Bakanšakka, Receiving Flour Rations en Route from Persepolis to Susa under Authority of King), PFS 1309s (Cat.No. 229; Dadaka, Receiving Flour Rations en Route to Persepolis under Authority of Parnaka), PFS 1311s (Cat.No. 247; Napidan, Receiving Flour Rations en Route to Persepolis under Authority of Bakabana), and PFS 1321s (Cat.No. 176; Dauma, Receiving Flour Rations en Route from Sardis to Persepolis under Authority of Artadara)

291. **Personal Seals of Various Travelers** (*cont.*): PFS 1322 (Cat.No. 36; Umiša, en Route to Persepolis under Authority of Bakabana), PFS 1362 (Cat.No. 30; Harraštamka, Receiving Flour Rations while Traveling under Authority of King), PFS 1367s (Cat.No. 211; Hiyautarra, Receiving Flour Rations en Route to Susa under Authority of Ziššawiš), PFS 1374 (Cat.No. 31; Kamnakka, Receiving Flour Rations en Route to Persepolis under Authority of Parnaka), PFS 1375s (Cat.No. 254; Kapiša, Receiving Flour Rations under Authority of King), PFS 1387 (Cat.No. 72; Minduka, Receiving Flour Rations en Route to Persepolis under Authority of King), PFS 1406 (Cat.No. 276; Ratešda, a *hupika* [OD] Receiving Flour Rations en Route to Arachosia under Authority of King), and PFS 1463s (Cat.No. 231; Pirdukana, Receiving Sesame Rations en Route from Susa to Persepolis under Authority of King)

Plate 1

a

b

1 cm

c

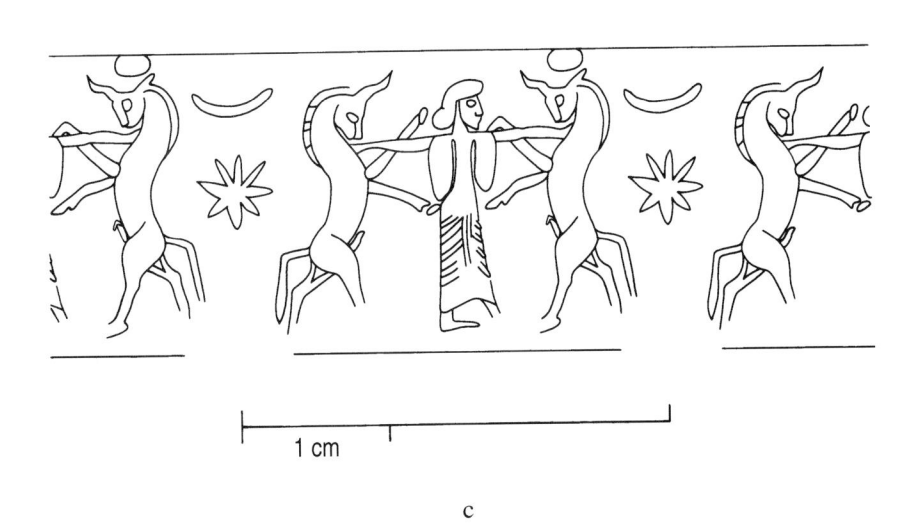

PFS 102 (Cat.No. 1) on (*a*) PF 154 and (*b*) PF 157 and (*c*) Composite Drawing. Scale 2:1

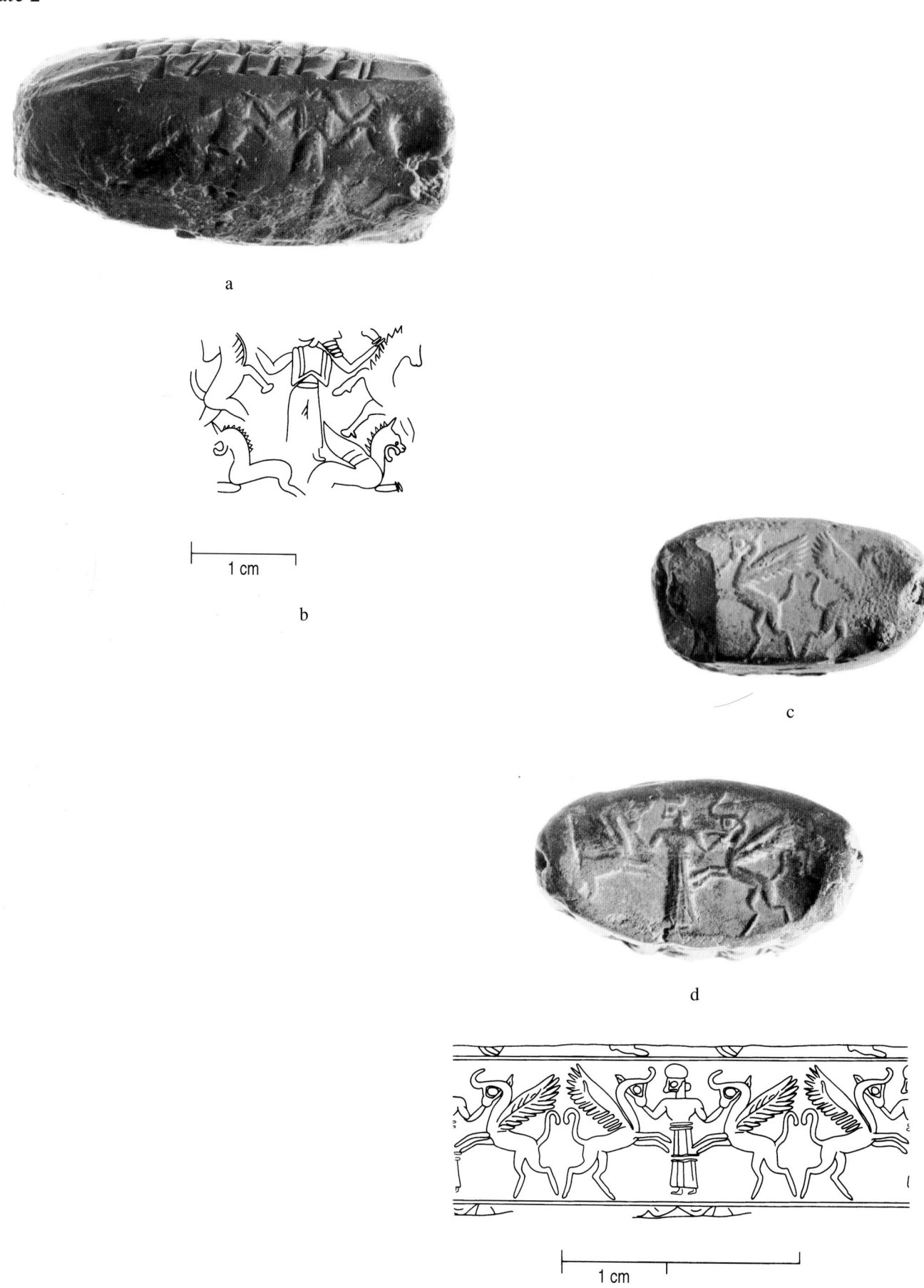

Plate 2

a

b

c

d

e

PFS 524 (Cat.No. 2) on (*a*) PF 256 and (*b*) Composite Drawing and
PFS 2 (Cat.No. 3) on (*c*) PF 544 and (*d*) PF 113 and (*e*) Composite Drawing. Scale 2:1

Plate 3

a

b

1 cm

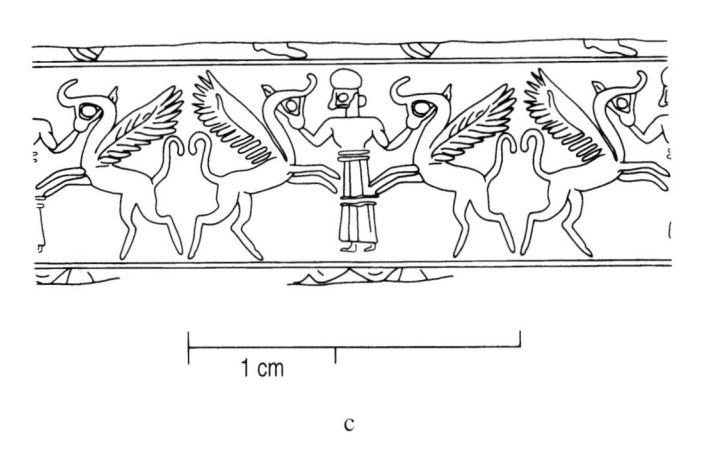

c

PFS 2 (Cat.No. 3) on (*a*) PF 1049 and (*b*) PF 1848 and (*c*) Composite Drawing. Scale 2:1

Plate 4

PFS 7* (Cat.No. 4) on (*a*) PF 709, (*b*) PF 719, (*c*) PF 698, and (*d*) PF 702 and (*e*) Composite Drawing. Scale 2:1

Plate 5

PFS 36* (Cat.No. 5) on (*a*) PF 849, (*b*) PF 1041, and (*c*) PF 849 and (*d*) Composite Drawing. Scale 2:1

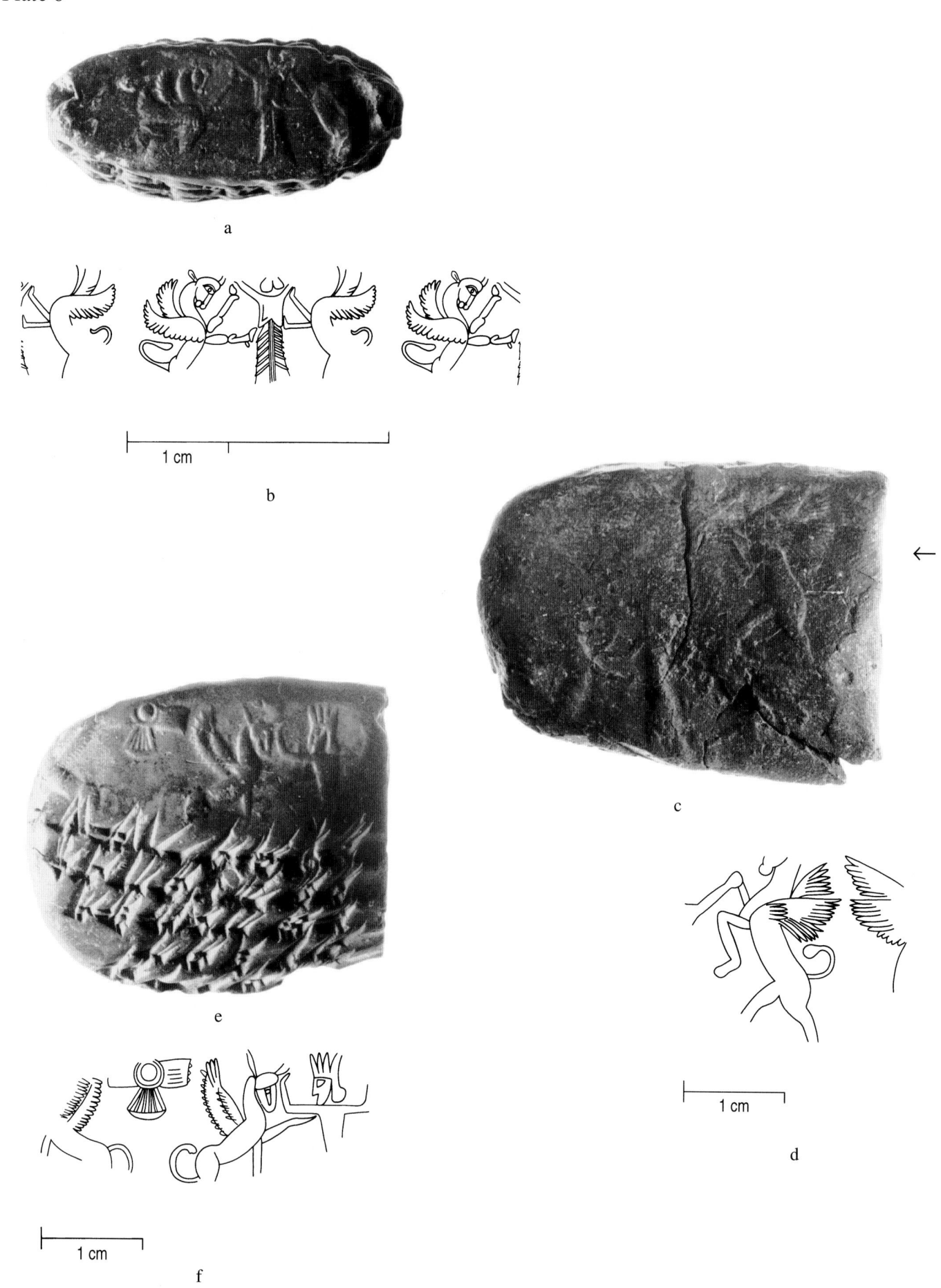

Plate 6

a

b

c

d

e

f

PFS 970 (Cat.No. 6) on (*a*) PF 848 and (*b*) Composite Drawing,
PFS 429 (Cat.No. 7) on (*c*) PF 121 and (*d*) Composite Drawing, and
PFS 1189 (Cat.No. 8) on (*e*) PF 1247 and (*f*) Composite Drawing. Scale 2:1

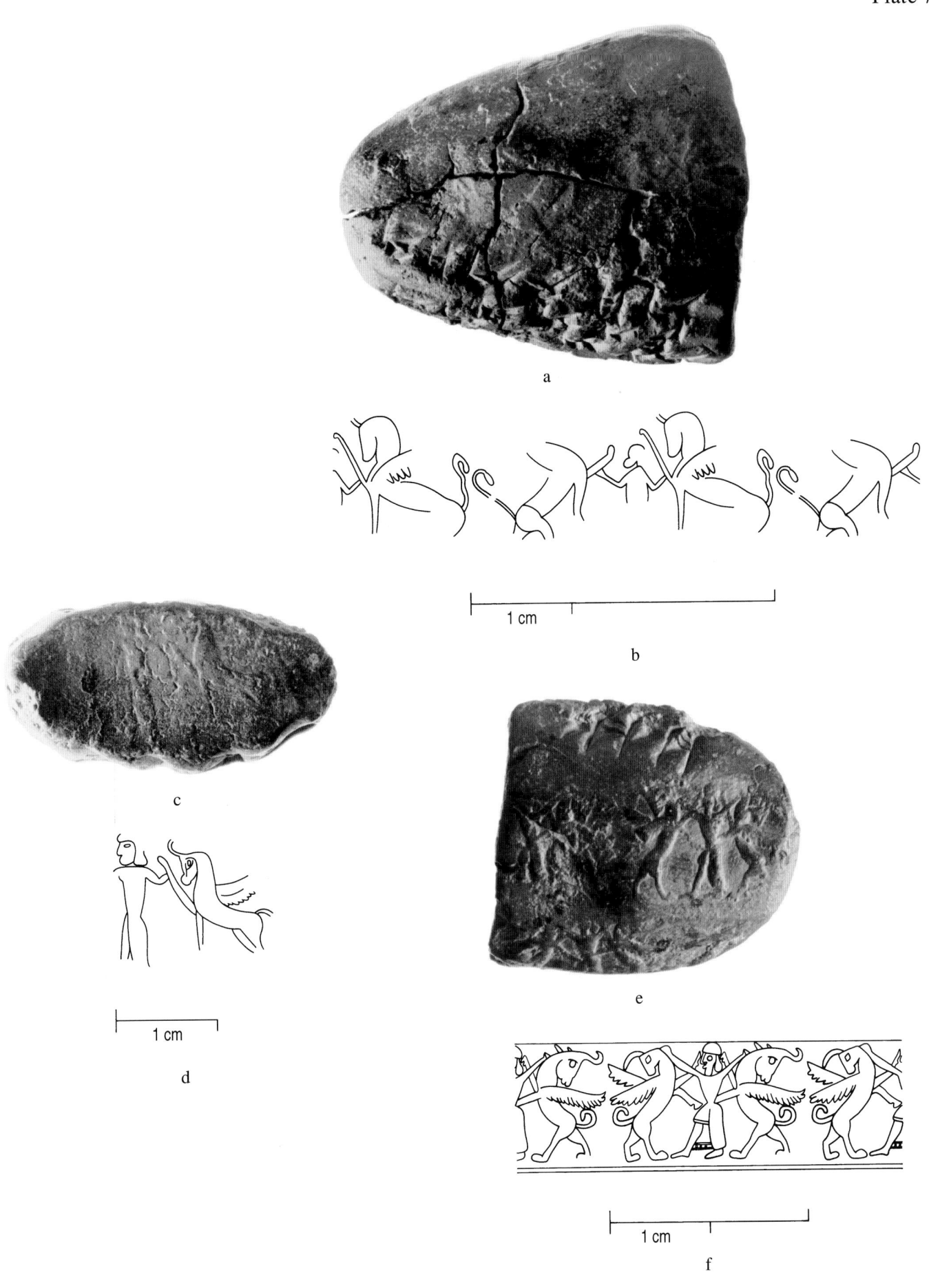

Plate 7

a

b

c

d

e

f

PFS 1460 (Cat.No. 9) on (*a*) PF 1577 and (*b*) Composite Drawing,
PFS 1499 (Cat.No. 10) on (*c*) PF 1622 and (*d*) Composite Drawing, and
PFS 778 (Cat.No. 11) on (*e*) PF 1106 and (*f*) Composite Drawing. Scale 2:1

Plate 8

PFS 1467 (Cat.No. 12) on (*a*) PF 1586 and (*b*) Composite Drawing and
PFS 841 (Cat.No. 13) on (*c*) PF 644 and (*d*) Composite Drawing. Scale 2:1

Plate 9

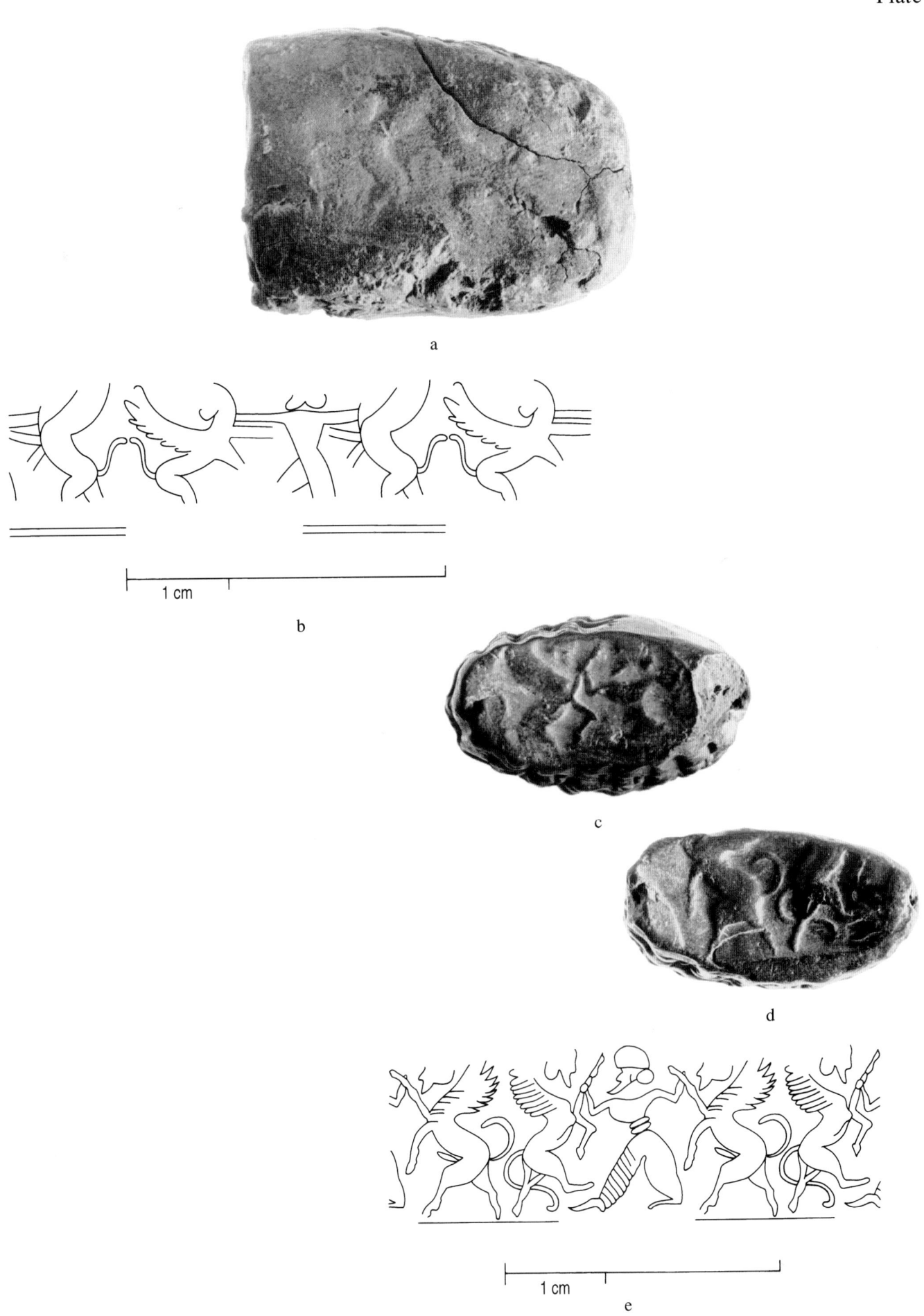

PFS 1550 (Cat.No. 14) on (*a*) PF 1769 and (*b*) Composite Drawing and
PFS 18 (Cat.No. 15) on (*c*) PF 1376 and (*d*) PF 1095 and (*e*) Composite Drawing. Scale 2:1

Plate 10

a

b

1 cm

c

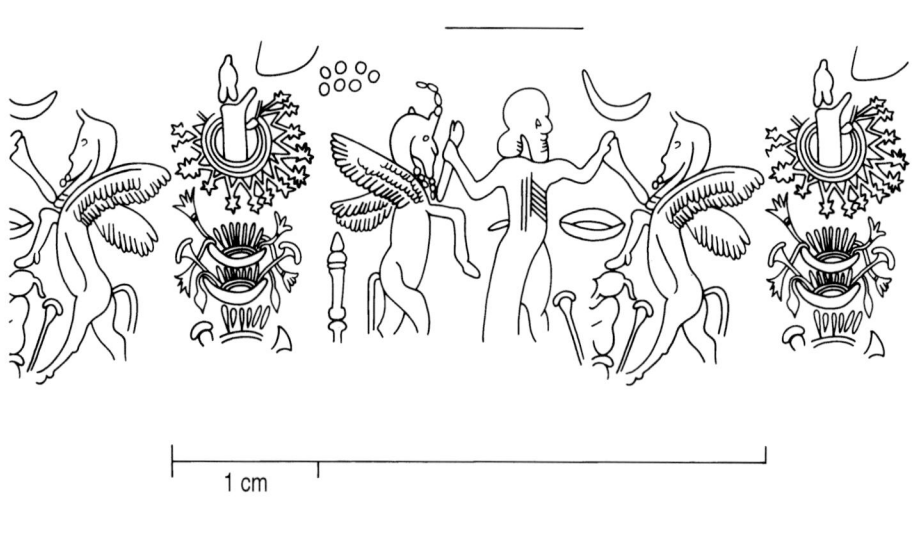

PFS 38 (Cat.No. 16) on (*a*) PF 732 and (*b*) PF 1837 and (*c*) Composite Drawing. Scale 2:1

Plate 11

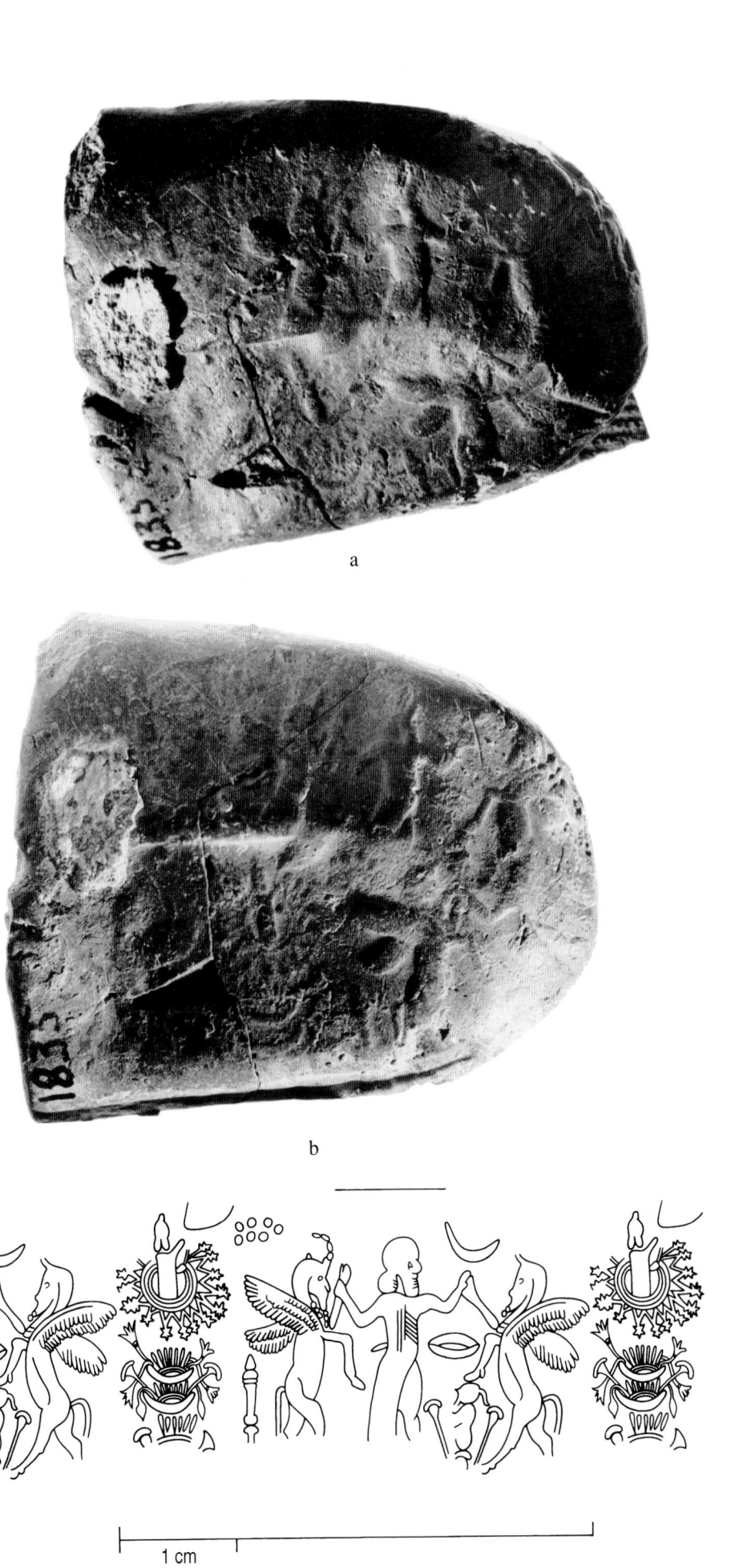

PFS 38 (Cat.No. 16) on (*a–b*) PF 1835 and (*c*) Composite Drawing. Scale 2:1

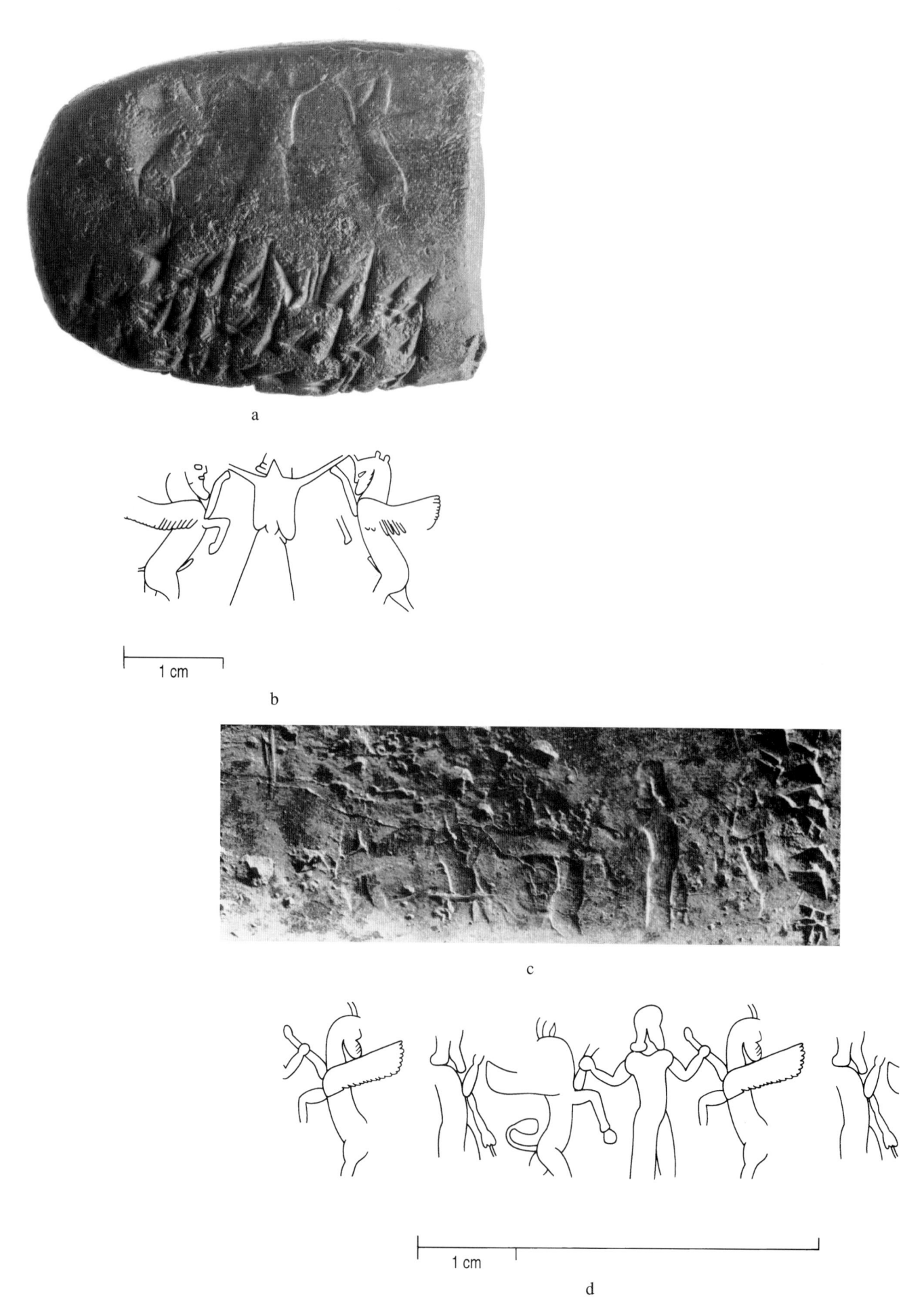

Plate 12

a

b

1 cm

c

1 cm

d

PFS 1684 (Cat.No. 17) on (*a*) PF 1324 and (*b*) Composite Drawing and
PFS 1641 (Cat.No. 18) on (*c*) PF 2087 and (*d*) Composite Drawing. Scale 2:1

Plate 13

PFS 113* (Cat.No. 19) on (*a–b*) PF 879 and (*c–d*) PF 864 and (*e*) Composite Drawing. Scale 2:1

Plate 14

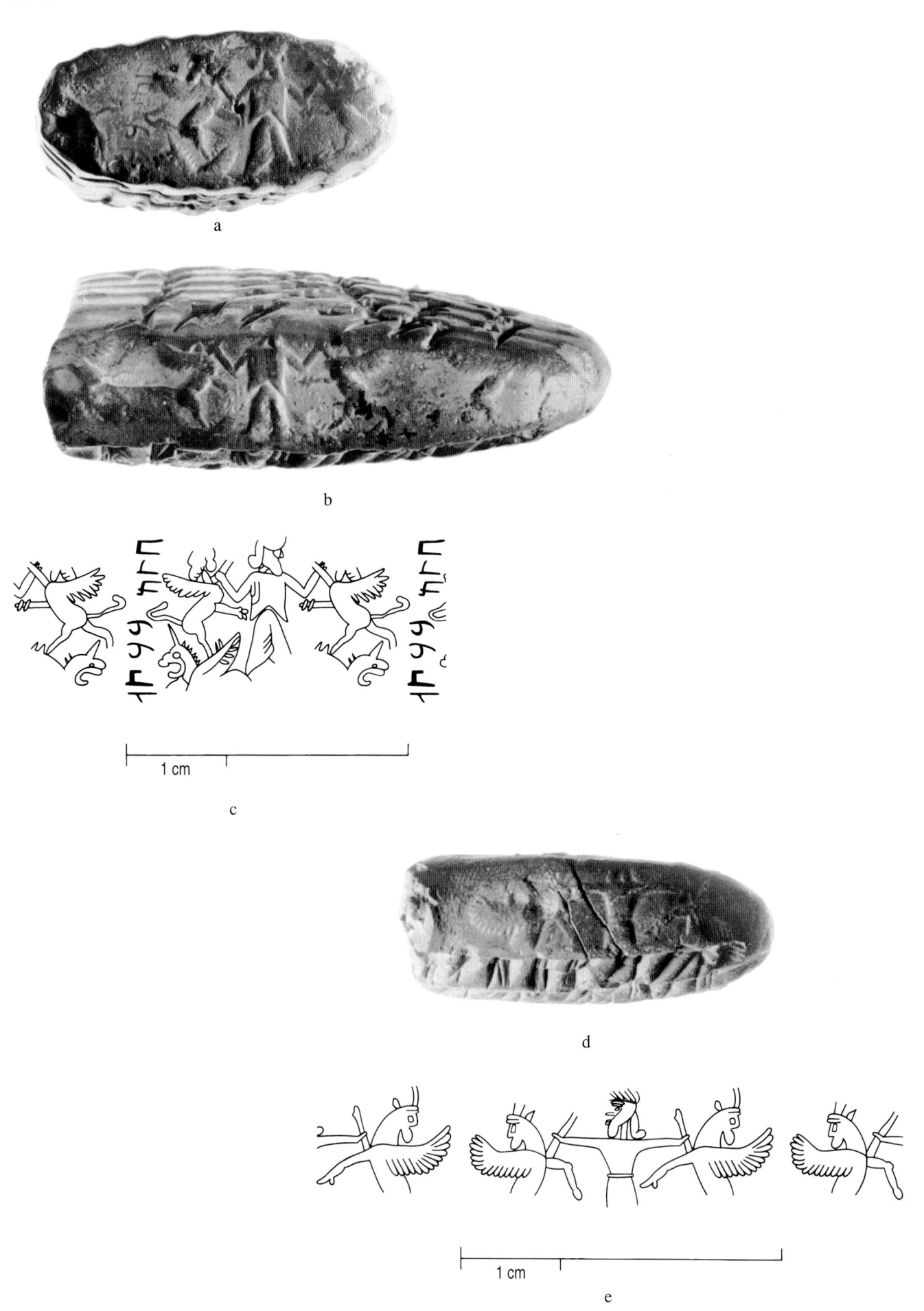

PFS 164* (Cat.No. 20) on (*a–b*) PF 969 and (*c*) Composite Drawing and
PFS 1465 (Cat.No. 21) on (*d*) PF 1580 and (*e*) Composite Drawing. Scale 2:1

Plate 15

PFS 16* (Cat.No. 22) on (*a*) PF 1802, (*b*) PF 1798, (*c*) PF 665, (*d*) PF 1805, (*e*) PF 1802, and (*f*) PF 1800 and (*g*) Composite Drawing. Scale 2:1

Plate 16

PFS 49 (Cat.No. 23) on (*a*) PF 687, (*b*) PF 1556, and (*c*) PF 1558 and (*d*) Composite Drawing. Scale 2:1

Plate 17

PFS 63 (Cat.No. 24) on (*a*) PF 1688 and (*b*) PF 1687 and (*c*) Composite Drawing. Scale 2:1

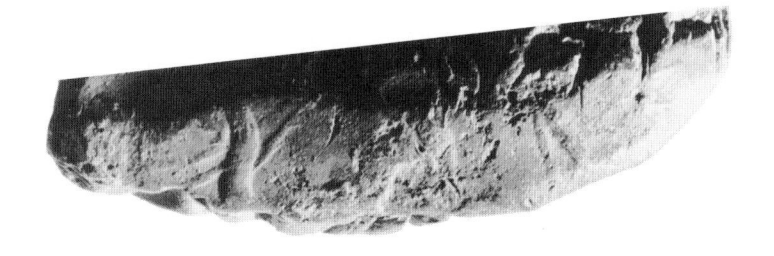

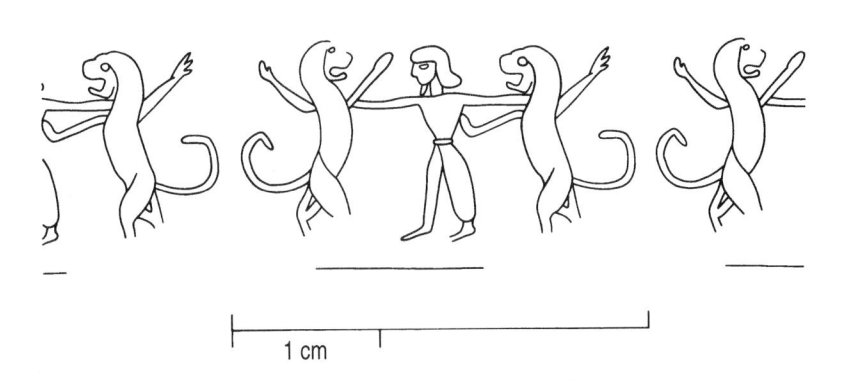

Plate 18

PFS 95 (Cat.No. 25) on (*a*) PF 1139 and (*b*) PF 1368 and (*c*) Composite Drawing. Scale 2:1

Plate 19

PFS 232 (Cat.No. 26) on (*a*) PF 37 and (*b*) PF 117 and (*c*) Composite Drawing. Scale 2:1

Plate 20

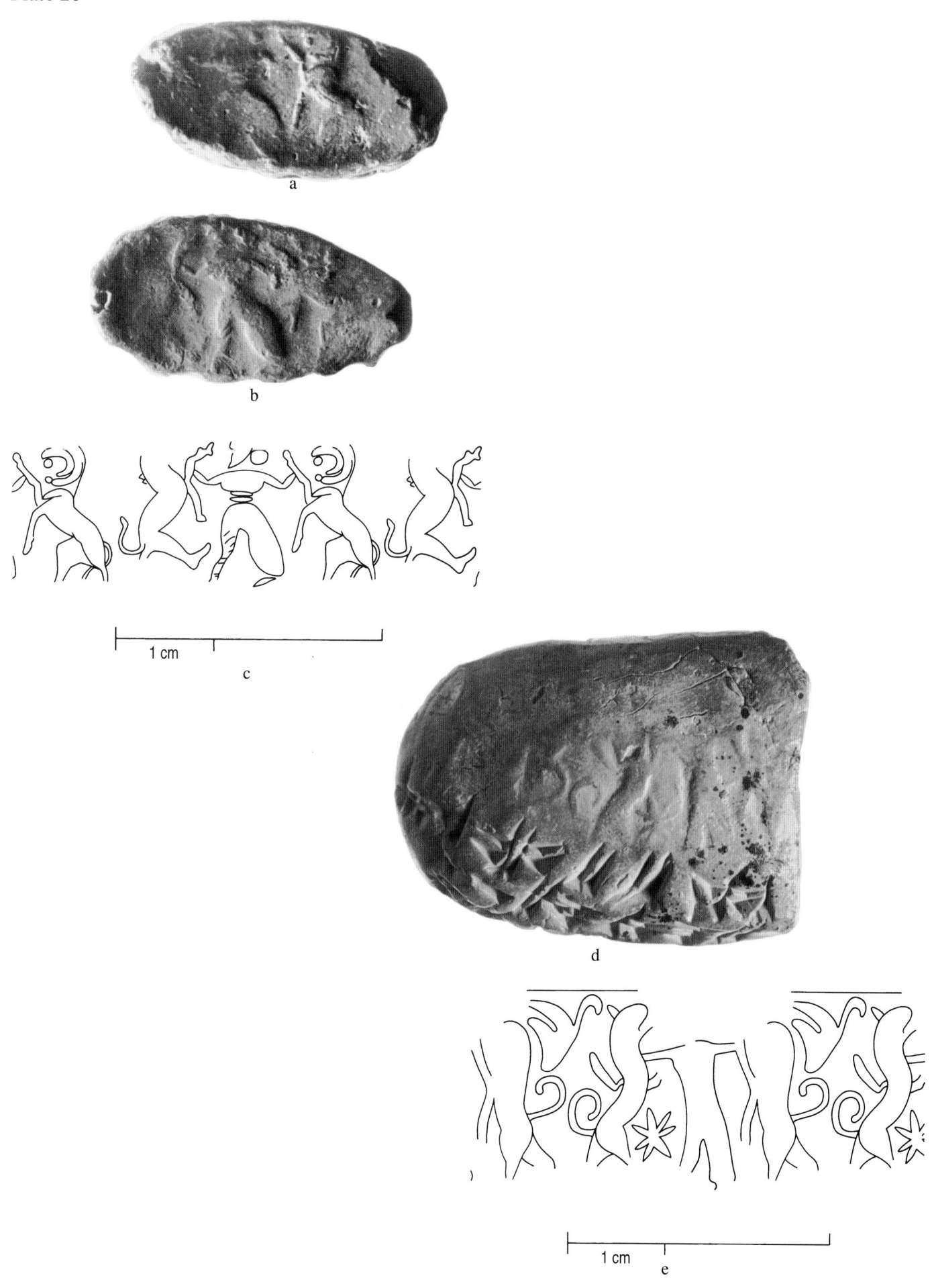

PFS 249 (Cat.No. 27) on (*a*) PF 1641 and (*b*) PF 971 and (*c*) Composite Drawing and
PFS 329 (Cat.No. 28) on (*d*) PF 17 and (*e*) Composite Drawing. Scale 2:1

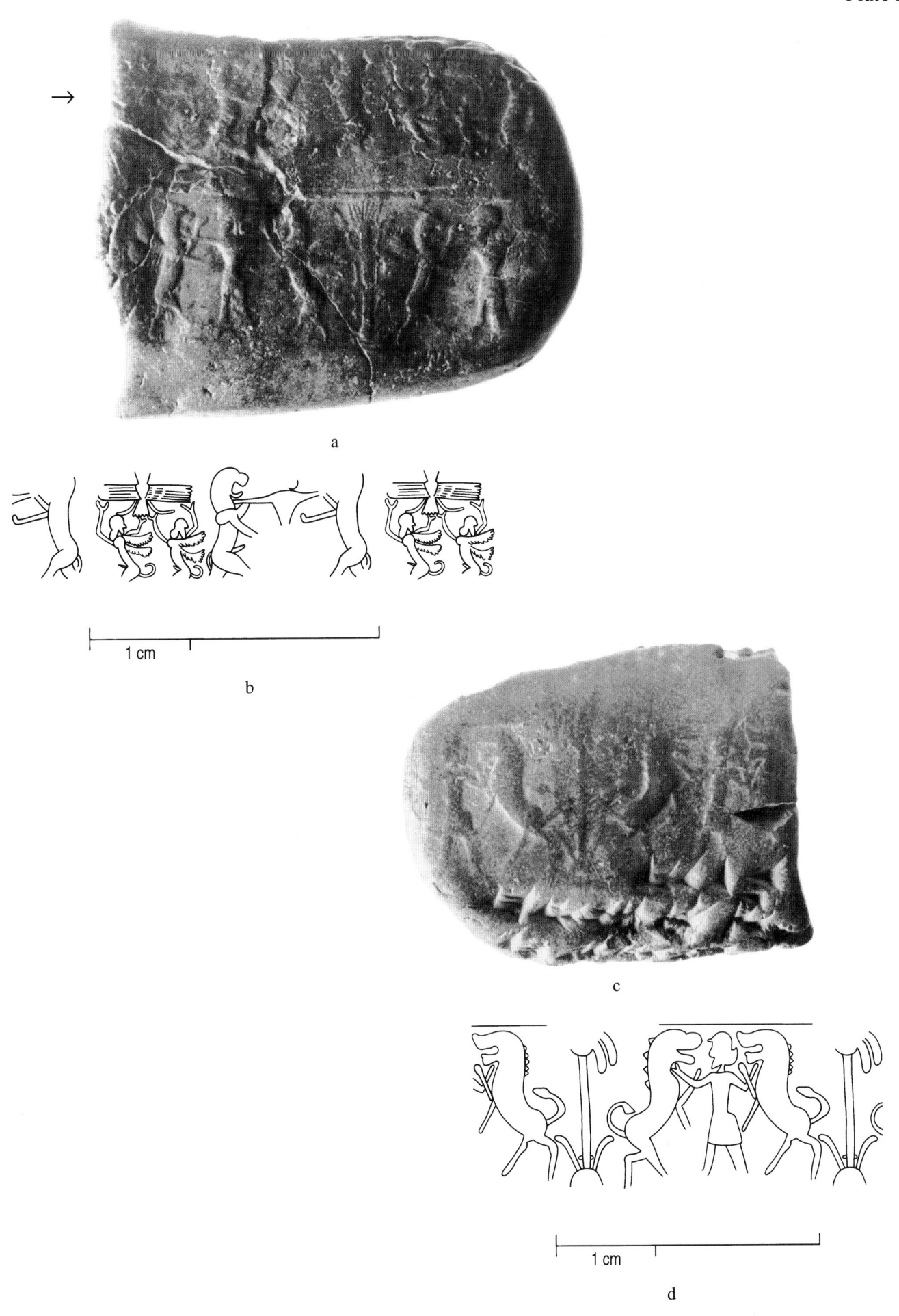

Plate 21

a

b

c

d

PFS 1071 (Cat.No. 29) on (*a*) PF 1114 and (*b*) Composite Drawing and
PFS 1362 (Cat.No. 30) on (*c*) PF 1464 and (*d*) Composite Drawing. Scale 2:1

Plate 22

PFS 1374 (Cat.No. 31) on (*a*) PF 1478 and (*b*) Composite Drawing and
PFS 1527 (Cat.No. 32) on (*c*) PF 1686 and (*d*) Composite Drawing. Scale 2:1

Plate 23

PFS 1243 (Cat.No. 33) on (*a*) PF 1297 and (*b*) Composite Drawing,
PFS 1276 (Cat.No. 34) on (*c*) PF 1332 and (*d*) Composite Drawing, and
PFS 1320 (Cat.No. 35) on (*e*) PF 1403 and (*f*) Composite Drawing. Scale 2:1

Plate 24

a

b
|— 1 cm —|

c

d
|— 1 cm —|

e

f
|— 1 cm —|

PFS 1322 (Cat.No. 36) on (*a*) PF 1405 and (*b*) Composite Drawing,
PFS 1020 (Cat.No. 37) on (*c*) PF 1047 and (*d*) Composite Drawing, and
PFS 385 (Cat.No. 38) on (*e*) PF 85 and (*f*) Composite Drawing. Scale 2:1

Plate 25

PFS 1142 (Cat.No. 39) on (*a*) PF 1234 and (*b*) Composite Drawing and
PFS 1146 (Cat.No. 40) on (*c*) PF 1200 and (*d*) Composite Drawing. Scale 2:1

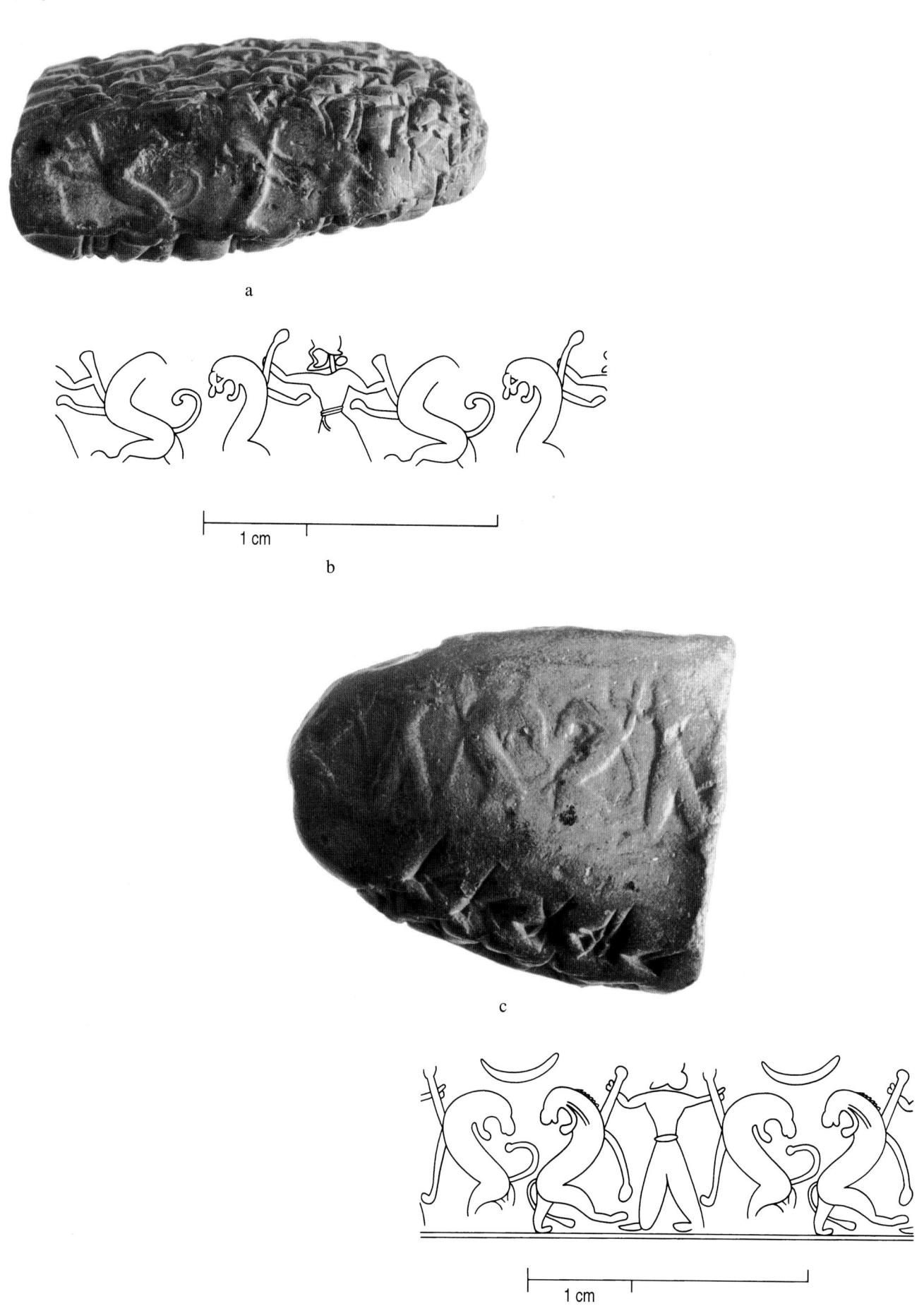

Plate 26

a

b

c

d

PFS 1325 (Cat.No. 41) on (*a*) PF 1409 and (*b*) Composite Drawing and
PFS 1440 (Cat.No. 42) on (*c*) PF 1549 and (*d*) Composite Drawing. Scale 2:1

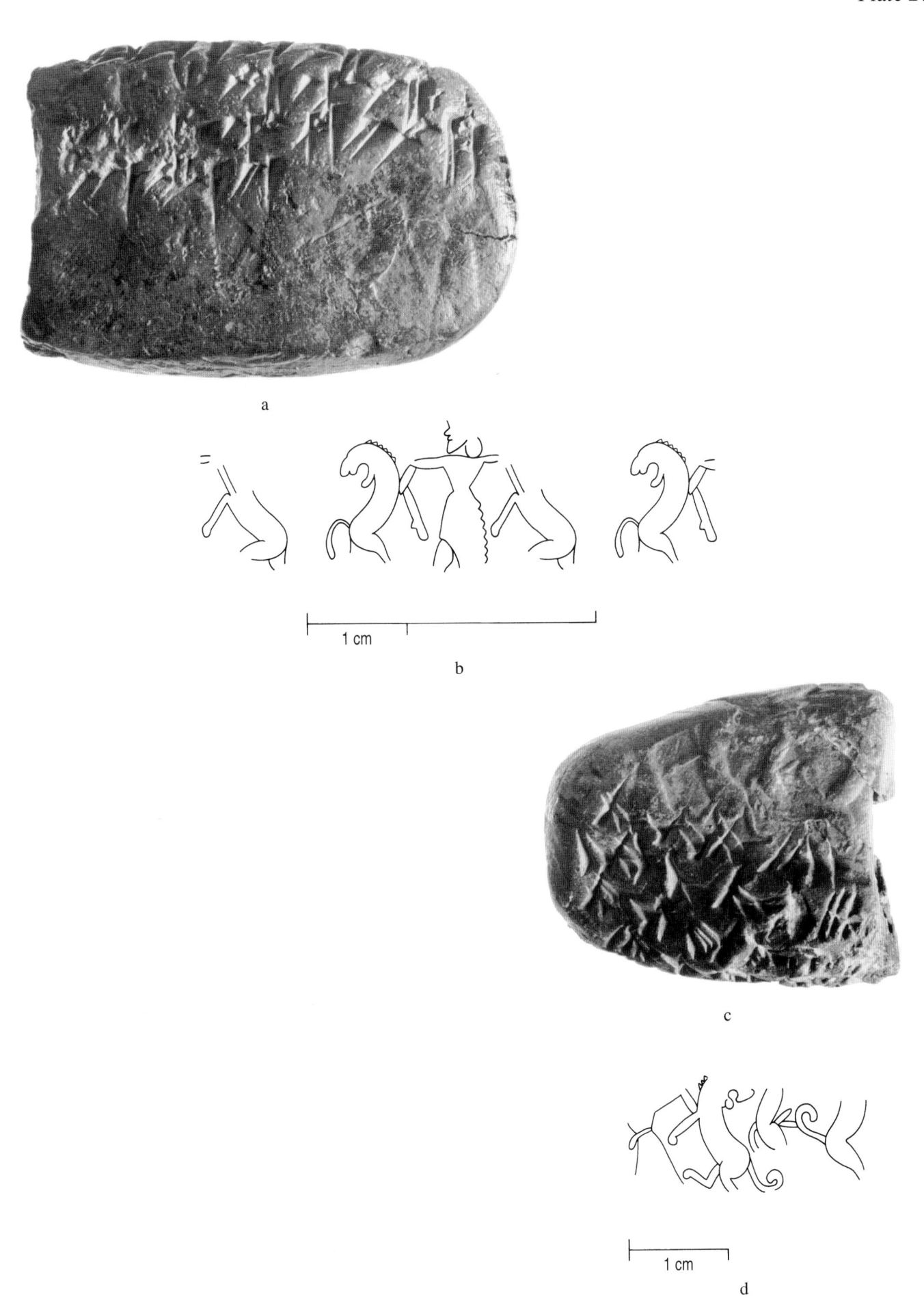

Plate 27

PFS 1083 (Cat.No. 43) on (*a*) PF 1131 and (*b*) Composite Drawing and
PFS 1285 (Cat.No. 44) on (*c*) PF 1341 and (*d*) Composite Drawing. Scale 2:1

Plate 28

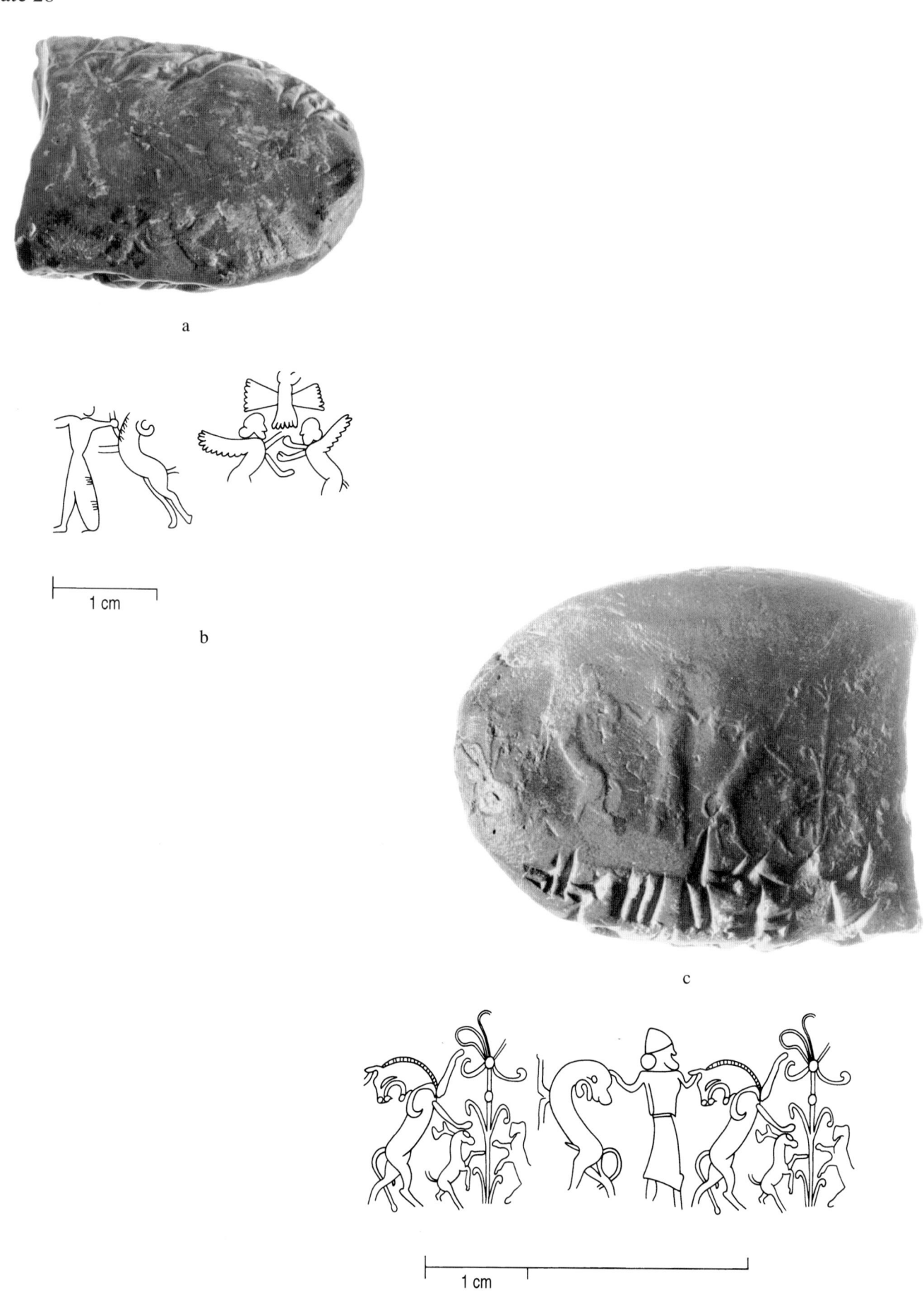

PFS 1053 (Cat.No. 45) on (*a*) PF 1095 and (*b*) Composite Drawing and
PFS 225 (Cat.No. 46) on (*c*) PF 1167 and (*d*) Composite Drawing. Scale 2:1

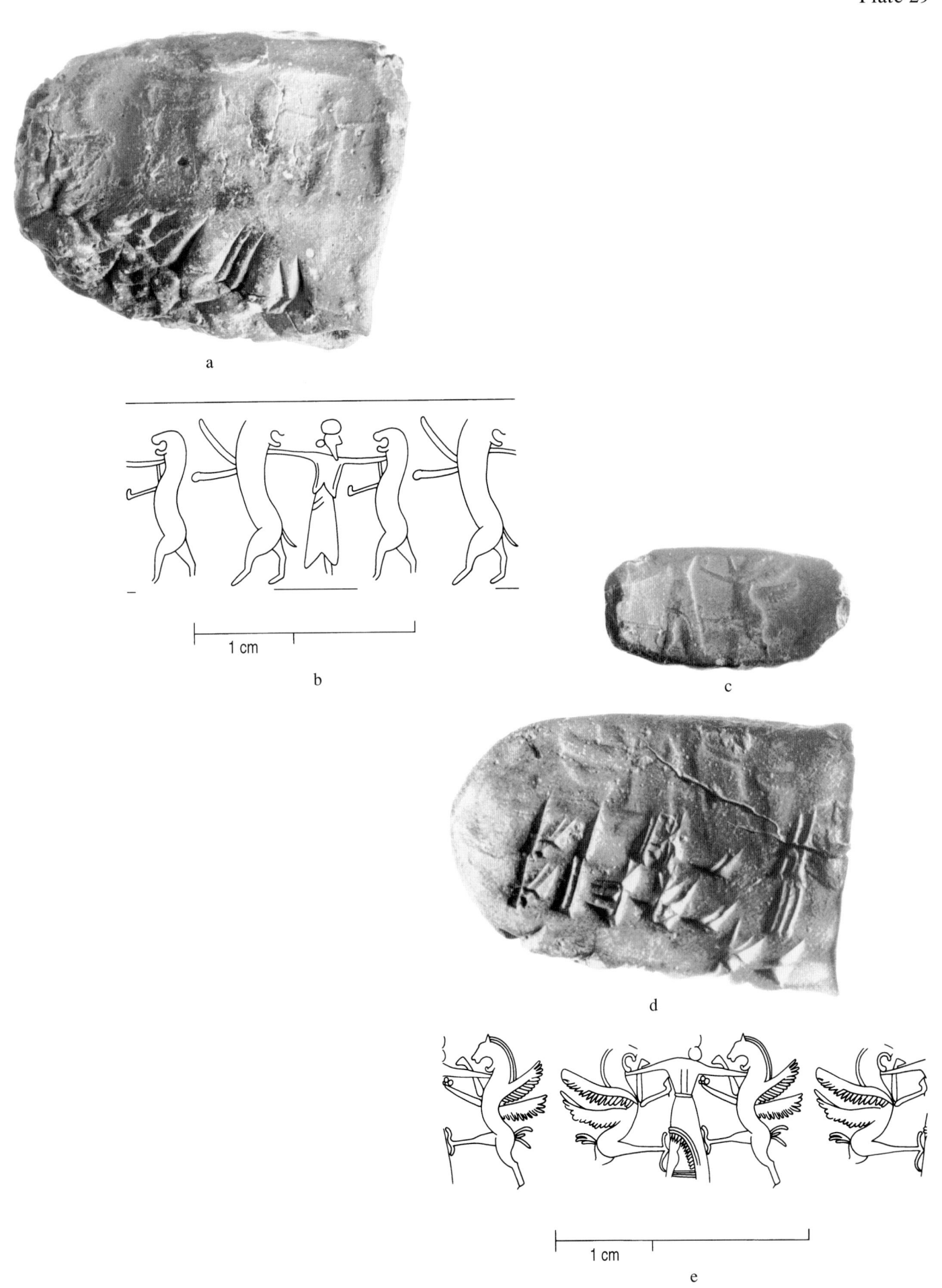

Plate 29

PFS 361 (Cat.No. 47) on (*a*) PF 324 and (*b*) Composite Drawing and
PFS 86 (Cat.No. 48) on (*c*) PF 128 and (*d*) PF 1015 and (*e*) Composite Drawing. Scale 2:1

Plate 30

a

b

c

d

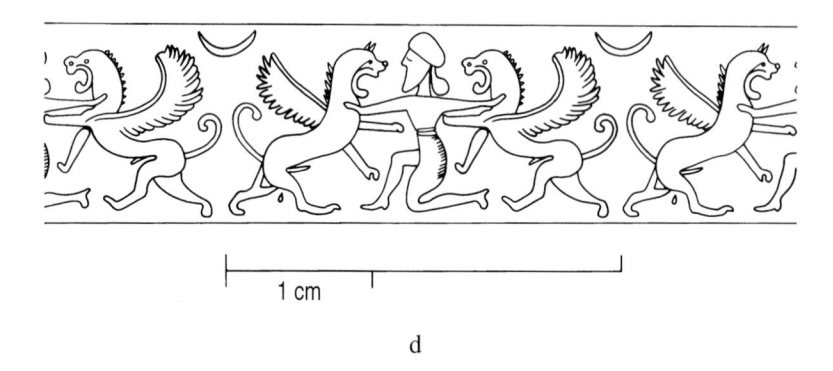

PFS 120 (Cat.No. 49) on (*a*) PF 2079, (*b*) PF 2013, and (*c*) PF 2001 and (*d*) Composite Drawing. Scale 2:1

Plate 31

a

b

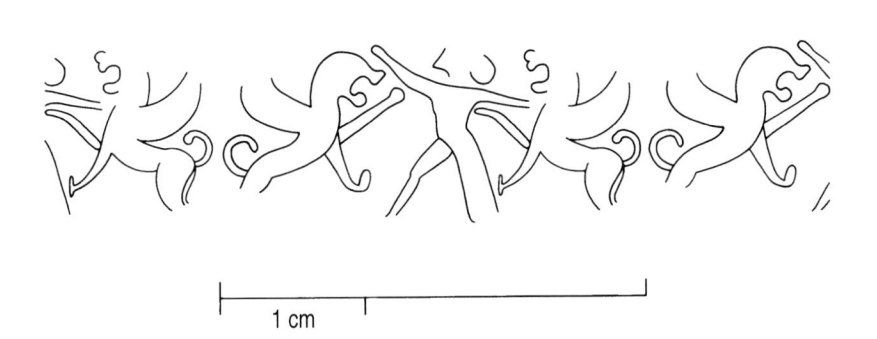

c

PFS 201 (Cat.No. 50) on (*a*) PF 1276 and (*b*) PF 1404 and (*c*) Composite Drawing. Scale 2:1

Plate 32

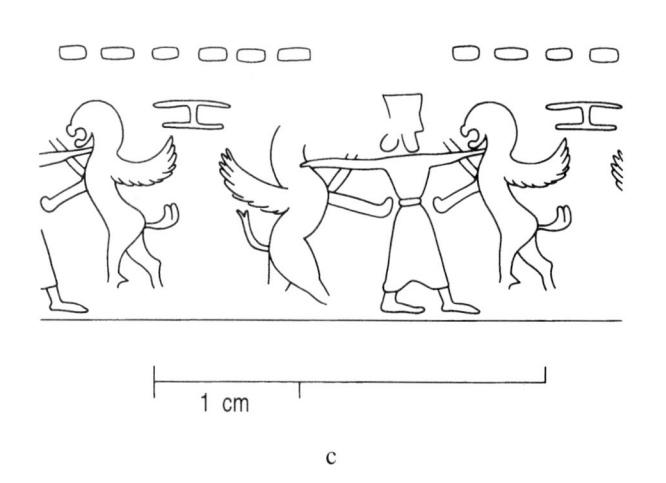

PFS 231 (Cat.No. 51) on (*a*) PF 1703 and (*b*) PF 1677 and (*c*) Composite Drawing. Scale 2:1

Plate 33

PFS 233 (Cat.No. 52) on (*a–b*) PF 328 and (*c*) Composite Drawing. Scale 2:1

Plate 34

a

b

1 cm

c

d

e

1 cm

PFS 294 (Cat.No. 53) on (*a*) PF 1005 and (*b*) Composite Drawing and
PFS 301 (Cat.No. 54) on (*c*) PF 1231 and (*d*) PF 1230 and (*e*) Composite Drawing. Scale 2:1

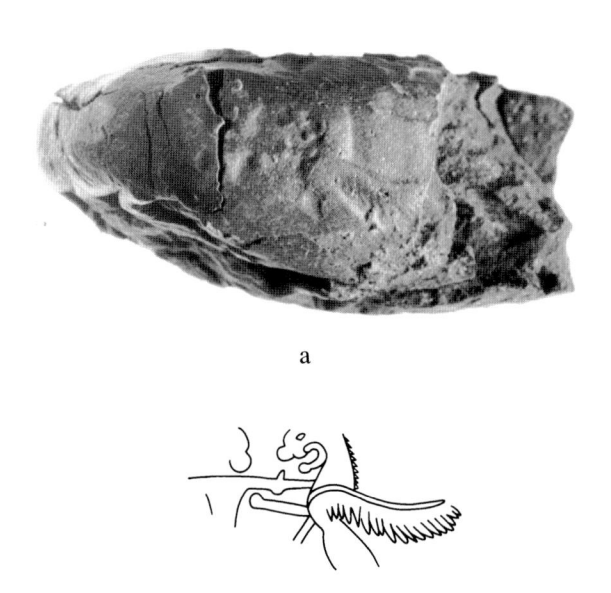

Plate 35

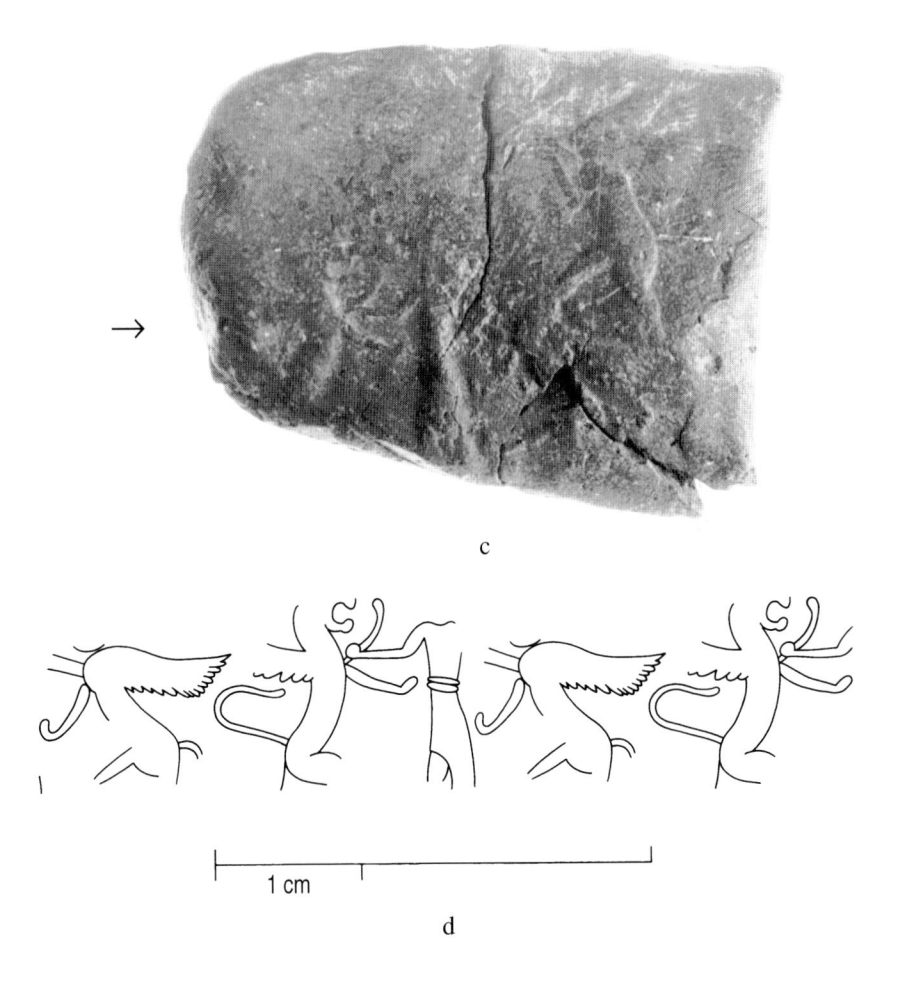

PFS 426 (Cat.No. 55) on (*a*) PF 120 and (*b*) Composite Drawing and
PFS 430 (Cat.No. 56) on (*c*) PF 121 and (*d*) Composite Drawing. Scale 2:1

Plate 36

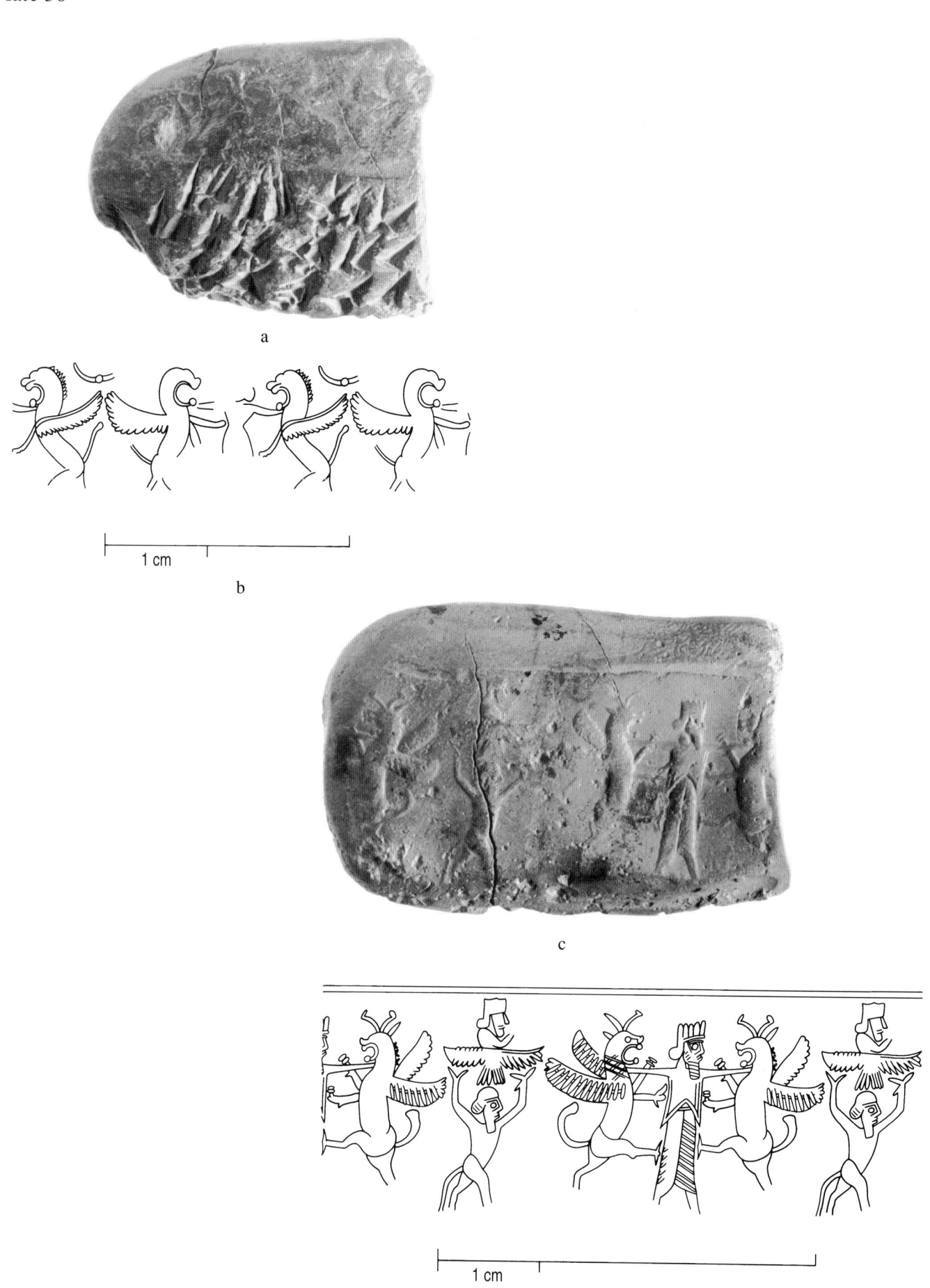

PFS 720 (Cat.No. 57) on (*a*) PF 492 and (*b*) Composite Drawing and
PFS 774 (Cat.No. 58) on (*c*) PF 556 and (*d*) Composite Drawing. Scale 2:1

Plate 37

1 cm

PFS 844 (Cat.No. 59) on (*a*) PF 645 and (*b*) Composite Drawing and
PFS 851 (Cat.No. 60) on (*c*) PF 650 and (*d*) Composite Drawing. Scale 2:1

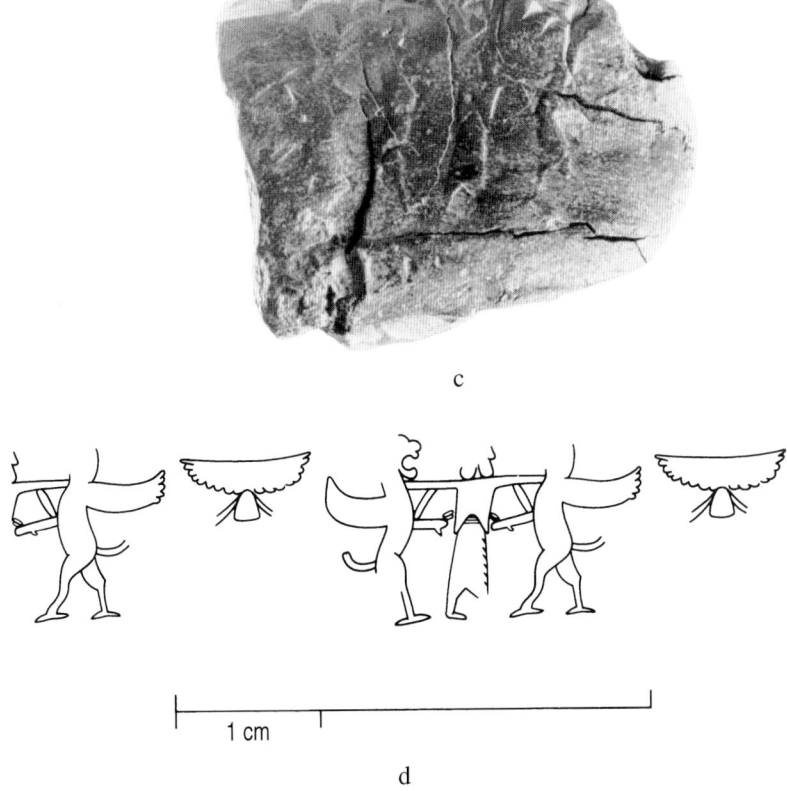

Plate 38

a

b

c

d

PFS 1072 (Cat.No. 61) on (*a*) PF 1114 and (*b*) Composite Drawing and
PFS 1444 (Cat.No. 62) on (*c*) PF 1562 and (*d*) Composite Drawing. Scale 2:1

Plate 39

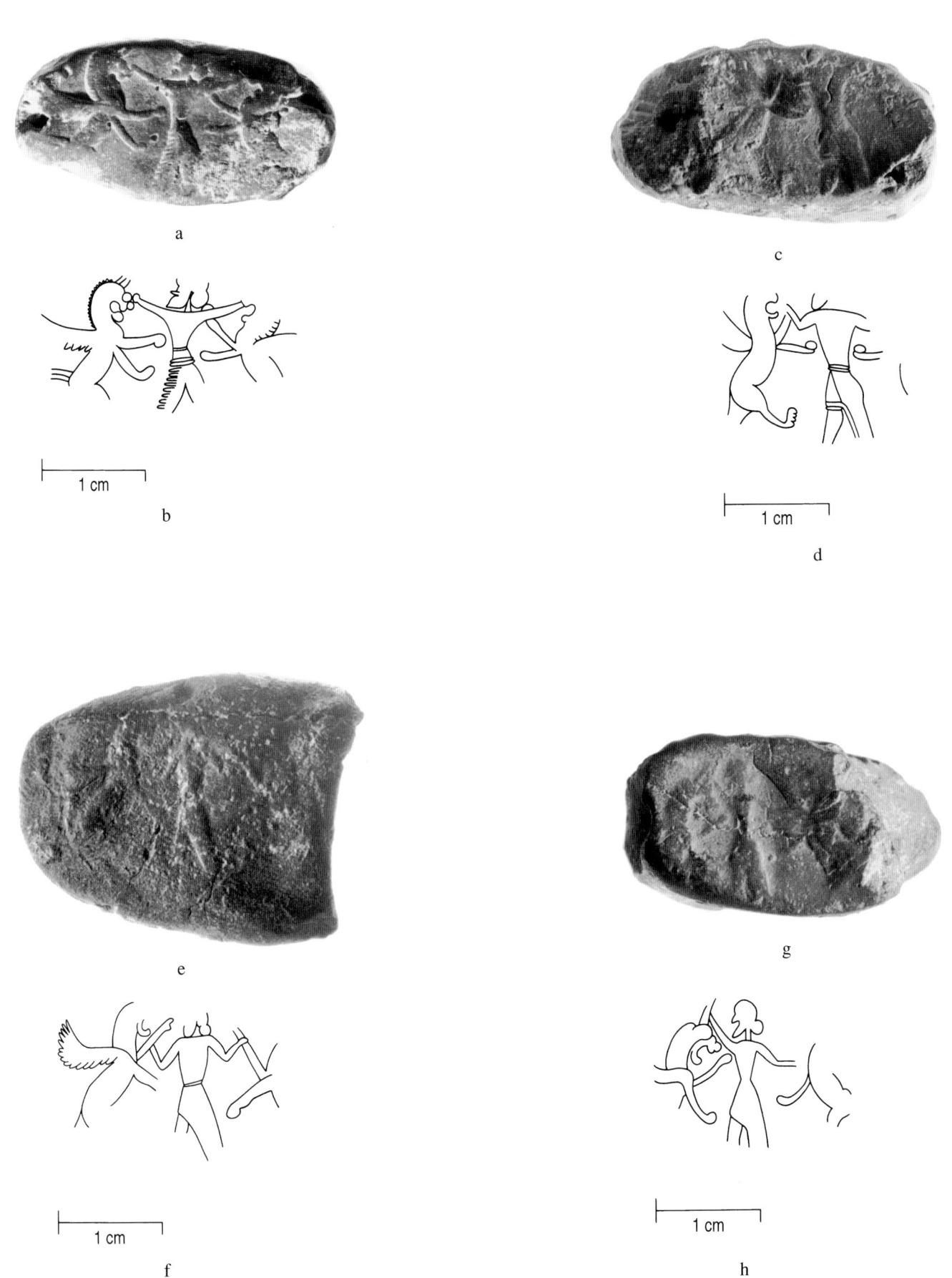

PFS 1598 (Cat.No. 63) on (*a*) PF 2020 and (*b*) Composite Drawing,
PFS 673 (Cat.No. 64) on (*c*) PF 436 and (*d*) Composite Drawing,
PFS 882 (Cat.No. 65) on (*e*) PF 759 and (*f*) Composite Drawing, and
PFS 1135 (Cat.No. 66) on (*g*) PF 1192 and (*h*) Composite Drawing. Scale 2:1

Plate 40

a

b

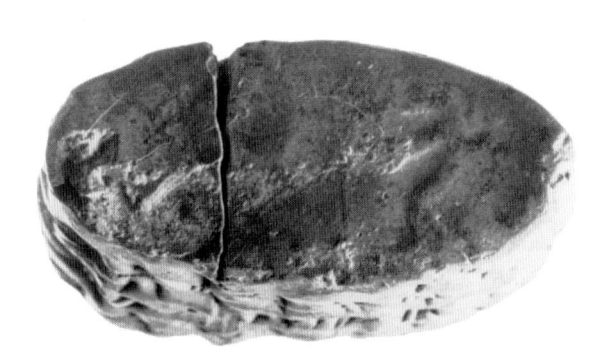

c

d

PFS 1117 (Cat.No. 67) on (*a*) PF 1176 and (*b*) Composite Drawing and
PFS 1091 (Cat.No. 68) on (*c*) PF 1140 and (*d*) Composite Drawing. Scale 2:1

Plate 41

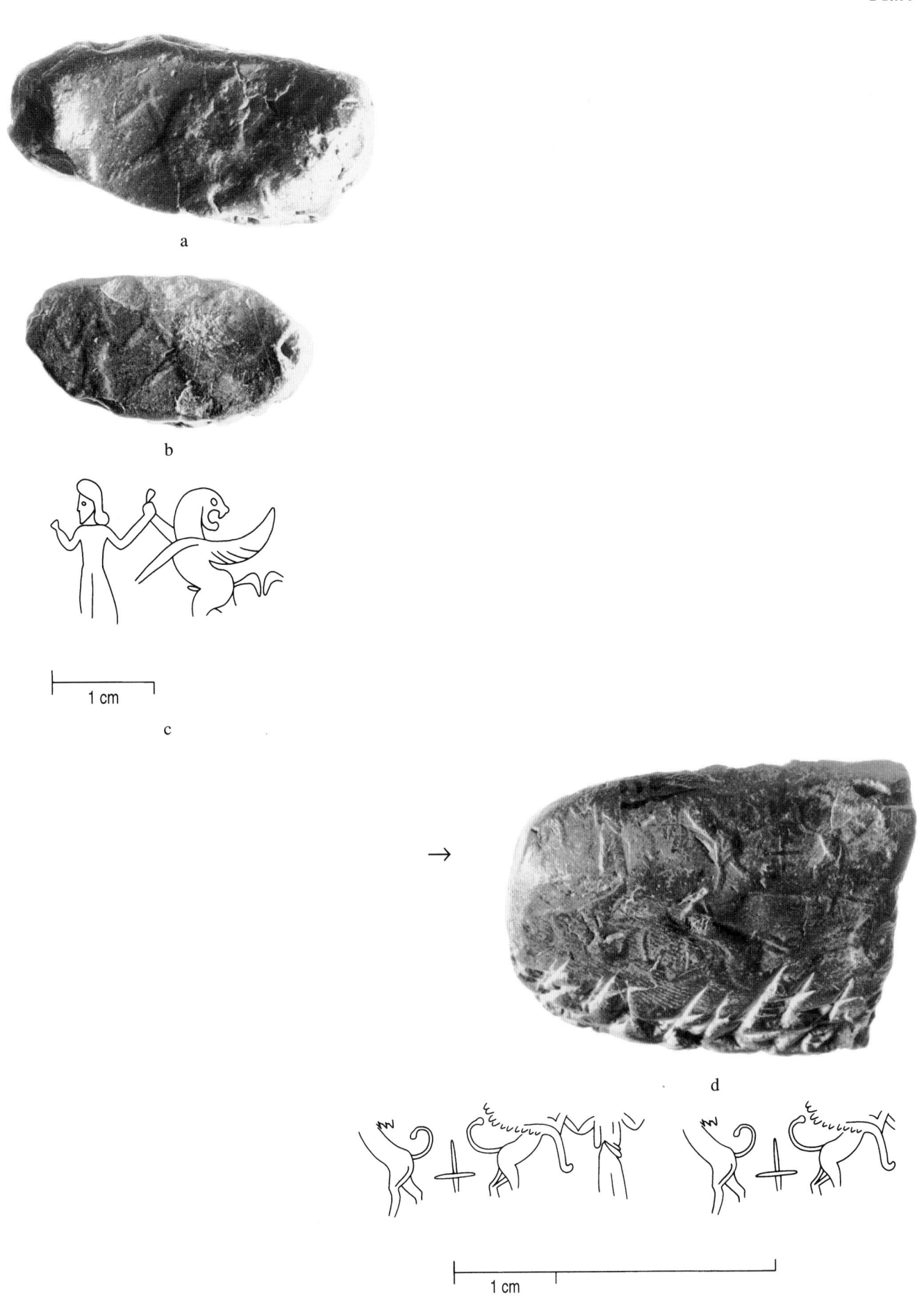

PFS 132 (Cat.No. 69) on (*a*) PF 1531 and (*b*) PF 1336 and (*c*) Composite Drawing and
PFS 1057 (Cat.No. 70) on (*d*) PF 1101 and (*e*) Composite Drawing. Scale 2:1

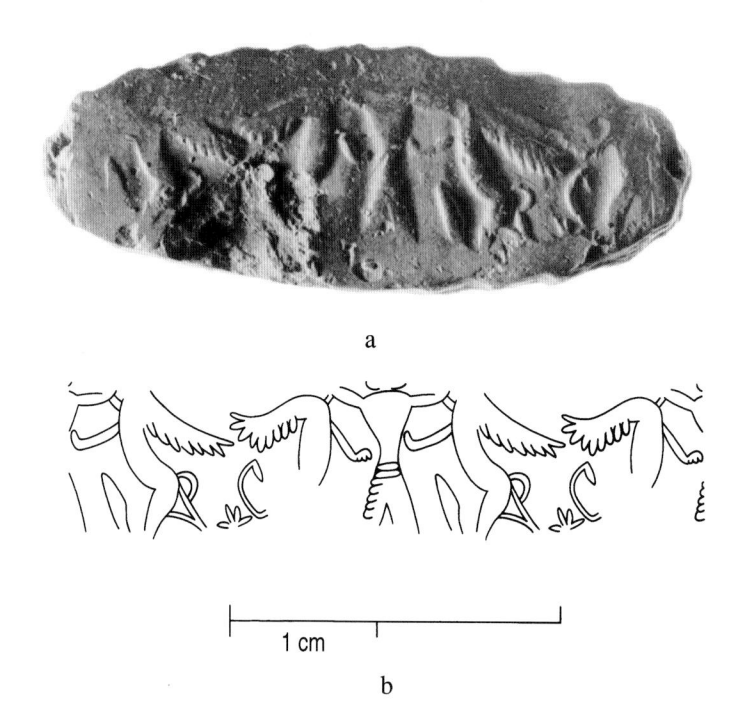

Plate 42

PFS 1081 (Cat.No. 71) on (*a*) PF 1129 and (*b*) Composite Drawing and
PFS 1387 (Cat.No. 72) on (*c*) PF 1490 and (*d*) Composite Drawing. Scale 2:1

Plate 43

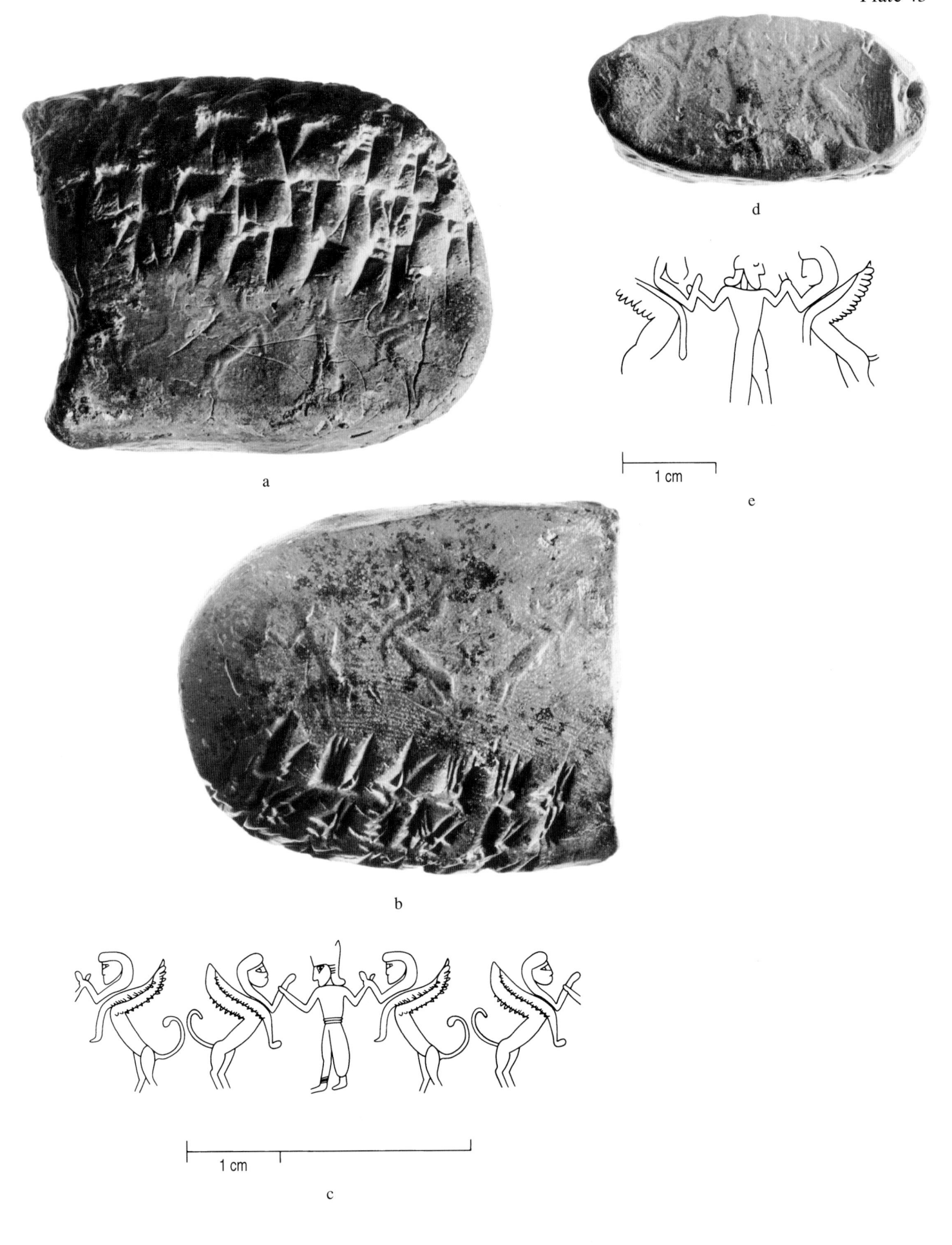

PFS 34 (Cat.No. 73) on (*a*) PF 151 and (*b*) PF 1093 and (*c*) Composite Drawing and
PFS 168 (Cat.No. 74) on (*d*) PF 1667 and (*e*) Composite Drawing. Scale 2:1

Plate 44

a

b

c

d

PFS 123* (Cat.No. 75) on (*a*) PF 162, (*b*) PF 163, and (*c*) PF 219 and (*d*) Composite Drawing. Scale 2:1

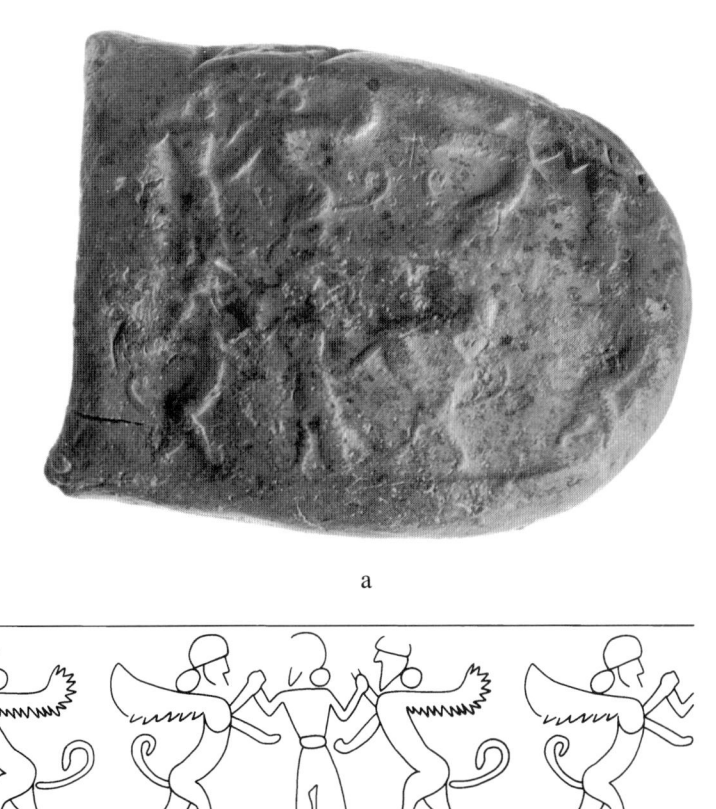

Plate 45

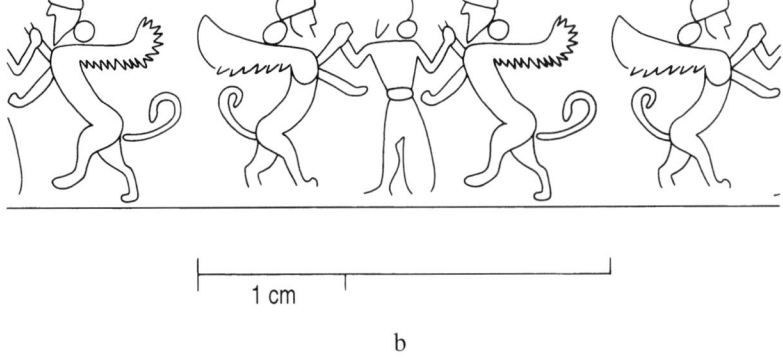

PFS 362 (Cat.No. 76) on (*a*) PF 56 and (*b*) Composite Drawing and
PFS 1016 (Cat.No. 77) on (*c*) PF 1040 and (*d*) Composite Drawing. Scale 2:1

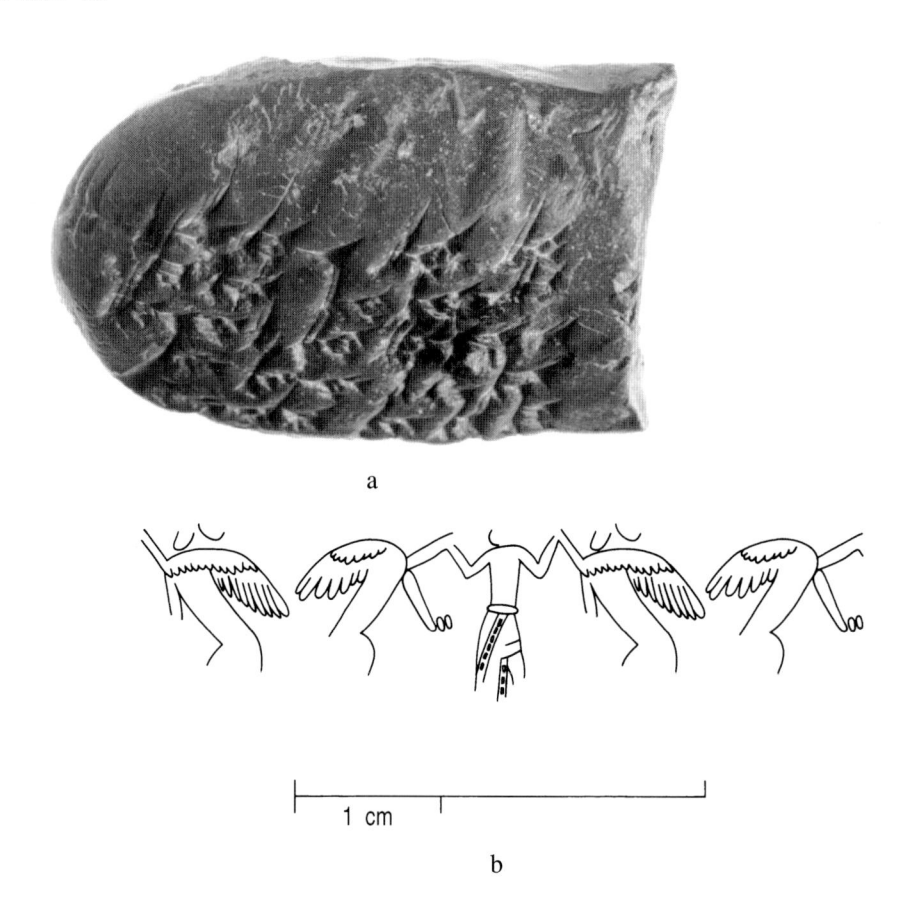

Plate 46

PFS 399 (Cat.No. 78) on (*a*) PF 837 and (*b*) Composite Drawing and
PFS 787 (Cat.No. 79) on (*c*) PF 581 and (*d*) Composite Drawing. Scale 2:1

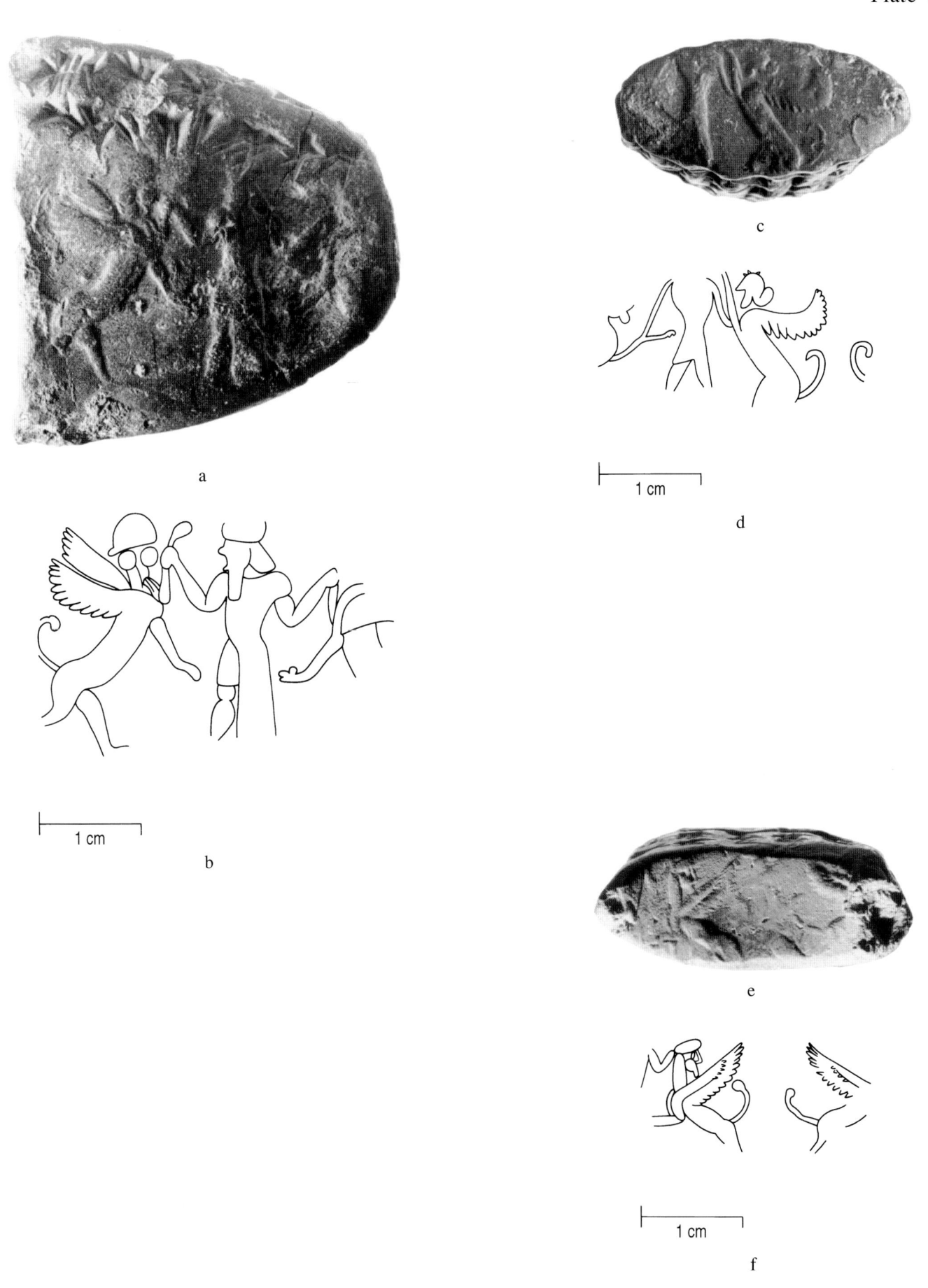

Plate 47

PFS 1458 (Cat.No. 80) on (*a*) PF 1574 and (*b*) Composite Drawing,
PFS 940 (Cat.No. 81) on (*c*) PF 1550 and (*d*) Composite Drawing, and
PFS 1613 (Cat.No. 82) on (*e*) PF 2050 and (*f*) Composite Drawing. Scale 2:1

Plate 48

PFS 79 (Cat.No. 83) on (*a*) PF 251 and (*b*) PF 1948 and (*c*) Composite Drawing. Scale 2:1

Plate 49

PFS 103* (Cat.No. 84) on (*a–b*) PF 240 and (*c*) Composite Drawing. Scale 2:1

Plate 50

a

b

c

d

PFS 513 (Cat.No. 85) on (*a*) PF 1986, (*b*) PF 233, and (*c*) PF 2074 and (*d*) Composite Drawing. Scale 2:1

Plate 51

PFS 819 (Cat.No. 86) on (*a*) PF 611 and (*b*) Composite Drawing. Scale 2:1

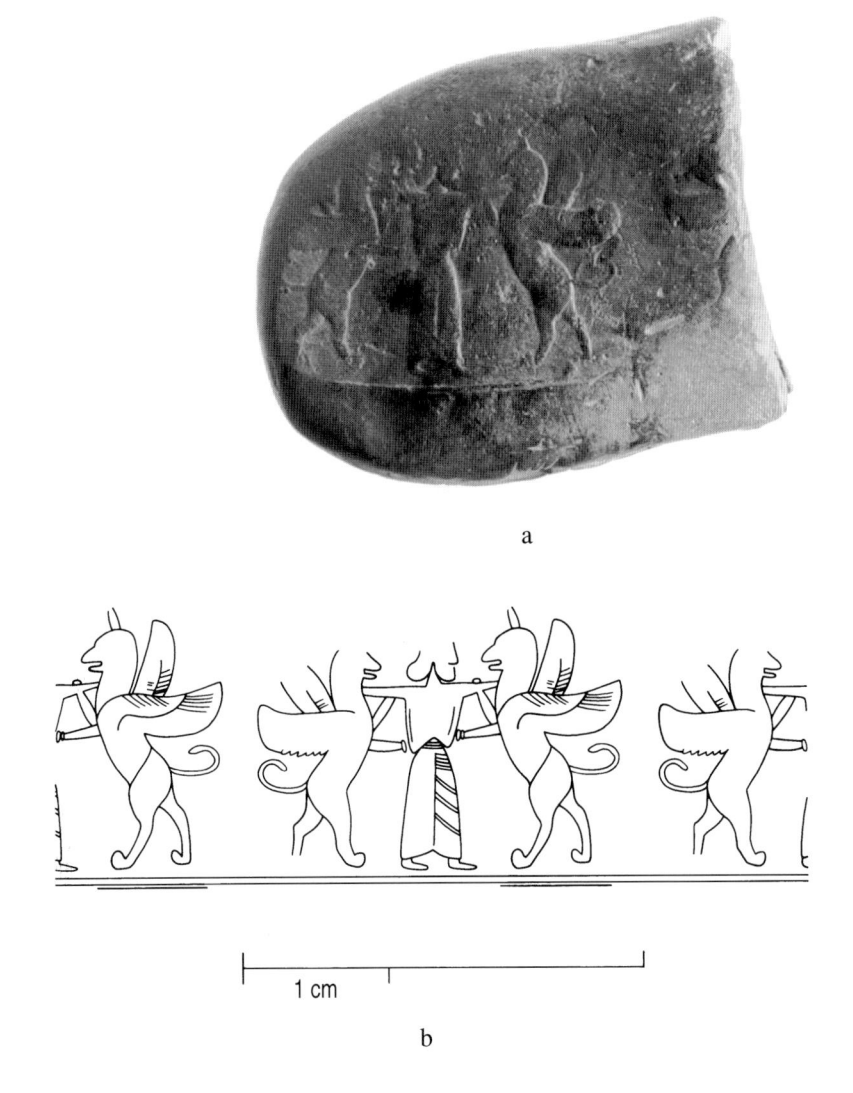

Plate 52

PFS 981* (Cat.No. 87) on (*a*) PF 1012 and (*b*) PF 937 and (*c*) Composite Drawing. Scale 2:1

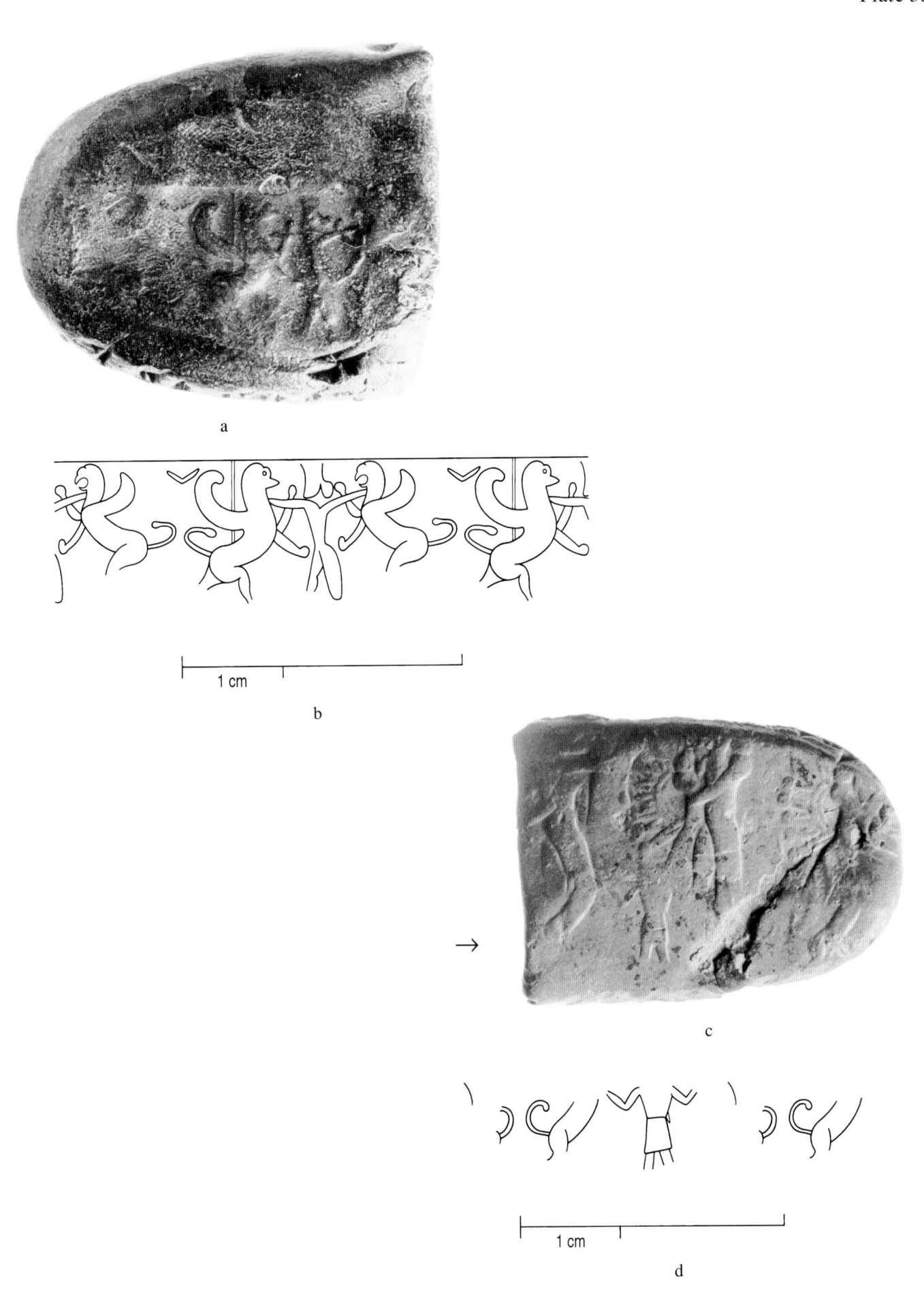

Plate 53

PFS 1483 (Cat.No. 88) on (*a*) PF 1607 and (*b*) Composite Drawing and
PFS 1165 (Cat.No. 89) on (*c*) PF 1217 and (*d*) Composite Drawing. Scale 2:1

Plate 54

a

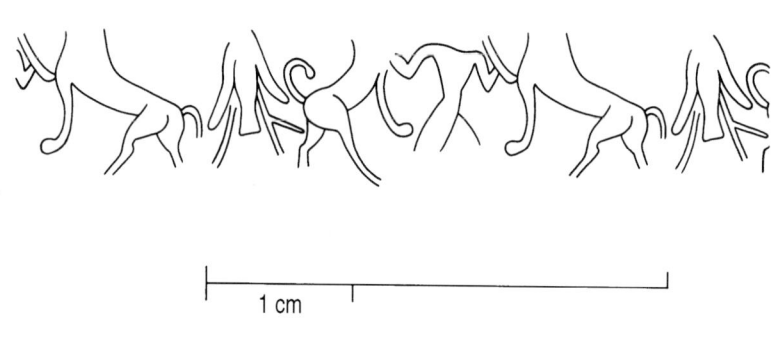

b

c

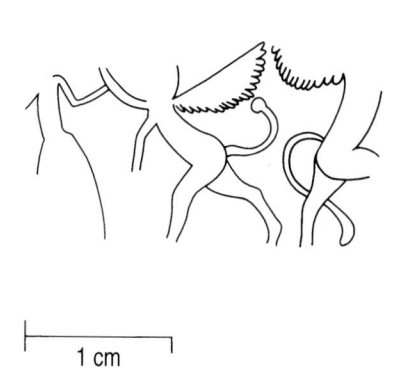

d

PFS 461 (Cat.No. 90) on (*a*) PF 163 and (*b*) Composite Drawing and
PFS 392 (Cat.No. 91) on (*c*) PF 89 and (*d*) Composite Drawing. Scale 2:1

Plate 55

PFS 454 (Cat.No. 92) on (*a*) PF 150 and (*b*) Composite Drawing and
PFS 555 (Cat.No. 93) on (*c*) PF 312 and (*d*) Composite Drawing. Scale 2:1

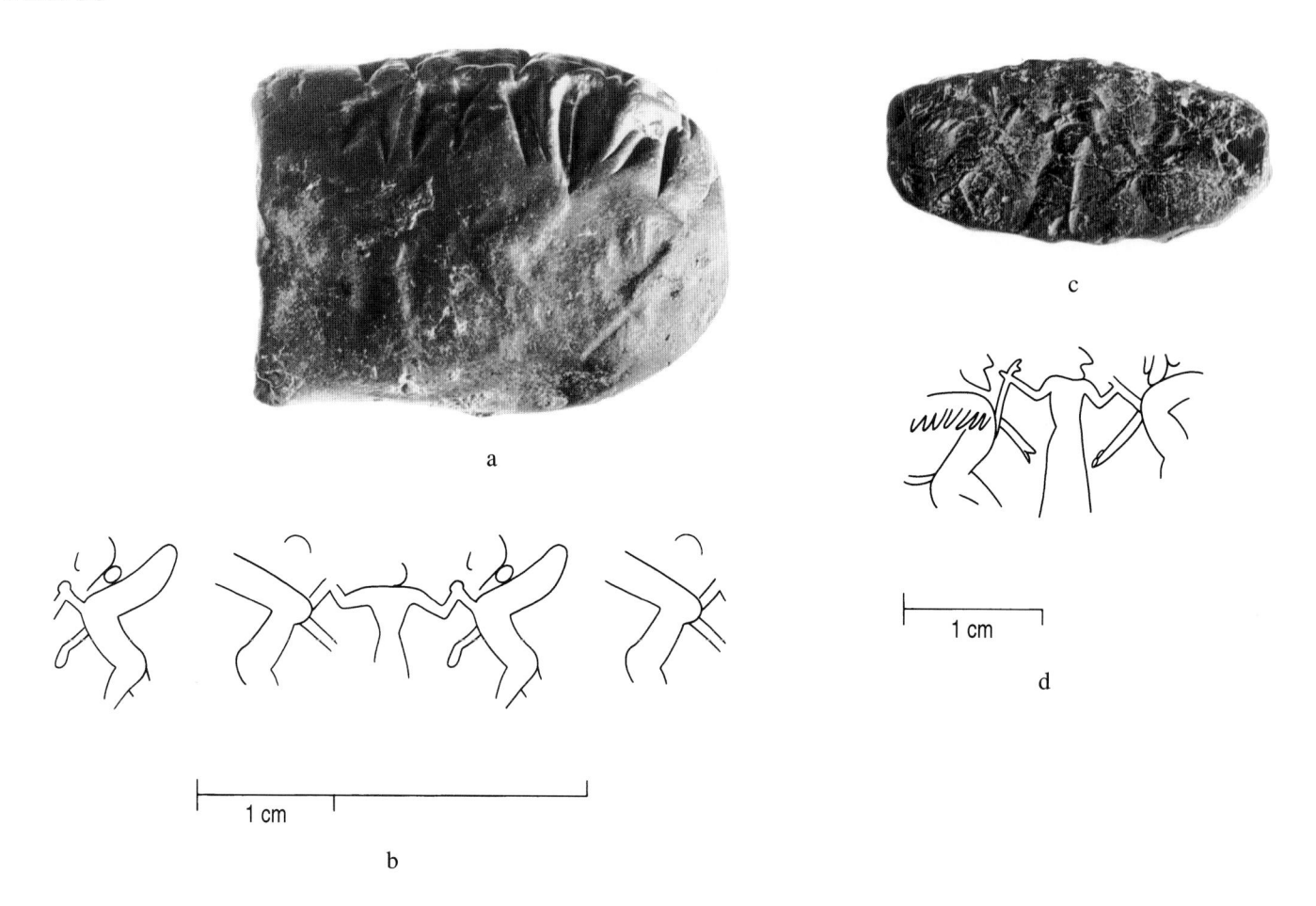

Plate 56

PFS 158 (Cat.No. 94) on (*a*) PF 108 and (*b*) Composite Drawing,
PFS 380 (Cat.No. 95) on (*c*) PF 72 and (*d*) Composite Drawing, and
PFS 945 (Cat.No. 96) on (*e*) PF 819 and (*f*) Composite Drawing. Scale 2:1

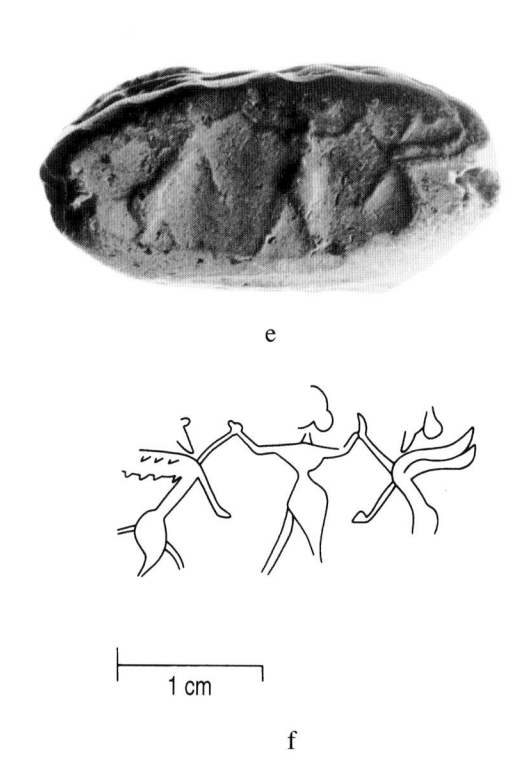

Plate 57

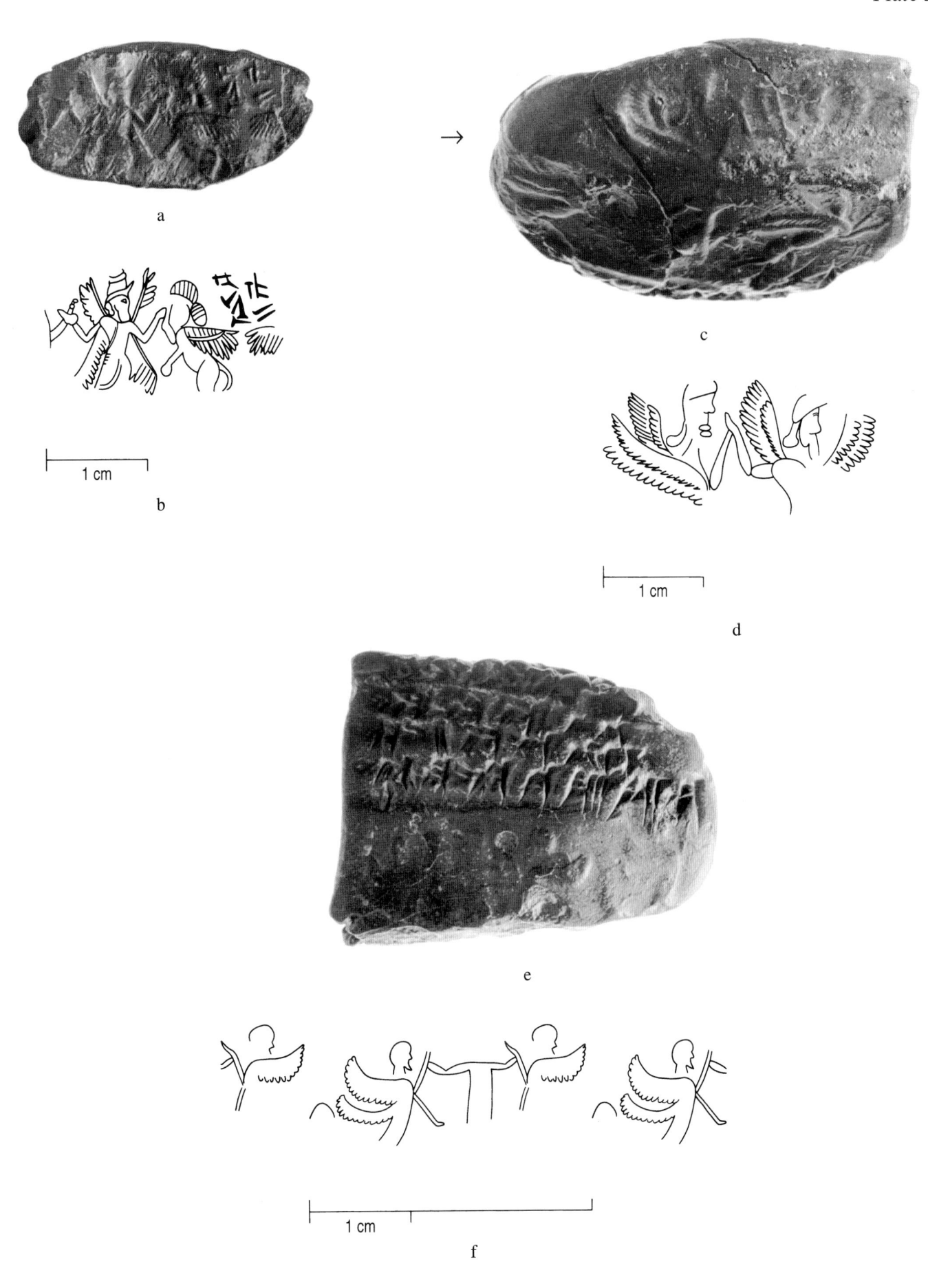

PFS 883* (Cat.No. 97) on (a) PF 760 and (b) Composite Drawing,
PFS 516 (Cat.No. 98) on (c) PF 239 and (d) Composite Drawing, and
PFS 370 (Cat.No. 99) on (e) PF 63 and (f) Composite Drawing. Scale 2:1

Plate 58

a

b

c

d

PFS 326 (Cat.No. 100) on (*a*) PF 13, (*b*) PF 161, and (*c*) PF 13 and (*d*) Composite Drawing. Scale 2:1

Plate 59

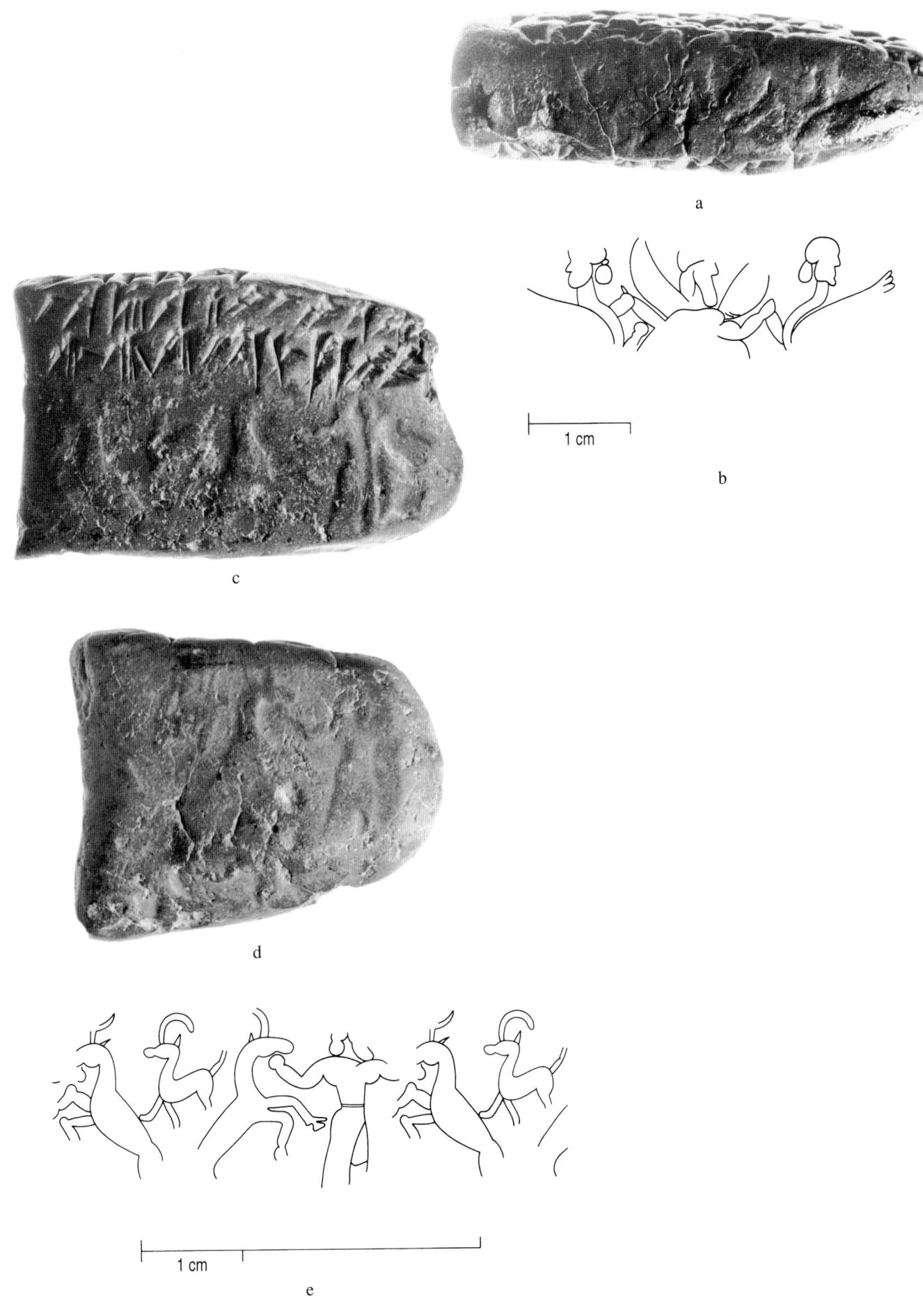

PFS 1658 (Cat.No. 101) on (*a*) PF 1256 and (*b*) Composite Drawing and
PFS 536 (Cat.No. 102) on (*c*) PF 291 and (*d*) PF 824 and (*e*) Composite Drawing. Scale 2:1

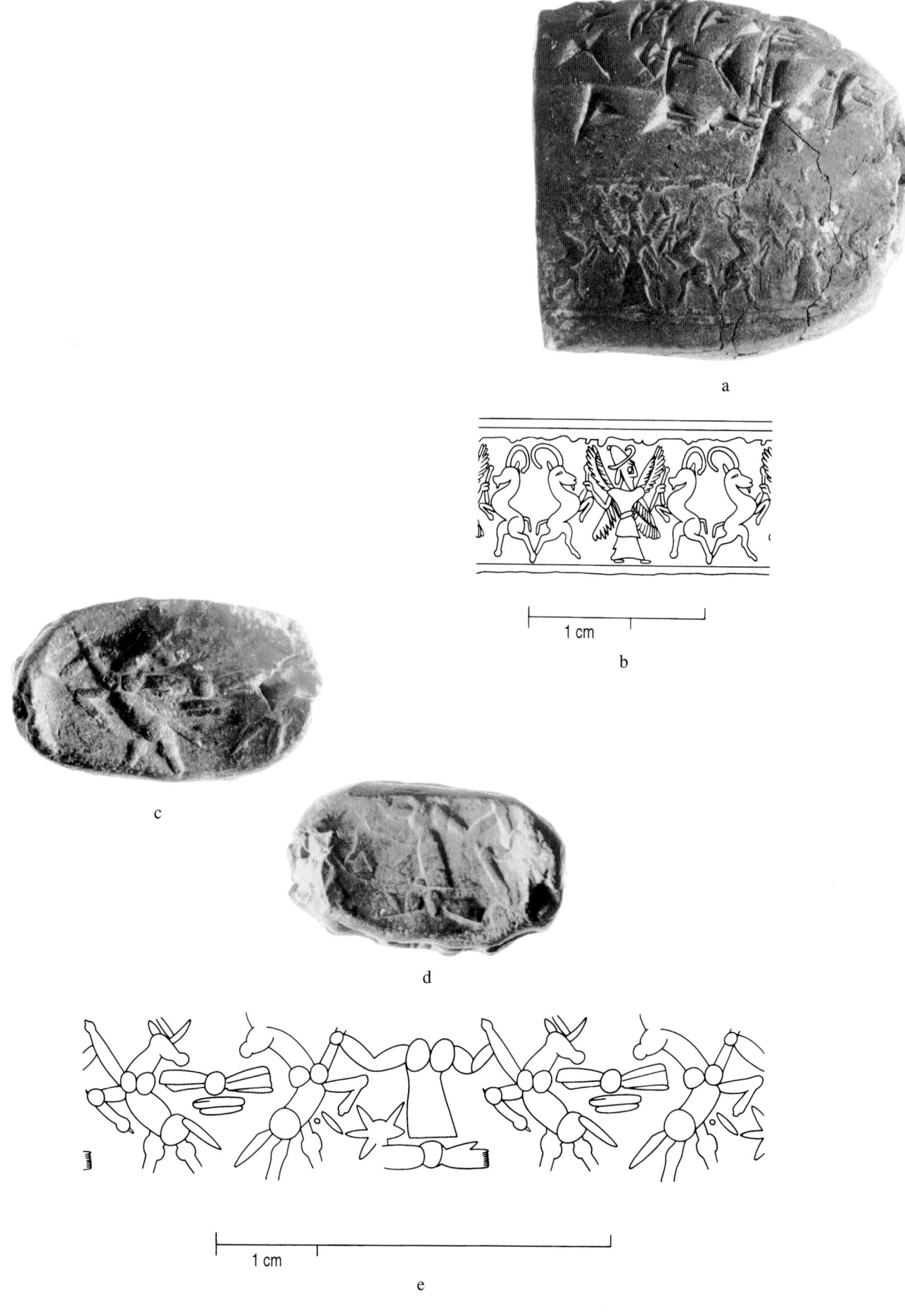

Plate 60

a

b

c

d

e

PFS 594 (Cat.No. 103) on (*a*) PF 346 and (*b*) Composite Drawing and
PFS 62 (Cat.No. 104) on (*c*) PF 1767 and (*d*) PF 1768 and (*e*) Composite Drawing. Scale 2:1

Plate 61

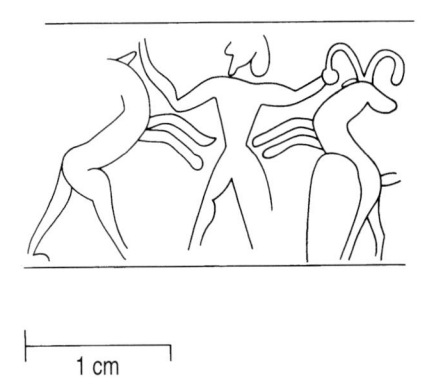

PFS 782 (Cat.No. 105) on (*a*) PF 567 and (*b*) Composite Drawing and
PFS 1489 (Cat.No. 106) on (*c*) PF 1614 and (*d*) Composite Drawing. Scale 2:1

Plate 62

a

b

c

d

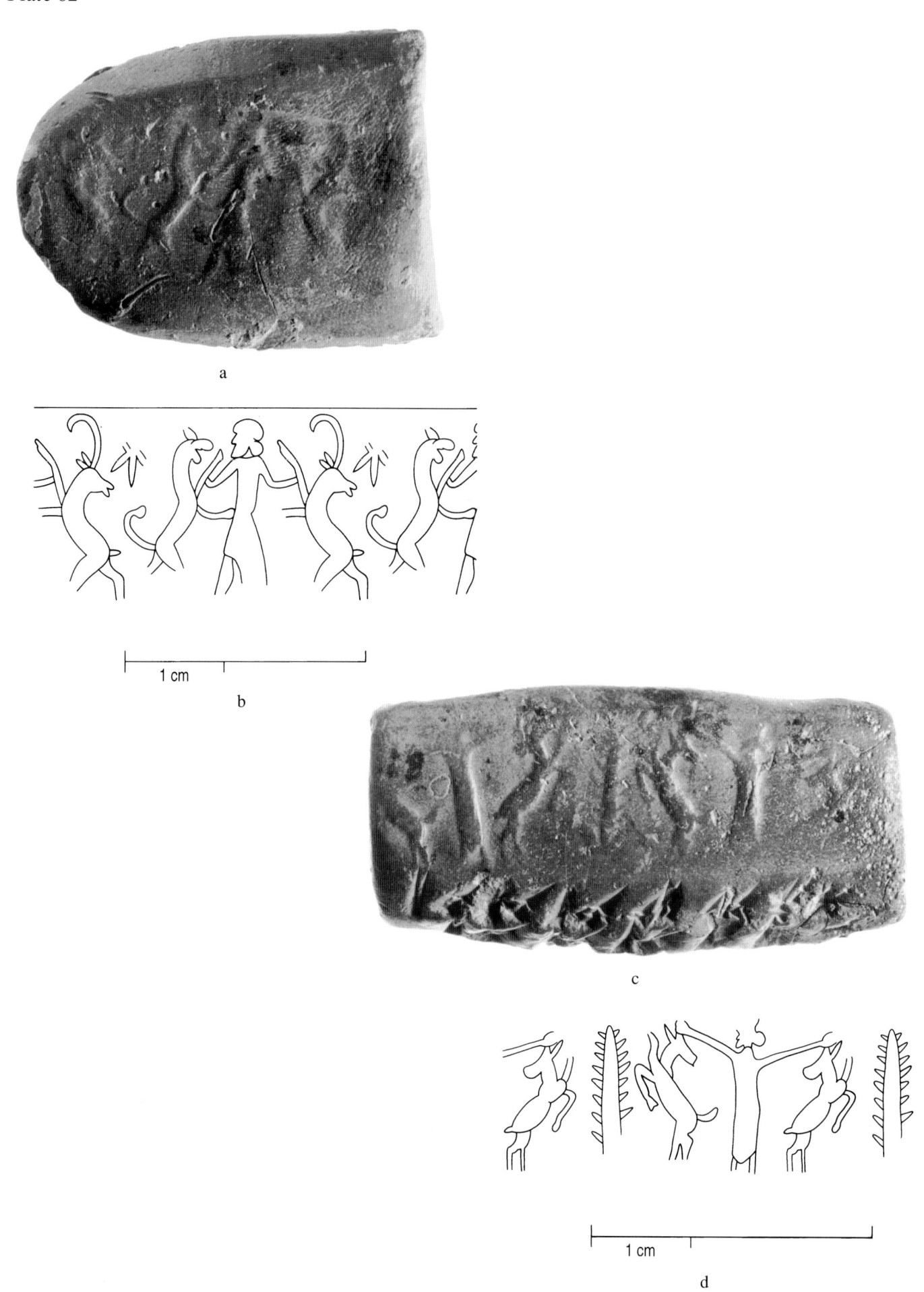

PFS 781 (Cat.No. 107) on (*a*) PF 565 and (*b*) Composite Drawing and
PFS 496 (Cat.No. 108) on (*c*) PF 224 and (*d*) Composite Drawing. Scale 2:1

Plate 63

PFS 341 (Cat.No. 109) on (a) PF 33 and (b) Composite Drawing and
PFS 749 (Cat.No. 110) on (c) PF 524 and (d) Composite Drawing. Scale 2:1

Plate 64

a

b

c

1 cm

d

PFS 284* (Cat.No. 111) on (*a–b*) PF 330 and (*c*) PF 2027 and (*d*) Composite Drawing. Scale 2:1

Plate 65

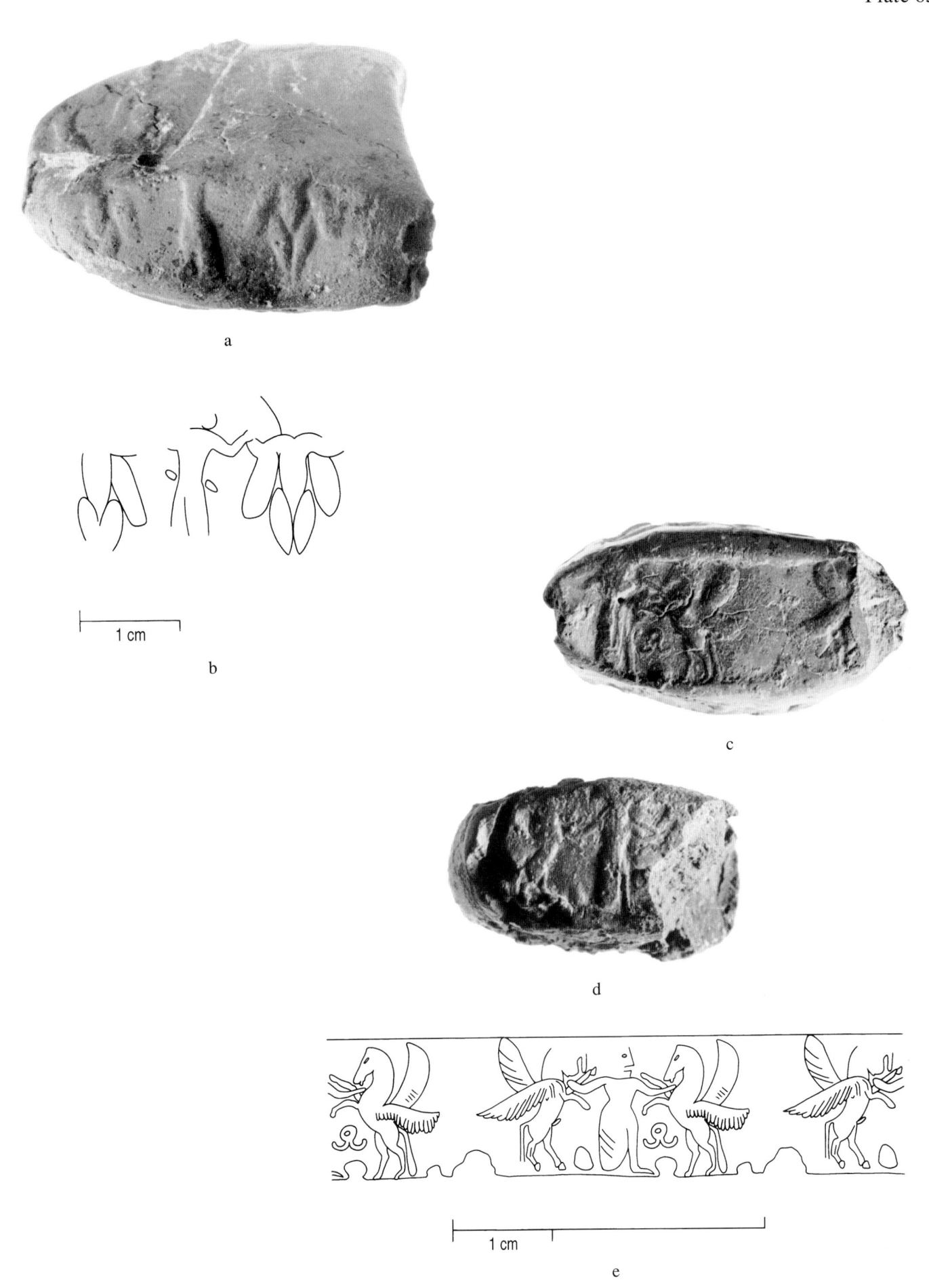

PFS 1485 (Cat.No. 112) on (*a*) PF 1608 and (*b*) Composite Drawing and
PFS 99 (Cat.No. 113) on (*c*) PF 161 and (*d*) PF 120 and (*e*) Composite Drawing. Scale 2:1

Plate 66

PFS 52 (Cat.No. 114) on (*a*) PF 1767 and (*b*) PF 1768 and (*c*) Composite Drawing. Scale 2:1

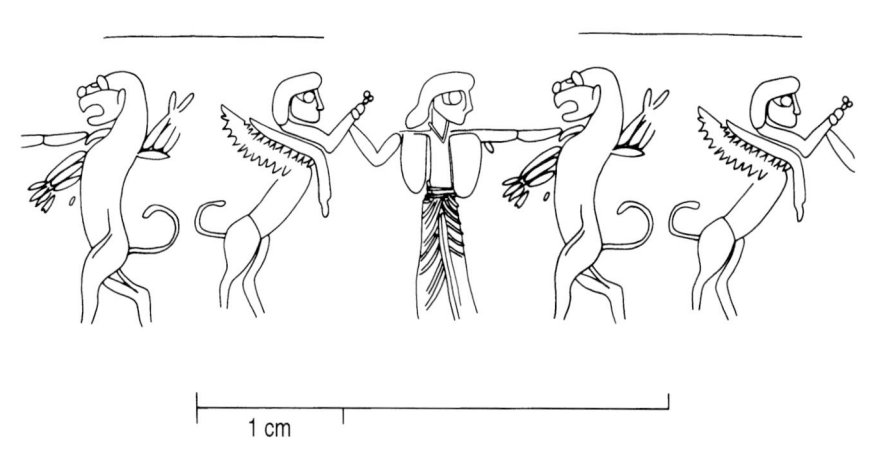

Plate 67

PFS 145 (Cat.No. 115) on (*a*) PF 762 and (*b*) PF 761 and (*c*) Composite Drawing. Scale 2:1

Plate 68

a

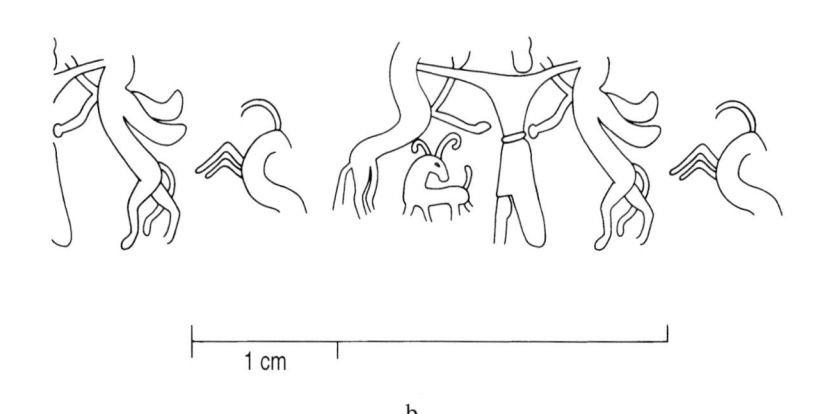

b

PFS 197 (Cat. No. 116) on (*a*) PF 206 and (*b*) Composite Drawing. Scale 2:1

Plate 69

PFS 222 (Cat.No. 117) on (*a*) PF 1762 and (*b*) PF 1727 and (*c*) Composite Drawing. Scale 2:1

Plate 70

a

b

1 cm

c

d

1 cm

PFS 552 (Cat.No. 118) on (*a*) PF 310 and (*b*) Composite Drawing and
PFS 687 (Cat.No. 119) on (*c*) PF 453 and (*d*) Composite Drawing. Scale 2:1

Plate 71

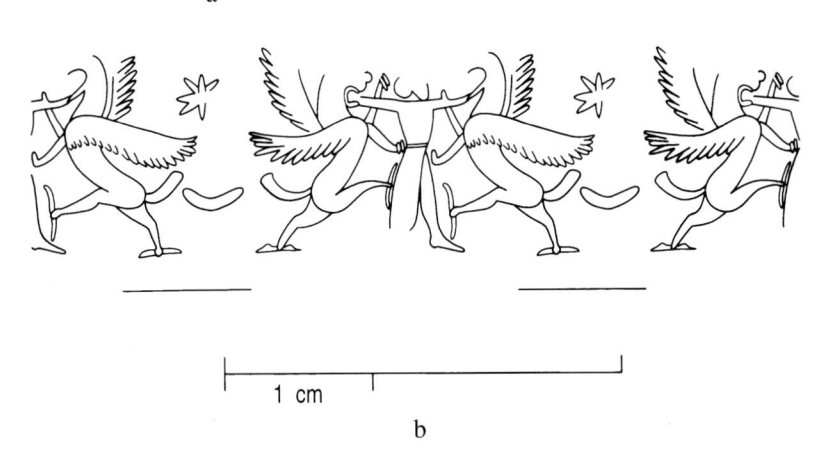

PFS 1030 (Cat.No. 120) on (*a*) PF 1062 and (*b*) Composite Drawing and
PFS 1586 (Cat.No. 121) on (*c*) PF 1953 and (*d*) Composite Drawing. Scale 2:1

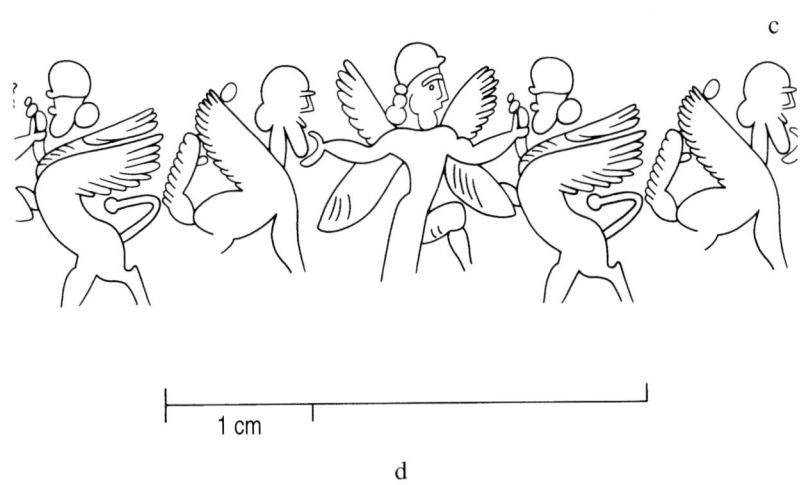

Plate 72

a

b

1 cm

c

1 cm

d

PFS 1654 (Cat.No. 122) on (*a*) PF 981 and (*b*) Composite Drawing and
PFS 884 (Cat.No. 123) on (*c*) PF 760 and (*d*) Composite Drawing. Scale 2:1

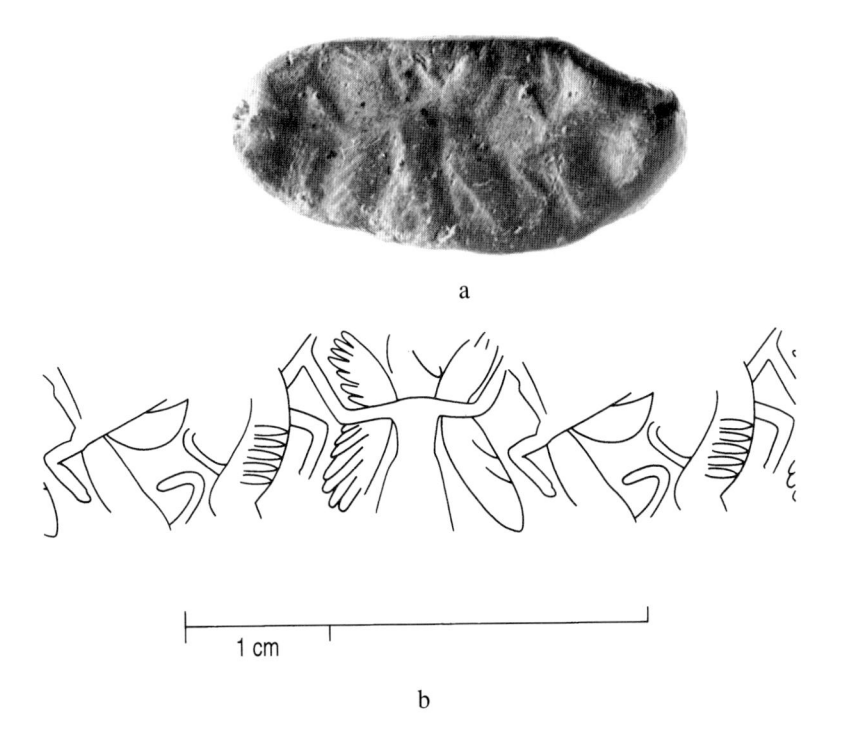

Plate 73

PFS 297 (Cat.No. 124) on (*a*) PF 99 and (*b*) Composite Drawing and
PFS 321 (Cat.No. 125) on (*c*) PF 9 and (*d*) Composite Drawing. Scale 2:1

Plate 74

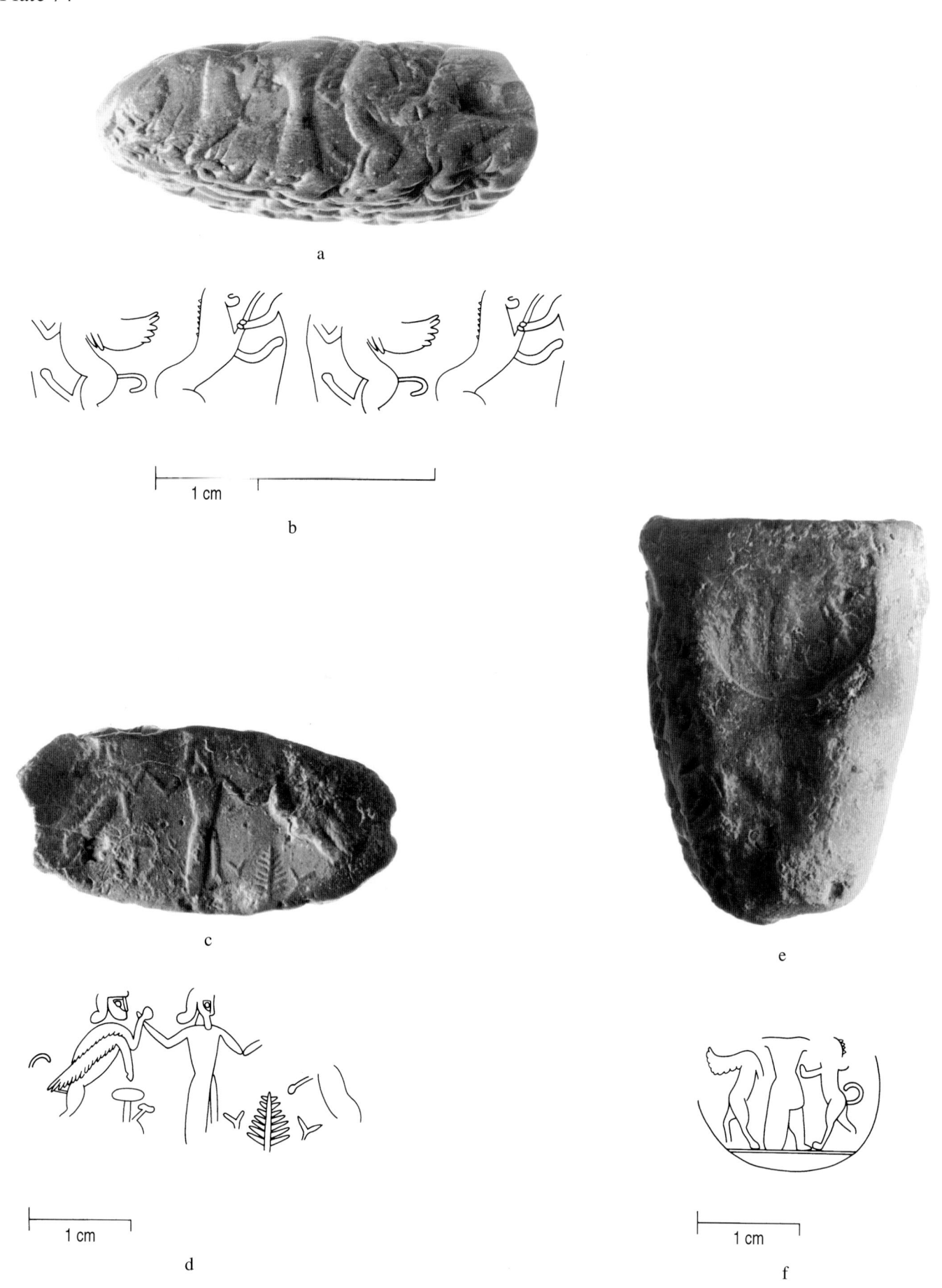

PFS 1017 (Cat.No. 126) on (*a*) PF 1045 and (*b*) Composite Drawing,
PFS 1023 (Cat.No. 127) on (*c*) PF 1048 and (*d*) Composite Drawing, and
PFS 1437s (Cat.No. 128) on (*e*) PF 1546 and (*f*) Composite Drawing. Scale 2:1

Plate 75

PFS 944 (Cat.No. 129) on (*a*) PF 818 and (*b*) Composite Drawing and
PFS 494 (Cat.No. 130) on (*c*) PF 223 and (*d*) Composite Drawing. Scale 2:1

Plate 76

a

b

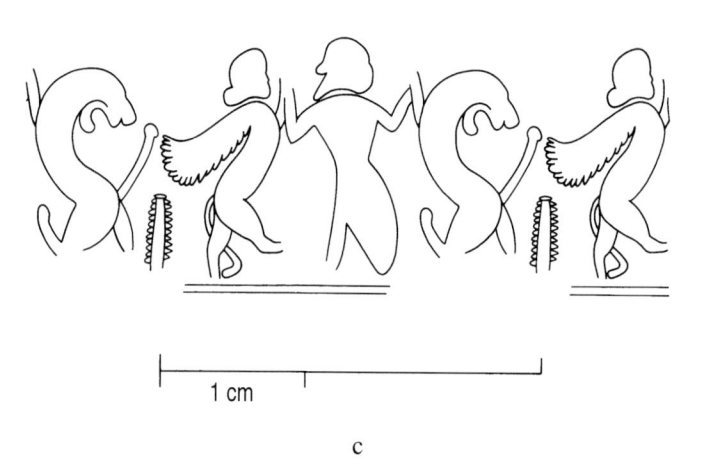

c

PFS 731 (Cat.No. 131) on (*a*) PF 502 and (*b*) PF 626 and (*c*) Composite Drawing. Scale 2:1

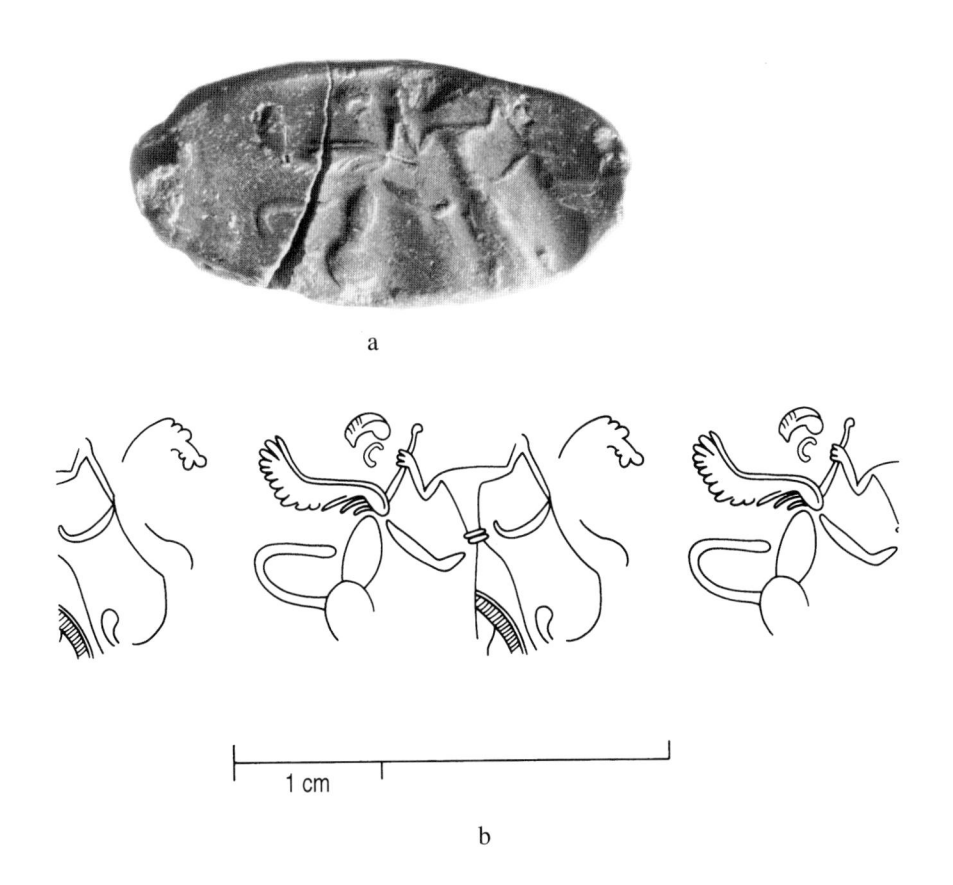

Plate 77

PFS 1102 (Cat.No. 132) on (*a*) PF 1164 and (*b*) Composite Drawing and
PFS 334 (Cat.No. 133) on (*c*) PF 26 and (*d*) Composite Drawing. Scale 2:1

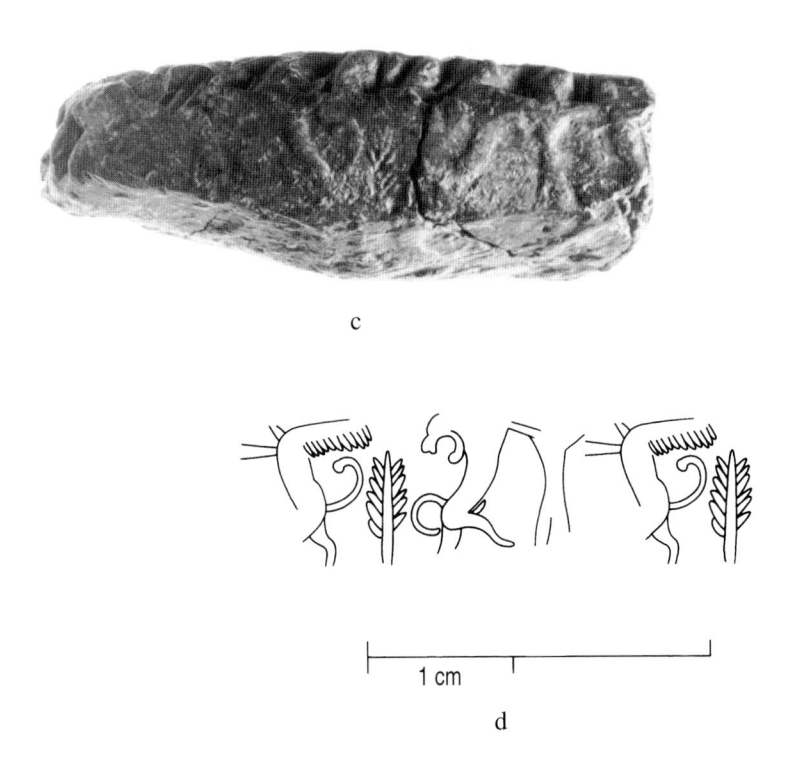

Plate 78

PFS 480 (Cat.No. 134) on (*a*) PF 203 and (*b*) Composite Drawing and
PFS 217 (Cat.No. 135) on (*c*) PF 115 and (*d*) Composite Drawing. Scale 2:1

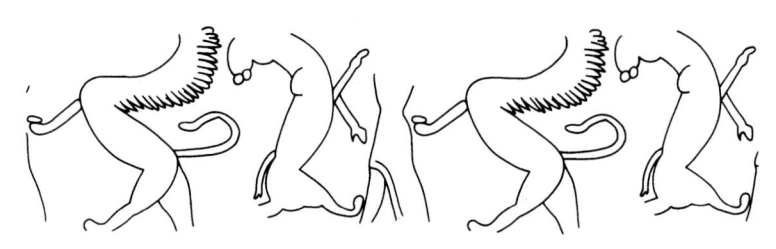

Plate 79

a

b

c

d

PFS 1204 (Cat.No. 136) on (*a*) PF 1262 and (*b*) Composite Drawing and
PFS 1202 (Cat.No. 137) on (*c*) PF 1261 and (*d*) Composite Drawing. Scale 2:1

Plate 80

a

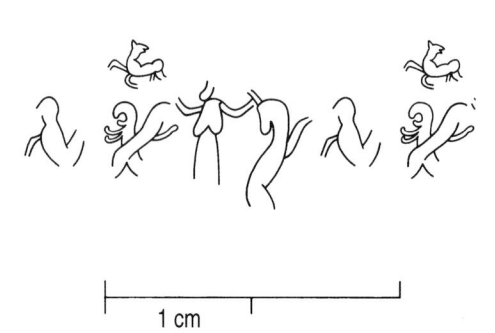

b

c

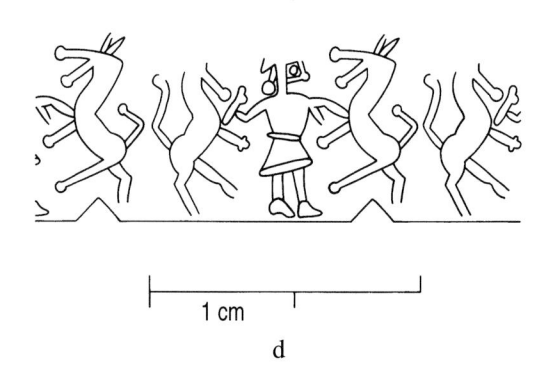

d

PFS 912 (Cat.No. 138) on (*a*) PF 786 and (*b*) Composite Drawing and
PFS 690 (Cat.No. 139) on (*c*) PF 460 and (*d*) Composite Drawing. Scale 2:1

Plate 81

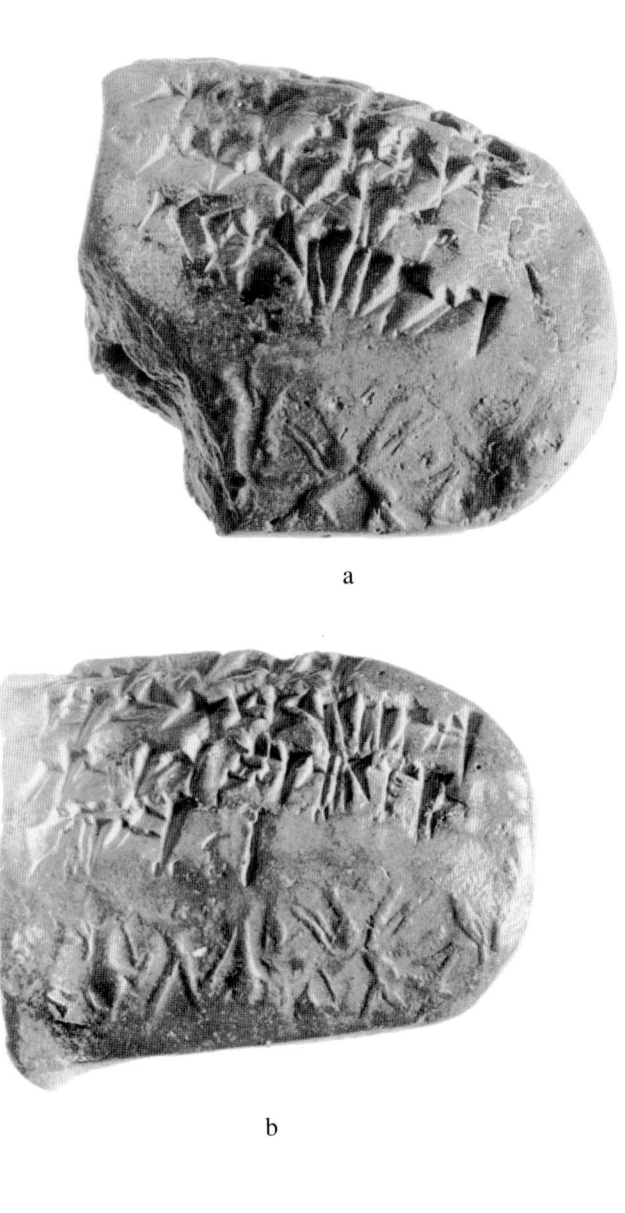

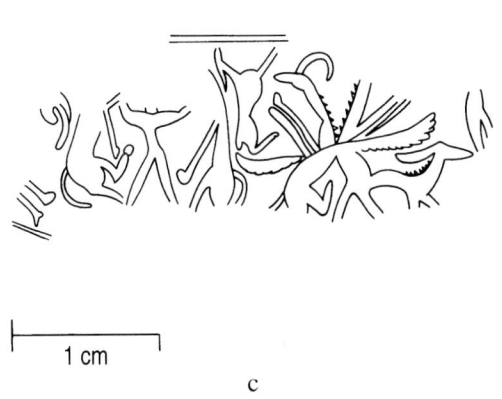

PFS 213 (Cat.No. 140) on (*a*) PF 1440 and (*b*) PF 1550 and (*c*) Composite Drawing. Scale 2:1

Plate 82

PFS 501 (Cat.No. 141) on (*a*) PF 225 and (*b*) Composite Drawing and
PFS 669 (Cat.No. 142) on (*c*) PF 432 and (*d*) Composite Drawing. Scale 2:1

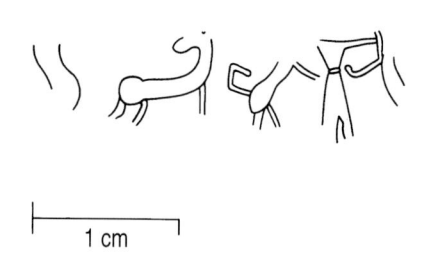

Plate 83

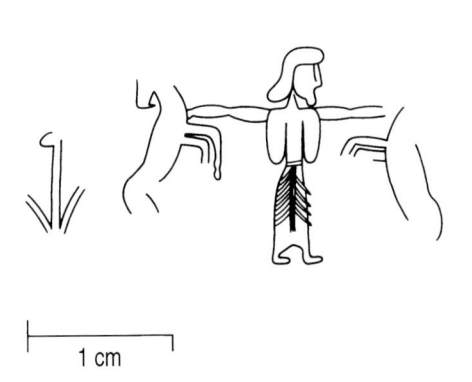

PFS 632 (Cat.No. 143) on (*a*) PF 376 and (*b*) PF 514 and (*c*) Composite Drawing. Scale 2:1

Plate 84

a

b

c

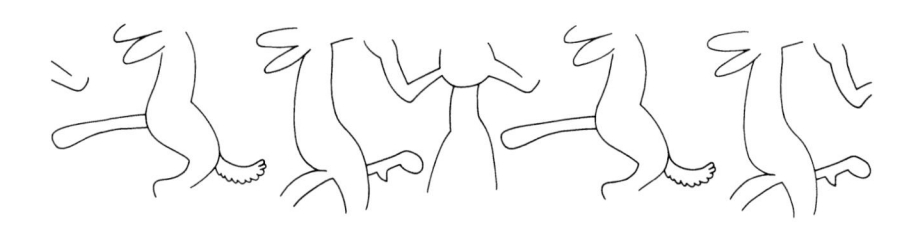

d

e

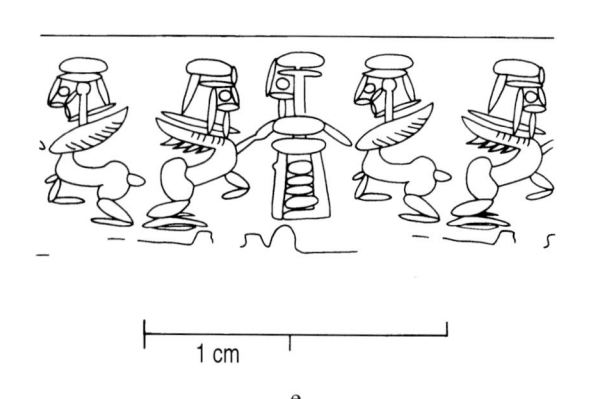

PFS 1188 (Cat.No. 144) on (*a*) PF 1246 and (*b*) Composite Drawing and
PFS 20 (Cat.No. 145) on (*c*) PF 1850 and (*d*) PF 352 and (*e*) Composite Drawing. Scale 2:1

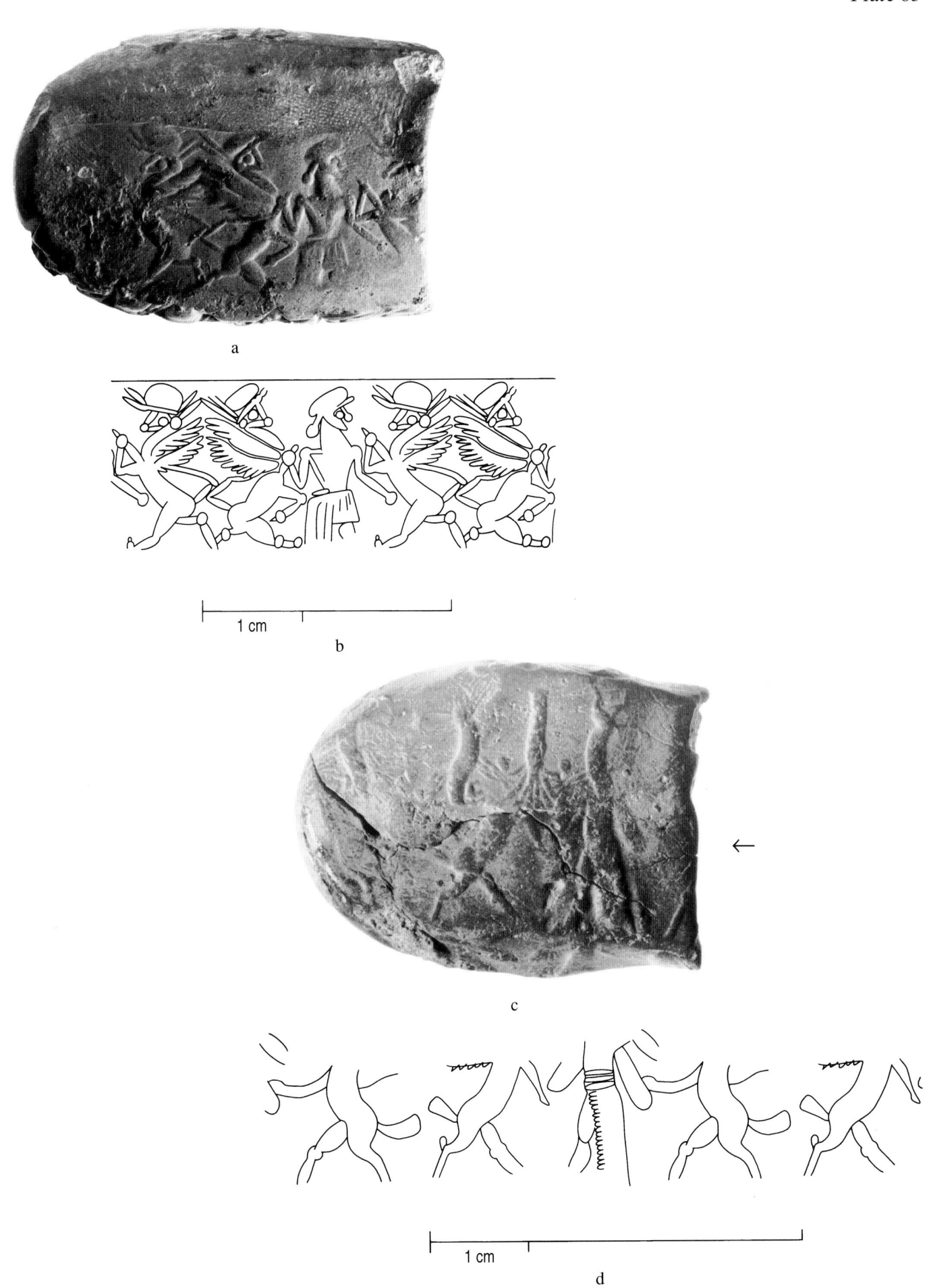

Plate 85

PFS 740 (Cat.No. 146) on (*a*) PF 513 and (*b*) Composite Drawing and
PFS 72 (Cat.No. 147) on (*c*) PF 837 and (*d*) Composite Drawing. Scale 2:1

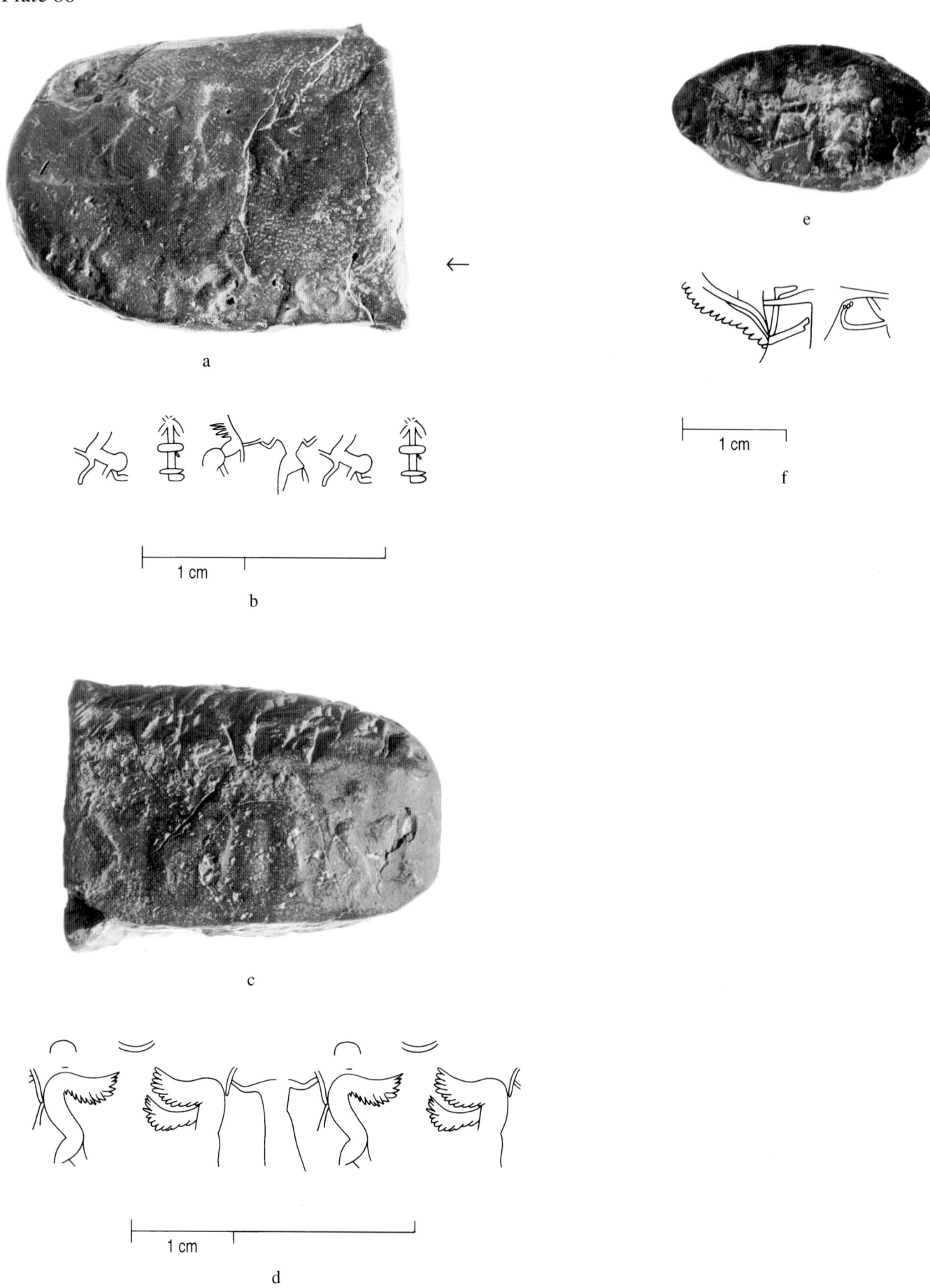

Plate 86

a

b

c

d

e

f

PFS 228 (Cat.No. 148) on (*a*) PF 201 and (*b*) Composite Drawing,
PFS 364 (Cat.No. 149) on (*c*) PF 59 and (*d*) Composite Drawing, and
PFS 439 (Cat.No. 150) on (*e*) PF 130 and (*f*) Composite Drawing. Scale 2:1

Plate 87

PFS 547 (Cat.No. 151) on (*a*) PF 304 and (*b*) Composite Drawing,
PFS 714 (Cat.No. 152) on (*c*) PF 486 and (*d*) Composite Drawing, and
PFS 783 (Cat.No. 153) on (*e*) PF 567 and (*f*) Composite Drawing. Scale 2:1

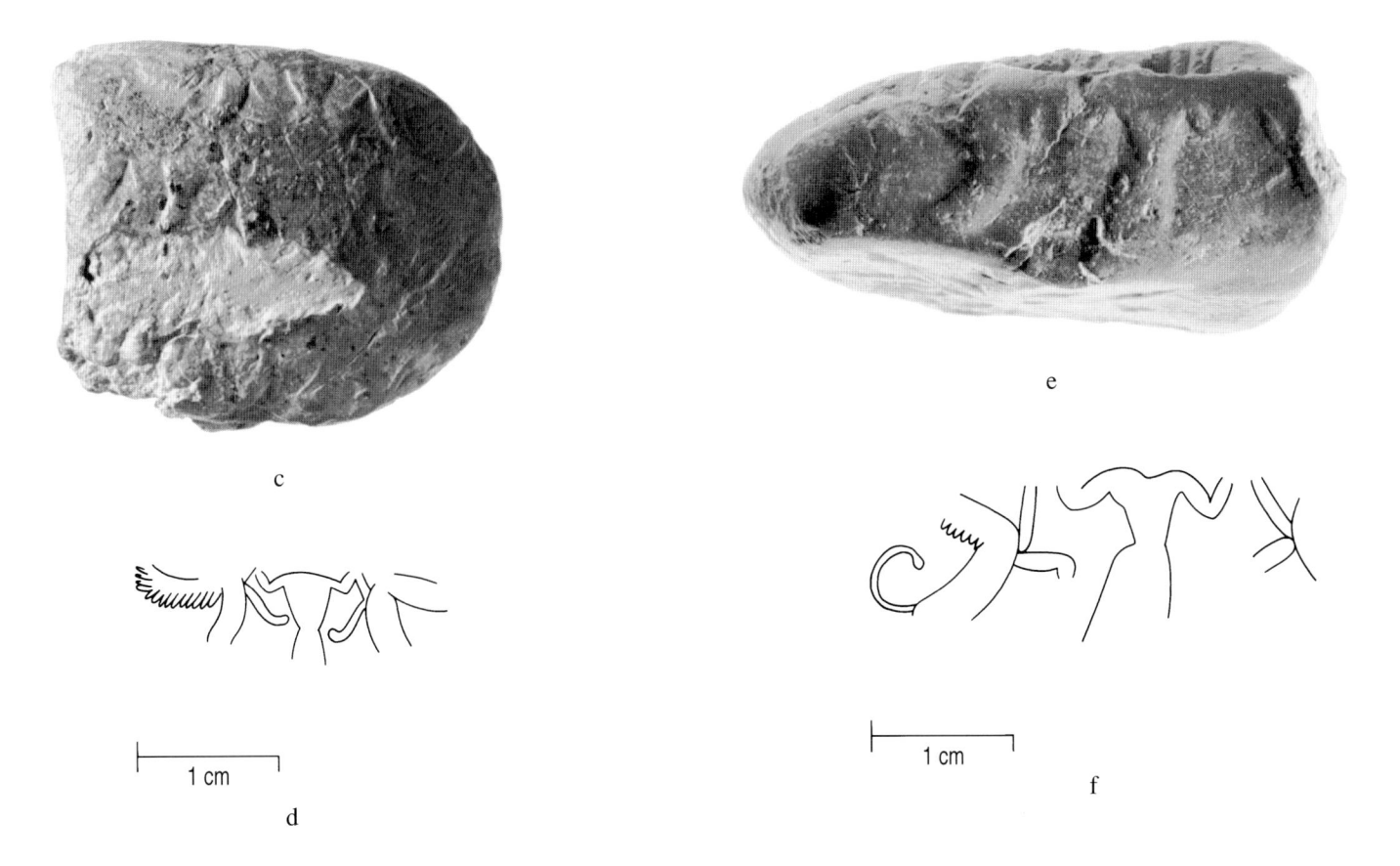

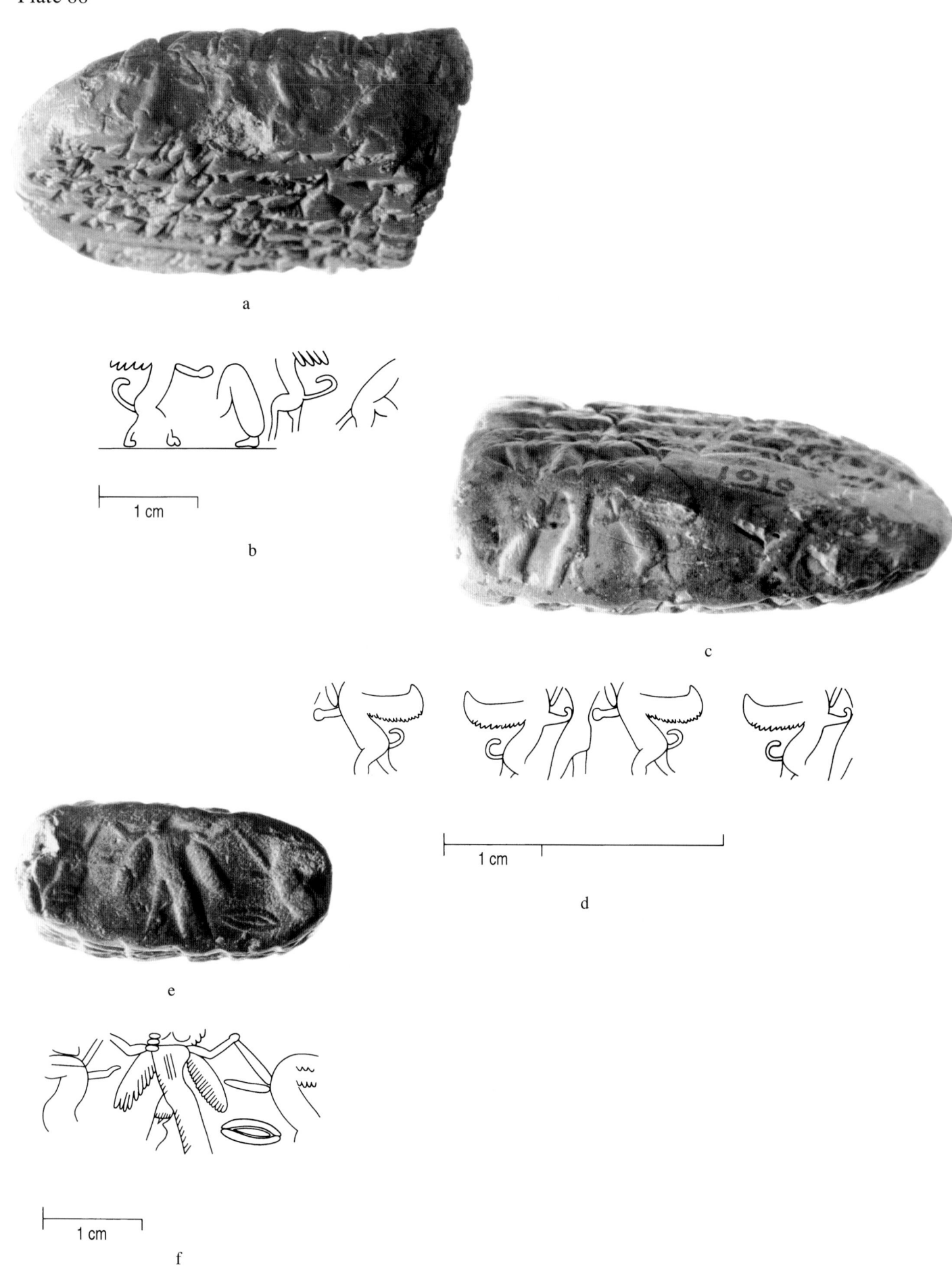

Plate 88

PFS 991 (Cat.No. 154) on (*a*) PF 997 and (*b*) Composite Drawing,
PFS 996 (Cat.No. 155) on (*c*) PF 1010 and (*d*) Composite Drawing, and
PFS 1026 (Cat.No. 156) on (*e*) PF 1059 and (*f*) Composite Drawing. Scale 2:1

Plate 89

PFS 1045 (Cat.No. 157) on (*a*) PF 1090 and (*b*) Composite Drawing,
PFS 1077 (Cat.No. 158) on (*c*) PF 1123 and (*d*) Composite Drawing, and
PFS 1236 (Cat.No. 159) on (*e*) PF 1291 and (*f*) Composite Drawing. Scale 2:1

Plate 90

a

c

b

d

e

g

f

h

PFS 1238 (Cat.No. 160) on (*a*) PF 1293 and (*b*) Composite Drawing,
PFS 1252 (Cat.No. 161) on (*c*) PF 1306 and (*d*) Composite Drawing,
PFS 1388 (Cat.No. 162) on (*e*) PF 1492 and (*f*) Composite Drawing, and
PFS 1447 (Cat.No. 163) on (*g*) PF 1565 and (*h*) Composite Drawing. Scale 2:1

Plate 91

PFS 1535 (Cat.No. 164) on (*a*) PF 1723 and (*b*) Composite Drawing and
PFS 1630 (Cat.No. 165) on (*c*) PF 2066 and (*d*) Composite Drawing. Scale 2:1

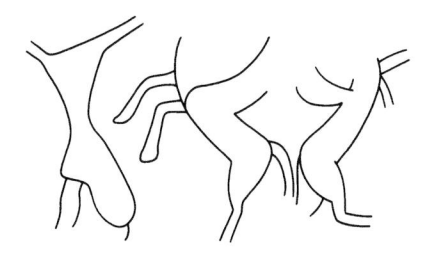

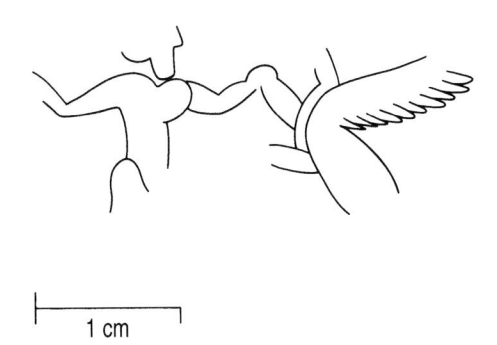

Plate 92

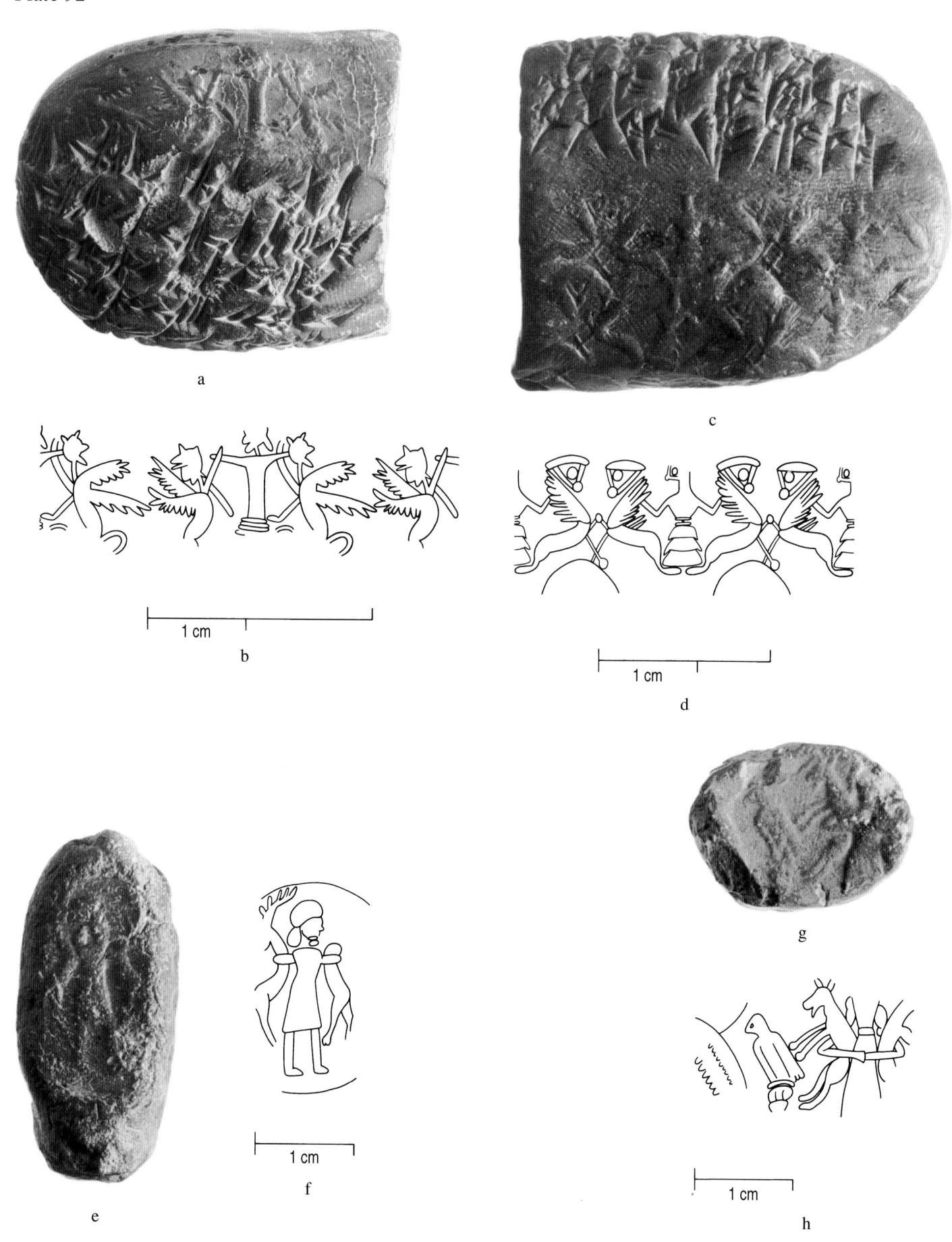

PFS 1454 (Cat.No. 166) on (*a*) PF 1570 and (*b*) Composite Drawing,
PFS 1519 (Cat.No. 167) on (*c*) PF 1667 and (*d*) Composite Drawing,
PFS 1217s (Cat.No. 168) on (*e*) PF 1275 and (*f*) Composite Drawing, and
PFS 1099 (Cat.No. 169) on (*g*) PF 1158 and (*h*) Composite Drawing. Scale 2:1

Plate 93

PFS 131 (Cat.No. 170) on (*a–b*) PF 235 and (*c*) PF 249 and (*d*) Composite Drawing. Scale 2:1

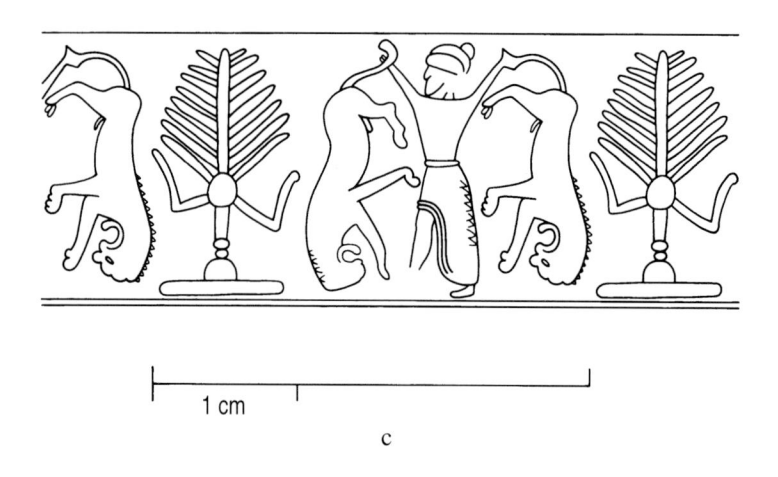

Plate 94

a

b

c

PFS 971 (Cat.No. 171) on (*a*) PF 1587 and (*b*) PF 854 and (*c*) Composite Drawing. Scale 2:1

PFS 31 (Cat.No. 172) on (*a*) PF 58, (*b*) PF 70, (*c*) PF 65, (*d*) PF 59, and (*e*) PF 66 and (*f*) Composite Drawing. Scale 2:1

Plate 96

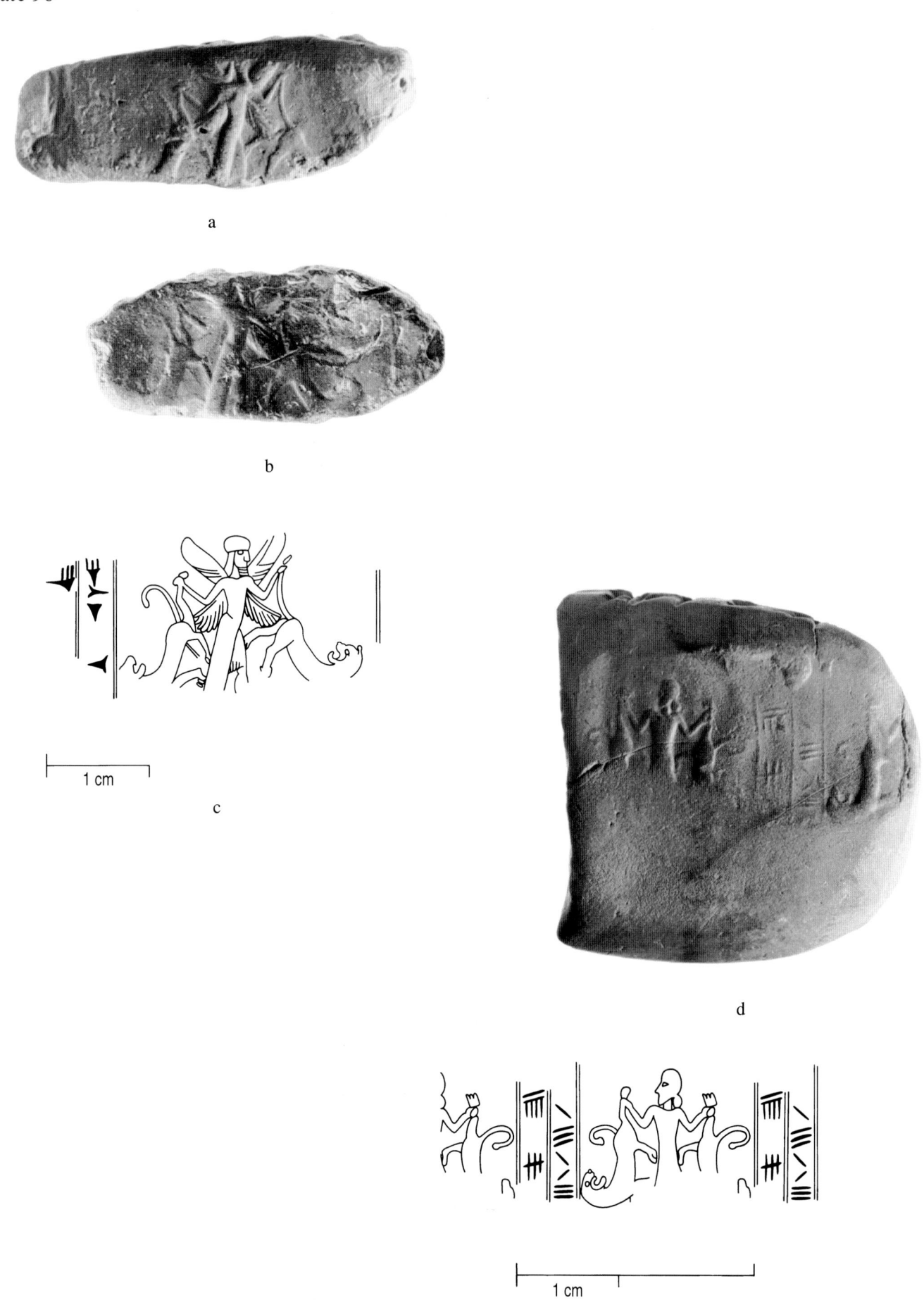

PFS 64* (Cat.No. 173) on (a) PF 1100 and (b) PF 1220 and (c) Composite Drawing and
PFS 671* (Cat.No. 174) on (d) PF 434 and (e) Composite Drawing. Scale 2:1

Plate 97

PFS 1090 (Cat.No. 175) on (*a*) PF 1139 and (*b*) Composite Drawing and
PFS 1321s (Cat.No. 176) on (*c*) PF 1404 and (*d*) Composite Drawing. Scale 2:1

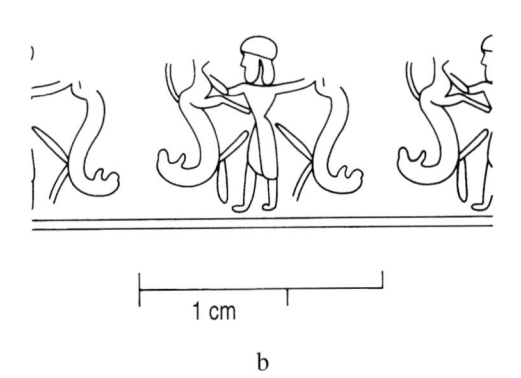

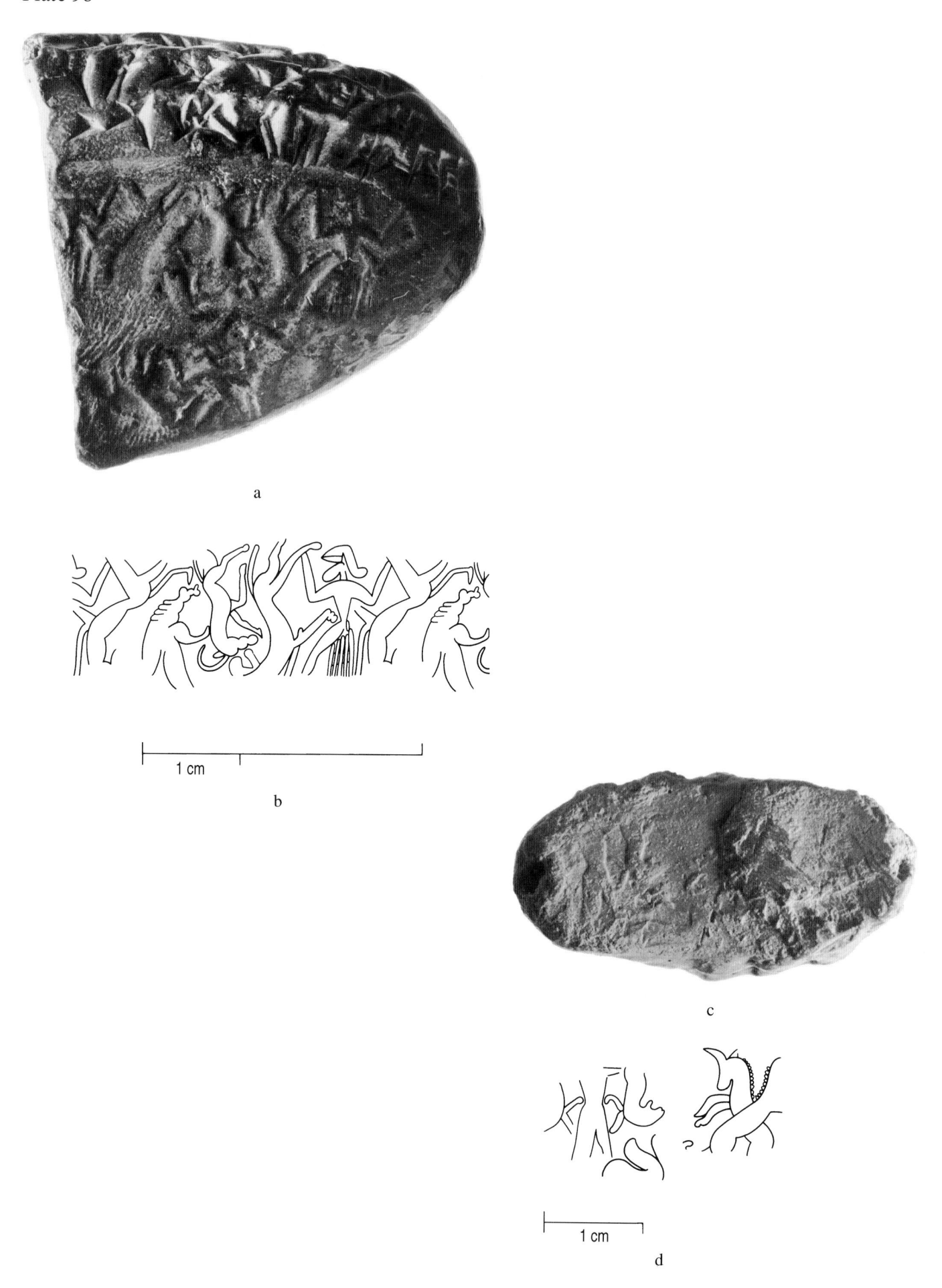

Plate 98

a

b

c

d

PFS 1475 (Cat.No. 177) on (*a*) PF 1596 and (*b*) Composite Drawing and
PFS 396 (Cat.No. 178) on (*c*) PF 93 and (*d*) Composite Drawing. Scale 2:1

Plate 99

PFS 381 (Cat.No. 179) on (*a*) PF 76 and (*b*) Composite Drawing and
PFS 32* (Cat.No. 180) on (*c*) PF 985 and (*d*) PF 989 and (*e*) Composite Drawing. Scale 2:1

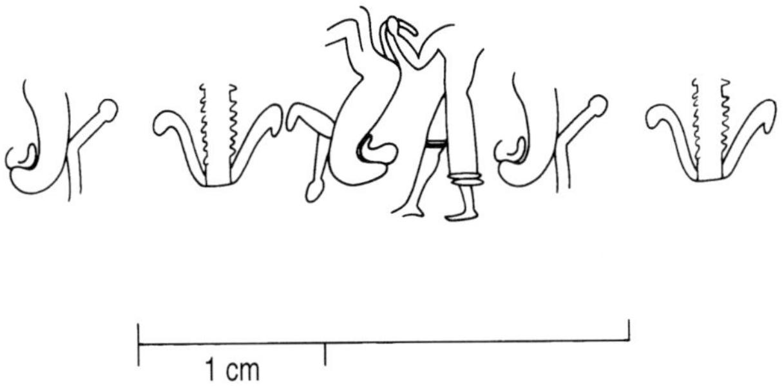

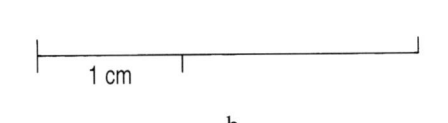

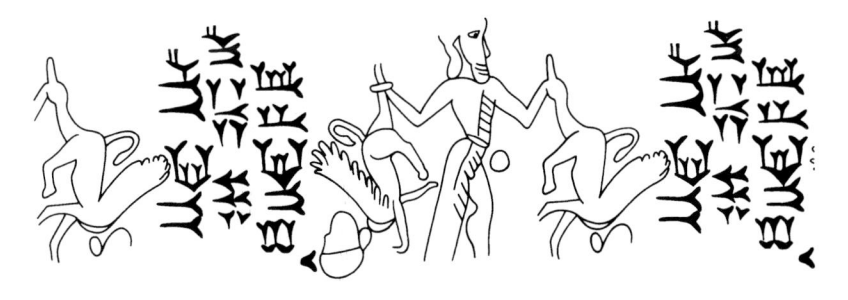

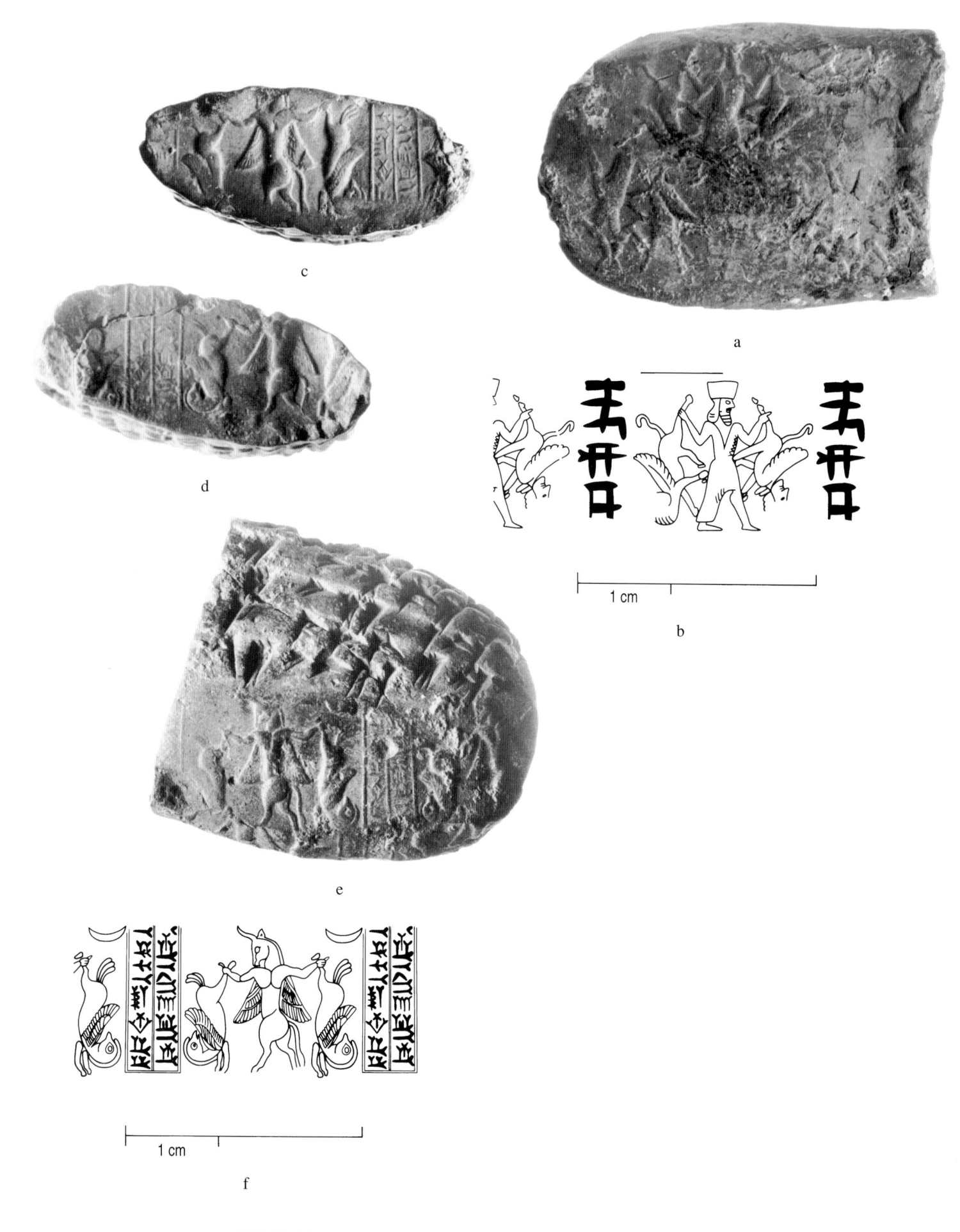

Plate 100

c

a

d

b

e

f

PFS 677* (Cat.No. 181) on (*a*) PF 439 and (*b*) Composite Drawing and
PFS 1* (Cat.No. 182) on (*c*) PF 956, (*d*) PF 949, and (*e*) PF 878 and (*f*) Composite Drawing. Scale 2:1

Plate 101

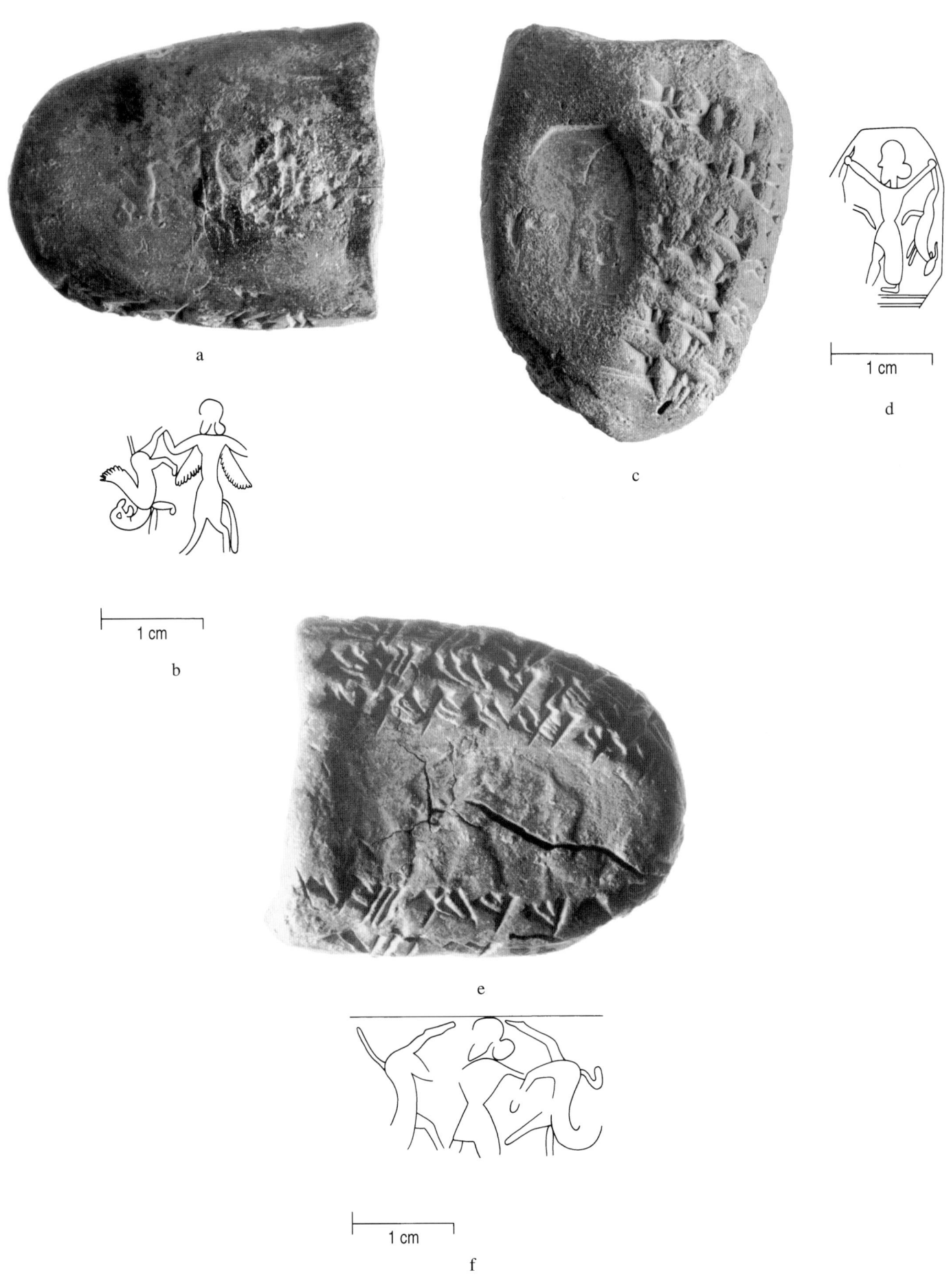

PFS 684 (Cat.No. 183) on (*a*) PF 444 and (*b*) Composite Drawing,
PFS 1260s (Cat.No. 184) on (*c*) PF 1315 and (*d*) Composite Drawing, and
PFS 1018 (Cat.No. 185) on (*e*) PF 1046 and (*f*) Composite Drawing. Scale 2:1

Plate 102

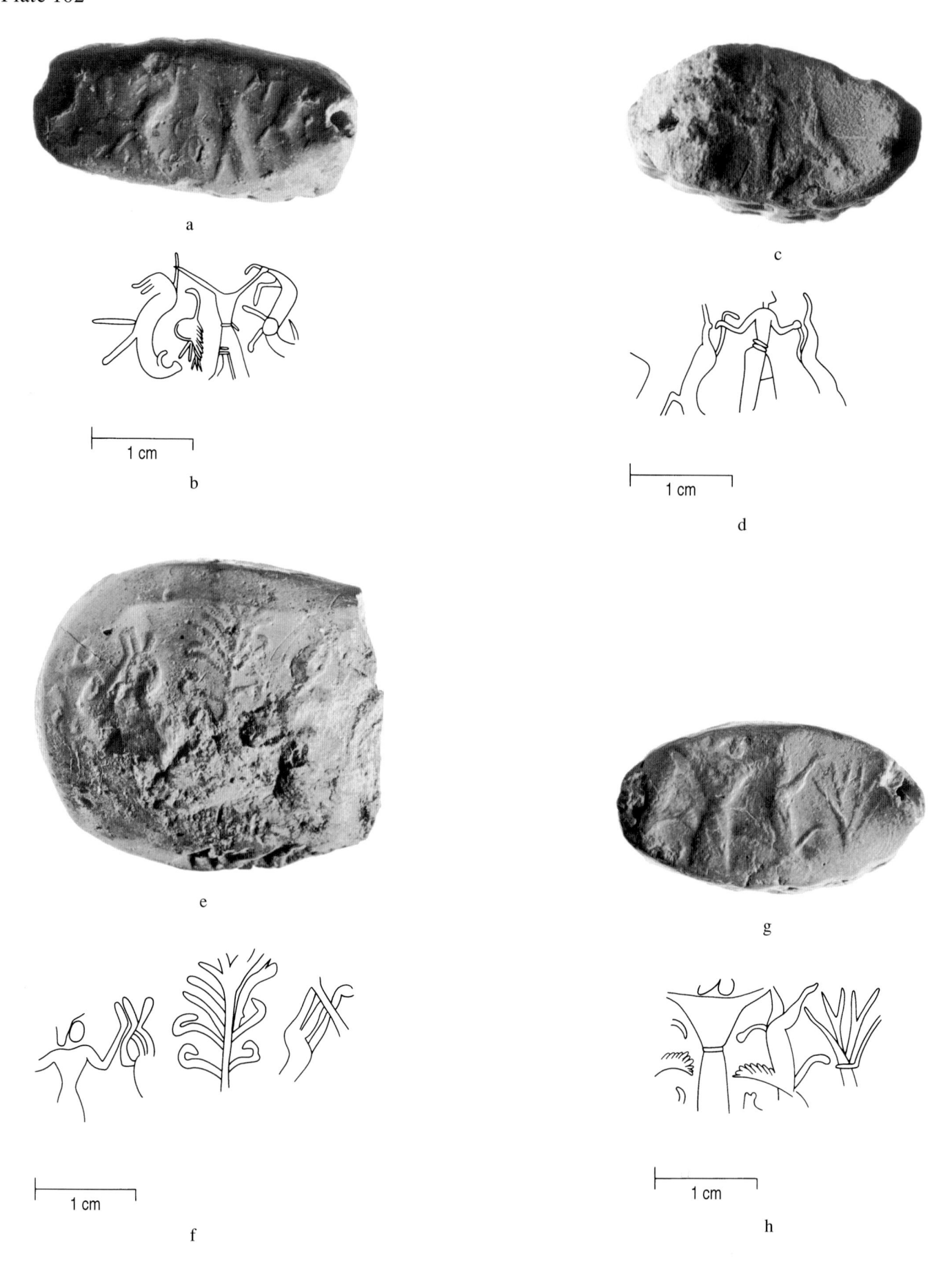

PFS 138 (Cat.No. 186) on (*a*) PF 1405 and (*b*) Composite Drawing,
PFS 885 (Cat.No. 187) on (*c*) PF 761 and (*d*) Composite Drawing,
PFS 234 (Cat.No. 188) on (*e*) PF 340 and (*f*) Composite Drawing, and
PFS 849 (Cat.No. 189) on (*g*) PF 648 and (*h*) Composite Drawing. Scale 2:1

a

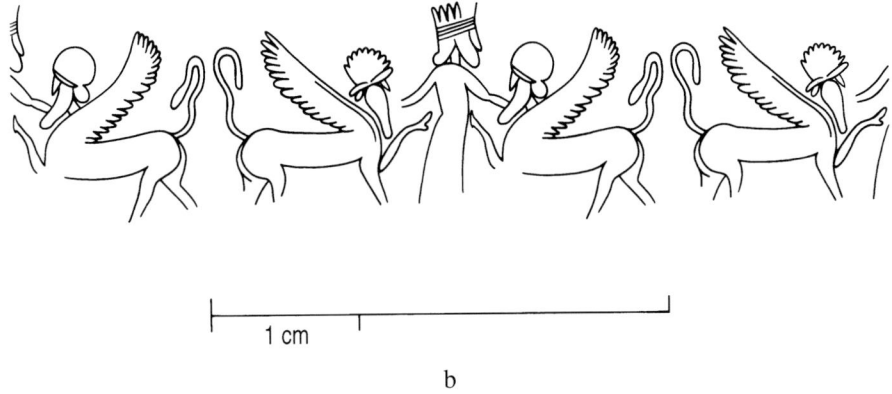

b

c

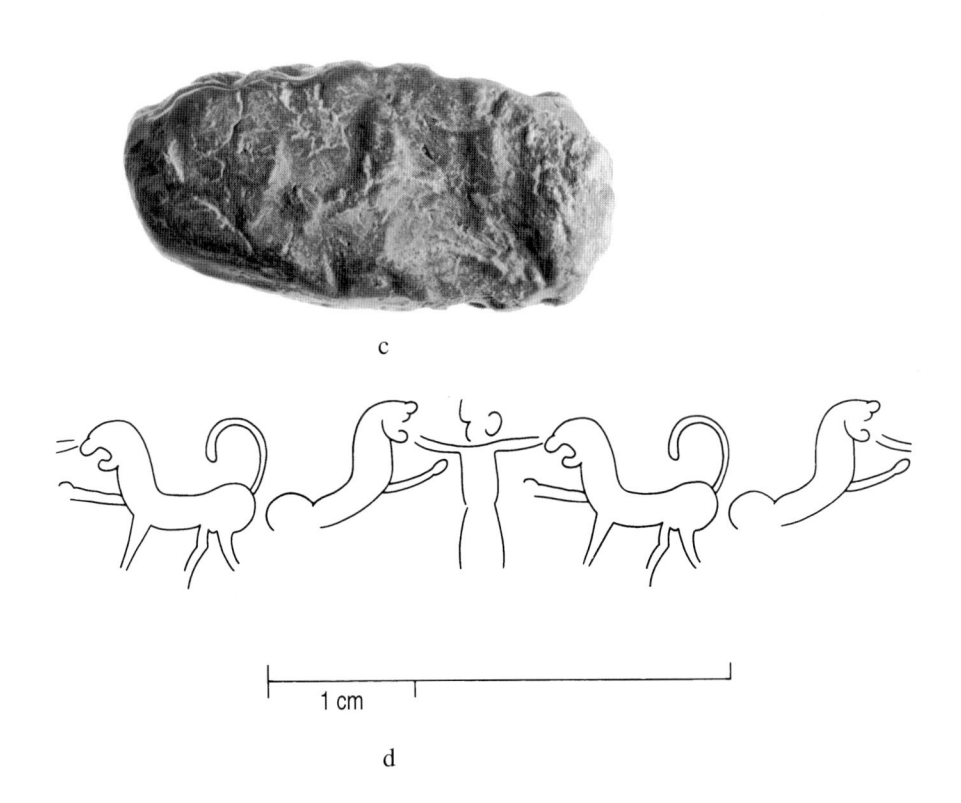

d

PFS 1155 (Cat.No. 190) on (*a*) PF 1226 and (*b*) Composite Drawing and
PFS 1300 (Cat.No. 191) on (*c*) PF 1378 and (*d*) Composite Drawing. Scale 2:1

Plate 104

PFS 514 (Cat.No. 192) on (*a*) PF 236 and (*b*) Composite Drawing and
PFS 1076 (Cat.No. 193) on (*c*) PF 1212 and (*d*) Composite Drawing. Scale 2:1

Plate 105

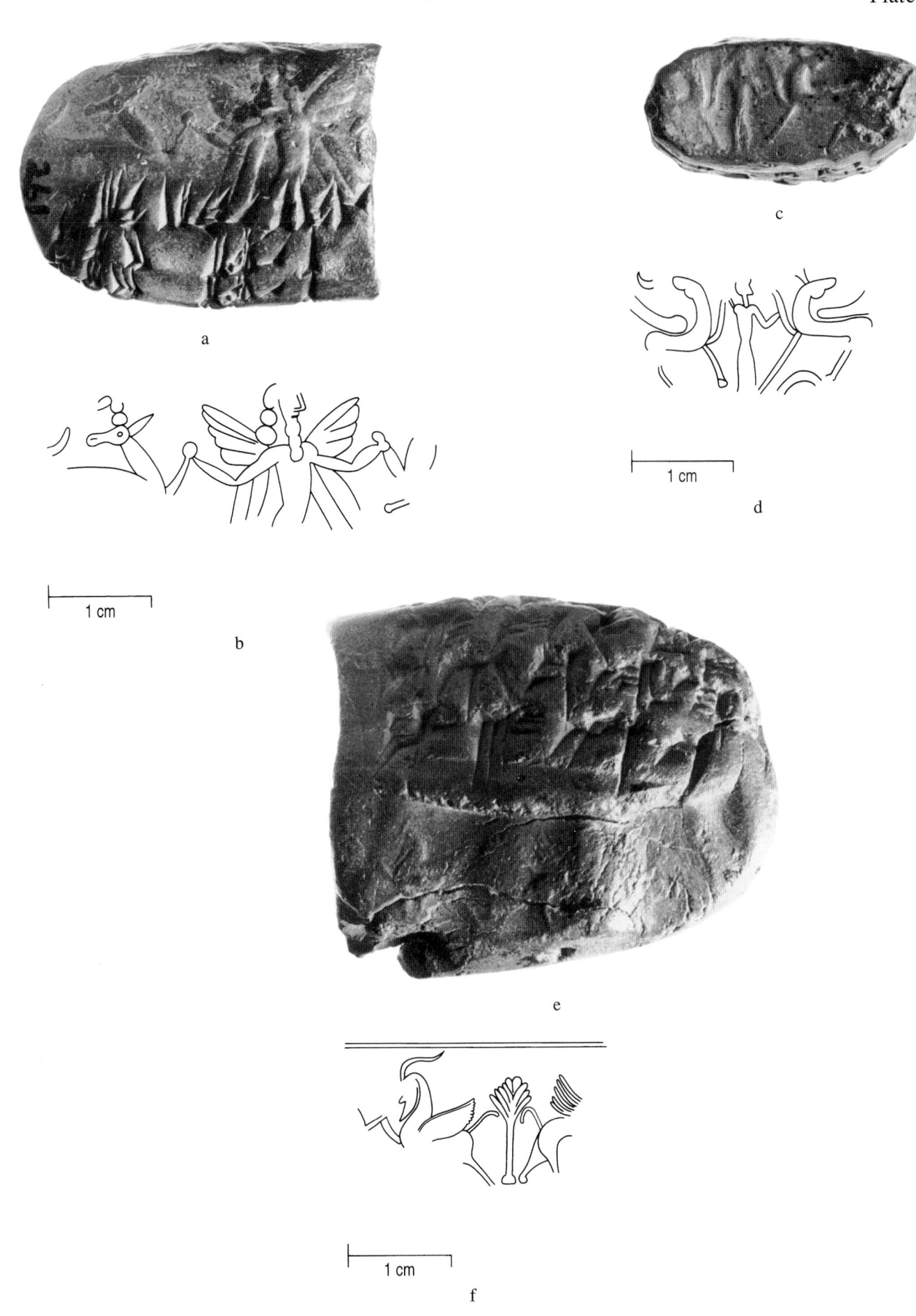

PFS 180 (Cat.No. 194) on (*a*) PF 261 and (*b*) Composite Drawing,
PFS 719 (Cat.No. 195) on (*c*) PF 1127 and (*d*) Composite Drawing, and
PFS 1002 (Cat.No. 196) on (*e*) PF 1018 and (*f*) Composite Drawing. Scale 2:1

Plate 106

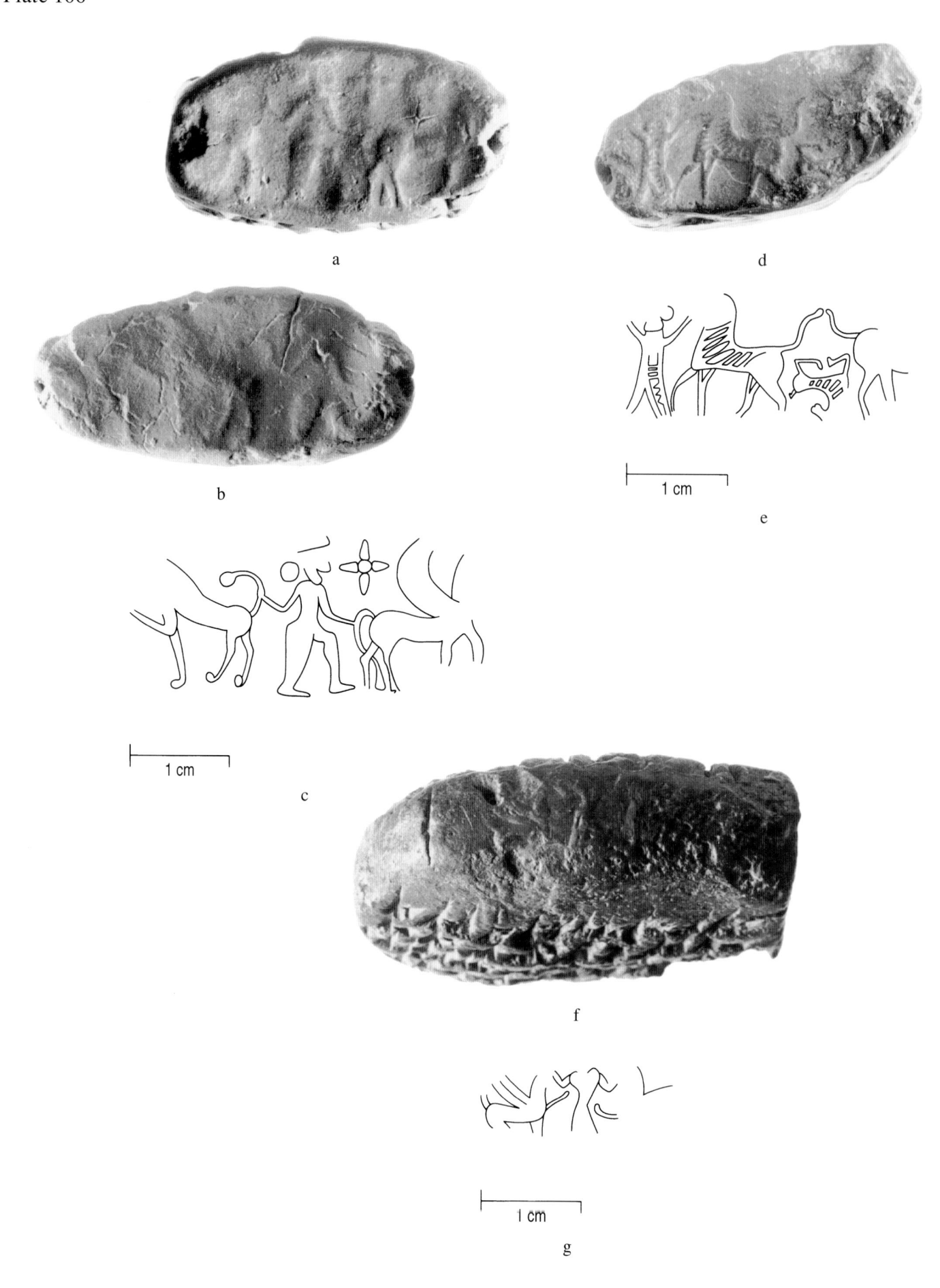

PFS 109 (Cat.No. 197) on (*a*) PF 1489 and (*b*) PF 1541 and (*c*) Composite Drawing,
PFS 256 (Cat.No. 198) on (*d*) PF 1689 and (*e*) Composite Drawing, and
PFS 1153 (Cat.No. 199) on (*f*) PF 1203 and (*g*) Composite Drawing. Scale 2:1

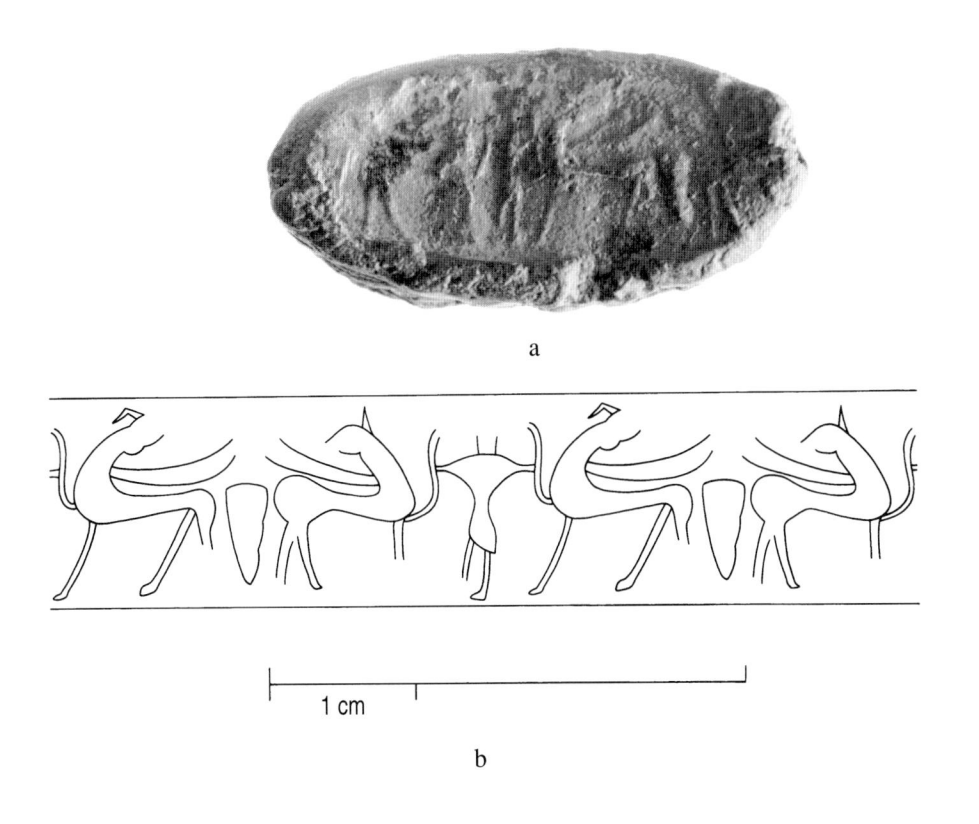

Plate 107

PFS 913 (Cat.No. 200) on (*a*) PF 786 and (*b*) Composite Drawing and
PFS 418 (Cat.No. 201) on (*c*) PF 110 and (*d*) Composite Drawing. Scale 2:1

Plate 108

PFS 80 (Cat.No. 202) on (*a*) PF 1125 and (*b*) PF 425 and (*c*) Composite Drawing. Scale 2:1

Plate 109

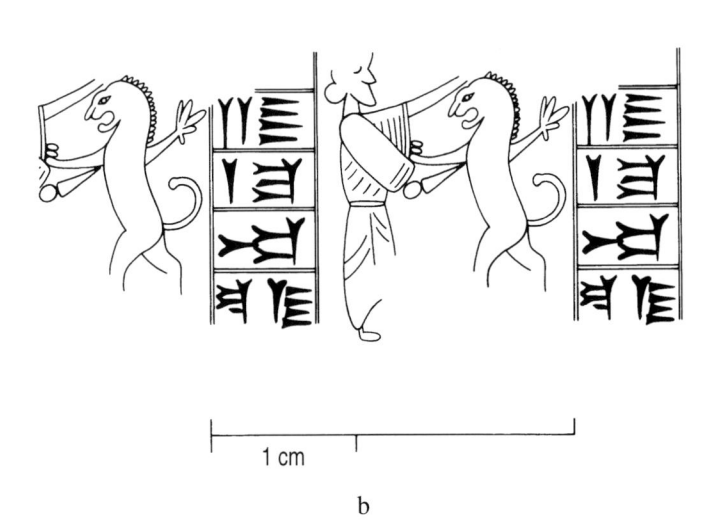

PFS 584* (Cat.No. 203) on (*a*) PF 333 and (*b*) Composite Drawing. Scale 2:1

Plate 110

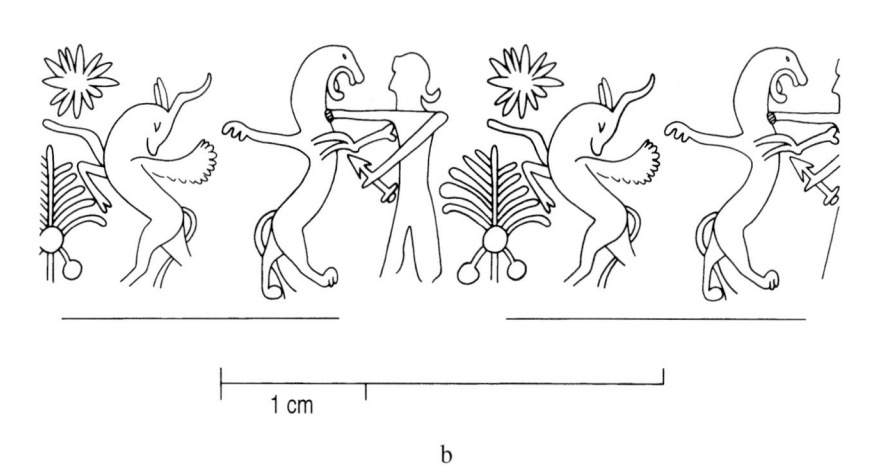

a

b

PFS 853 (Cat.No. 204) on (*a*) PF 1487 and (*b*) Composite Drawing. Scale 2:1

Plate 111

a

b

c

d

e

PFS 859* (Cat.No. 205) on (*a–b*) PF 691 and (*c*) Composite Drawing and
PFS 1264s (Cat.No. 206) on (*d*) PF 1320 and (*e*) Composite Drawing. Scale 2:1

Plate 112

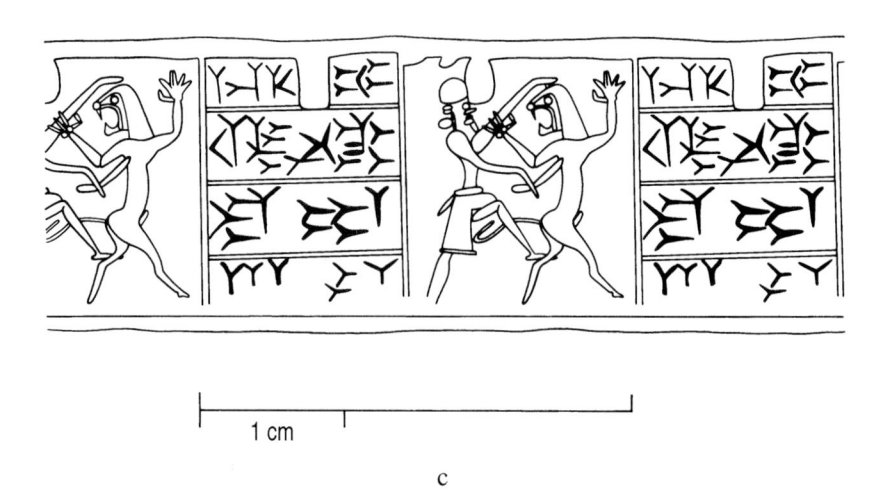

PFS 43* (Cat.No. 207) on (*a*) PF 580 and (*b*) PF 507 and (*c*) Composite Drawing. Scale 2:1

Plate 113

PFS 266* (Cat.No. 208) on (*a*) PF 1120, (*b*) PF 1097, and (*c*) PF 1112 and (*d*) Composite Drawing. Scale 2:1

Plate 114

PFS 523* (Cat.No. 209) on (*a–b*) PF 256 and (*c*) Composite Drawing. Scale 2:1

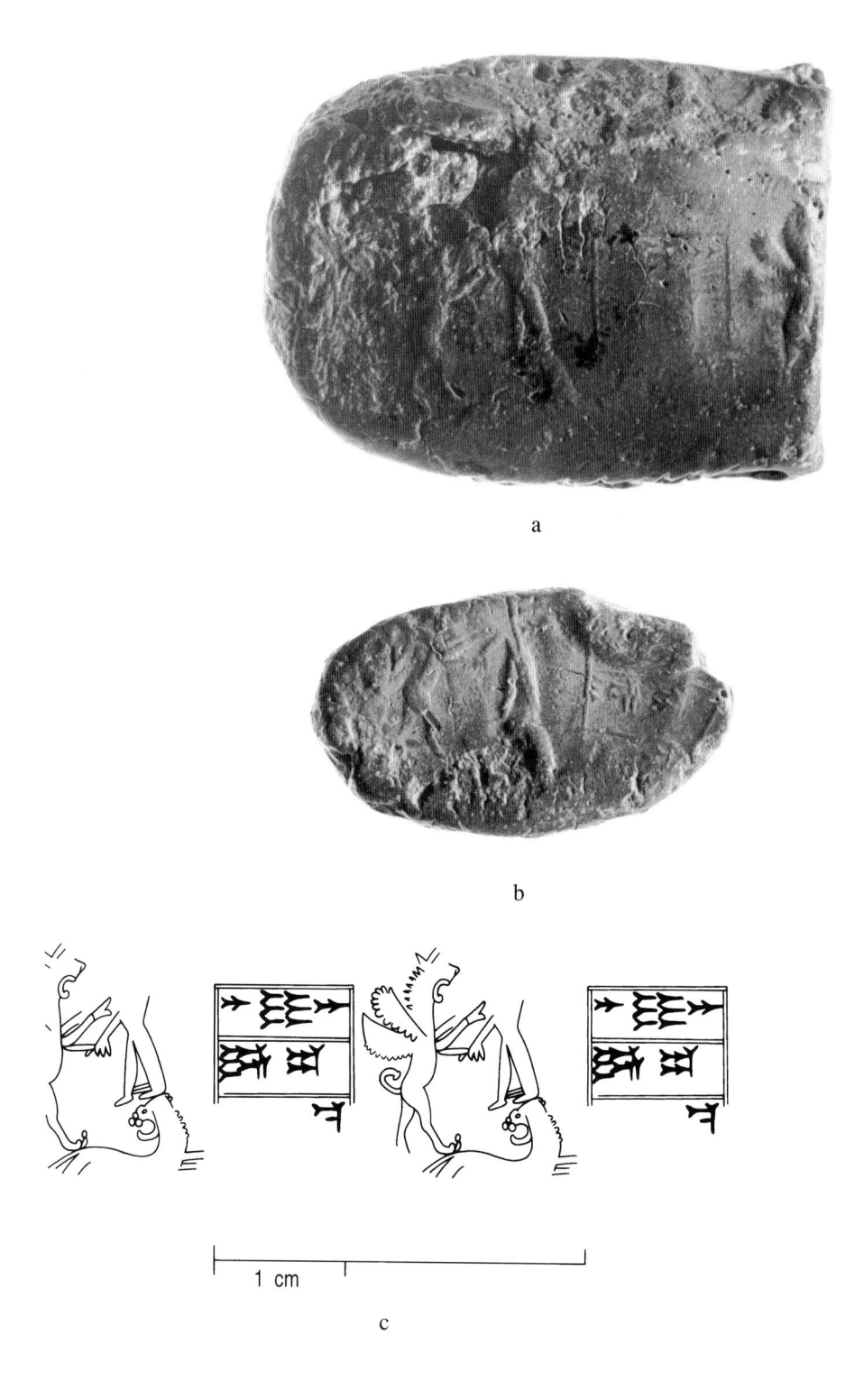

Plate 115

a

b

c

PFS 1181 (Cat.No. 210) on (*a*) PF 1228 and (*b*) PF 1112 and (*c*) Composite Drawing. Scale 2:1

Plate 116

PFS 1367s (Cat.No. 211) on (*a*) PF 1468 and (*b*) Composite Drawing and
PFS 149 (Cat.No. 212) on (*c*) PF 276 and (*d*) PF 10 and (*e*) Composite Drawing. Scale 2:1

Plate 117

PFS 236 (Cat. No. 213) on (*a*) PF 819 and (*b*) Composite Drawing and
PFS 795 (Cat.No. 214) on (*c*) PF 587 and (*d*) Composite Drawing. Scale 2:1

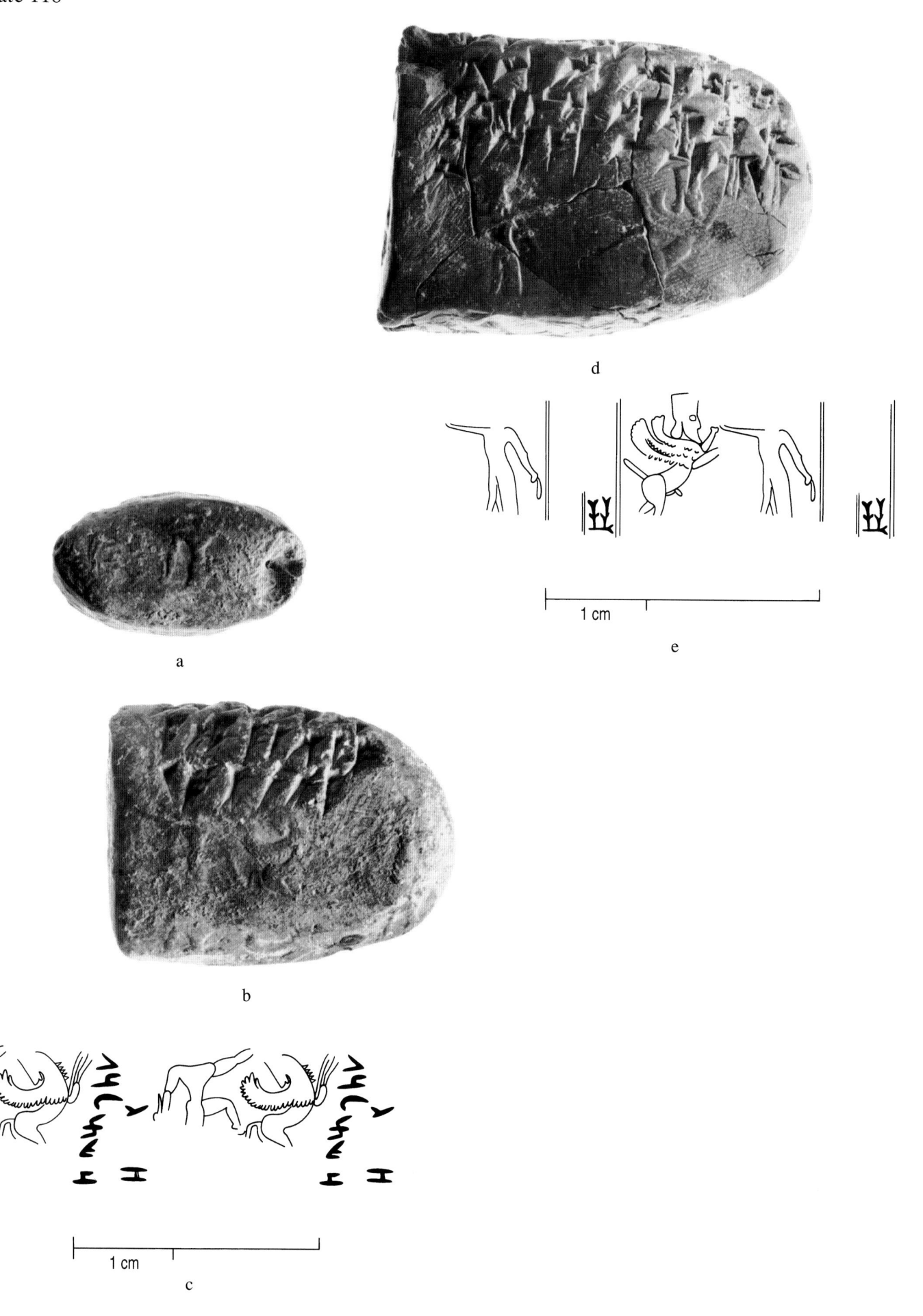

Plate 118

a

b

c

d

e

PFS 815* (Cat.No. 215) on (*a–b*) PF 608 and (*c*) Composite Drawing and
PFS 526* (Cat.No. 216) on (*d*) PF 271 and (*e*) Composite Drawing. Scale 2:1

Plate 119

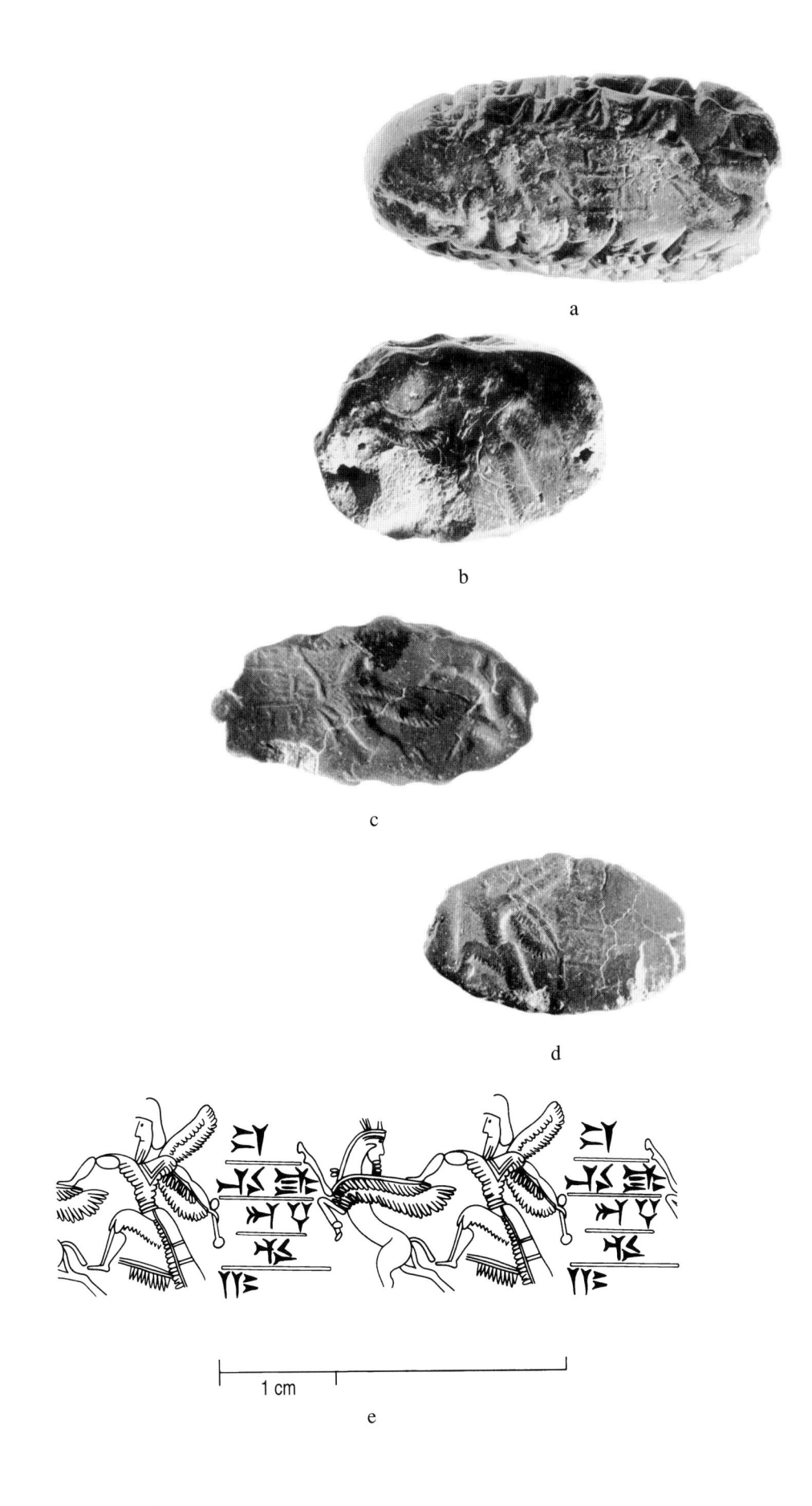

PFS 98* (Cat.No. 217) on (*a–b*) PF 1611, (*c*) PF 1583, and (*d*) PF 1582 and (*e*) Composite Drawing. Scale 2:1

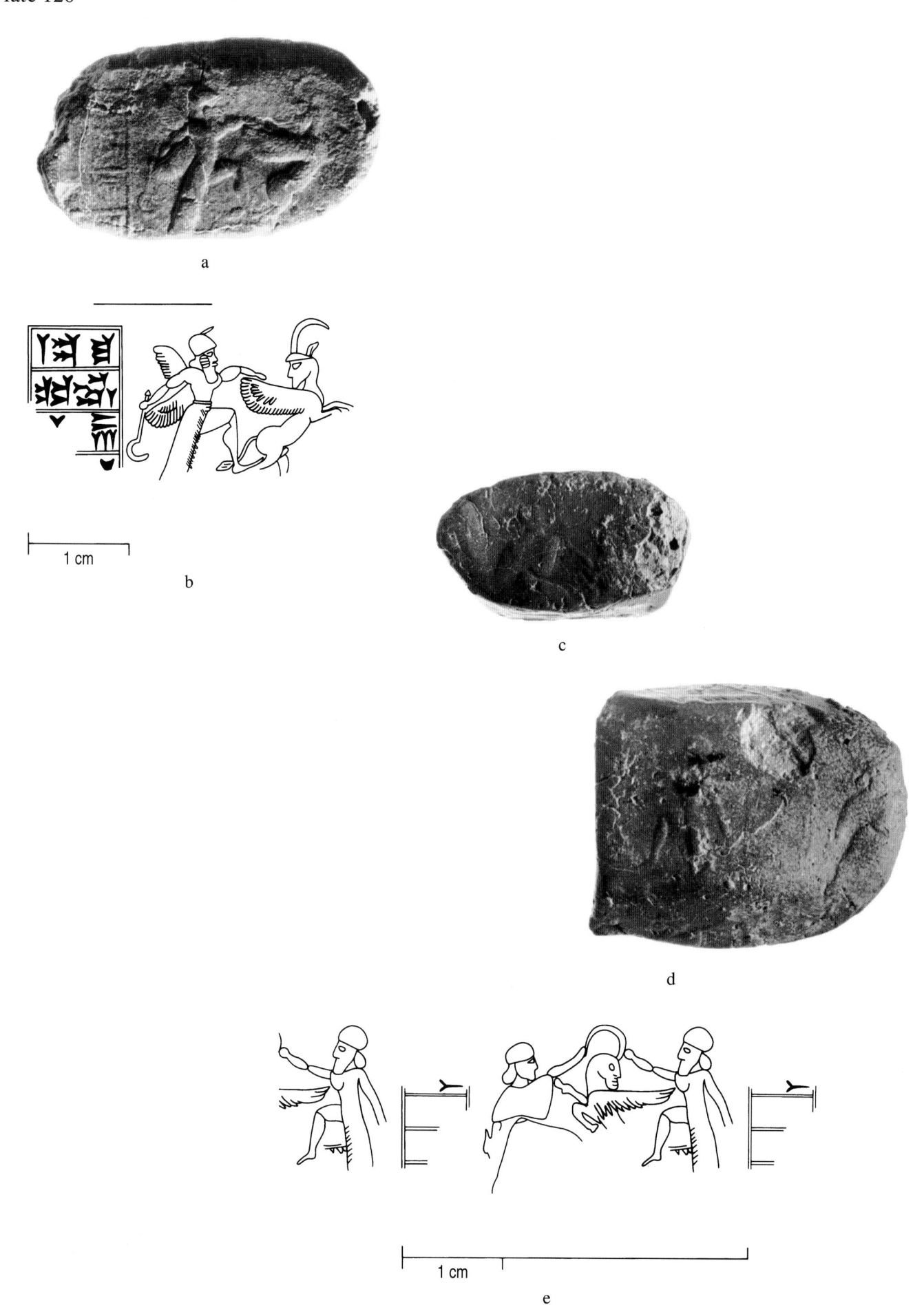

Plate 120

a

b

1 cm

c

d

1 cm

e

PFS 1566* (Cat.No. 218) on (*a*) PF 1852 and (*b*) Composite Drawing and
PFS 1277* (Cat.No. 219) on (*c–d*) PF 1282 and (*e*) Composite Drawing. Scale 2:1

Plate 121

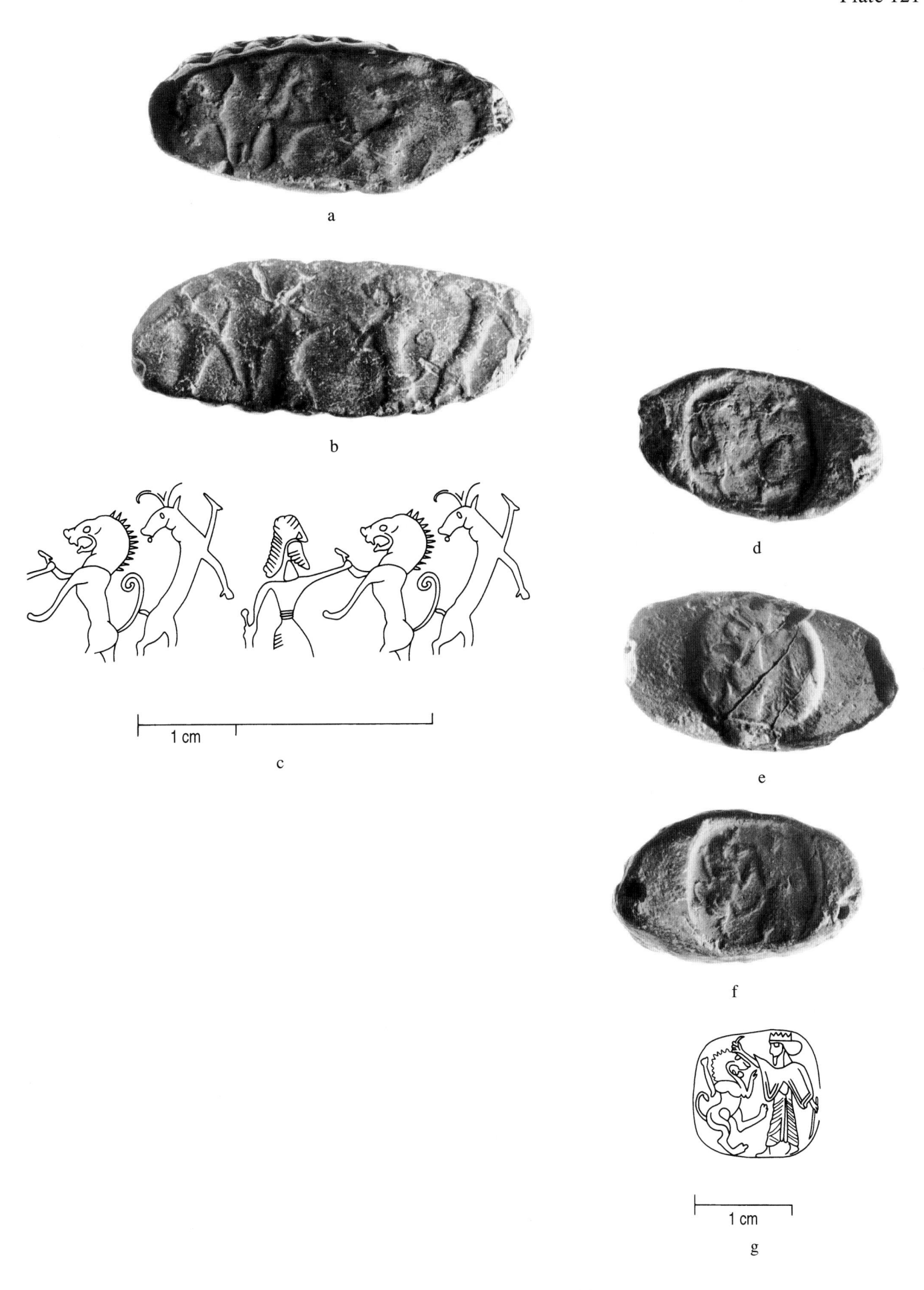

PFS 33 (Cat.No. 220) on (*a*) PF 1219 and (*b*) PF 2061 and (*c*) Composite Drawing and
PFS 39s (Cat.No. 221) on (*d*) PF 445, (*e*) PF 782, and (*f*) PF 601 and (*g*) Composite Drawing. Scale 2:1

Plate 122

a

b

c

PFS 139s (Cat.No. 222) on (*a*) PF 1533 and (*b*) PF 1576 and (*c*) Composite Drawing. Scale 2:1

Plate 123

PFS 151 (Cat.No. 223) on (*a*) PF 577 and (*b*) PF 576 and (*c*) Composite Drawing. Scale 2:1

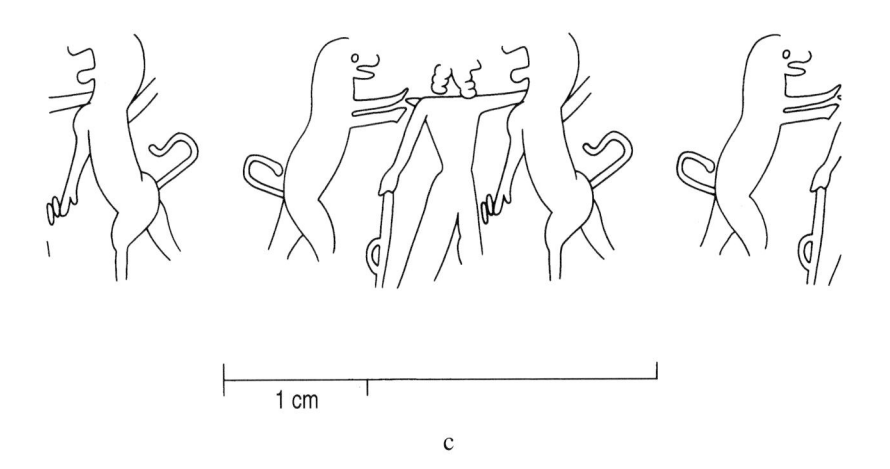

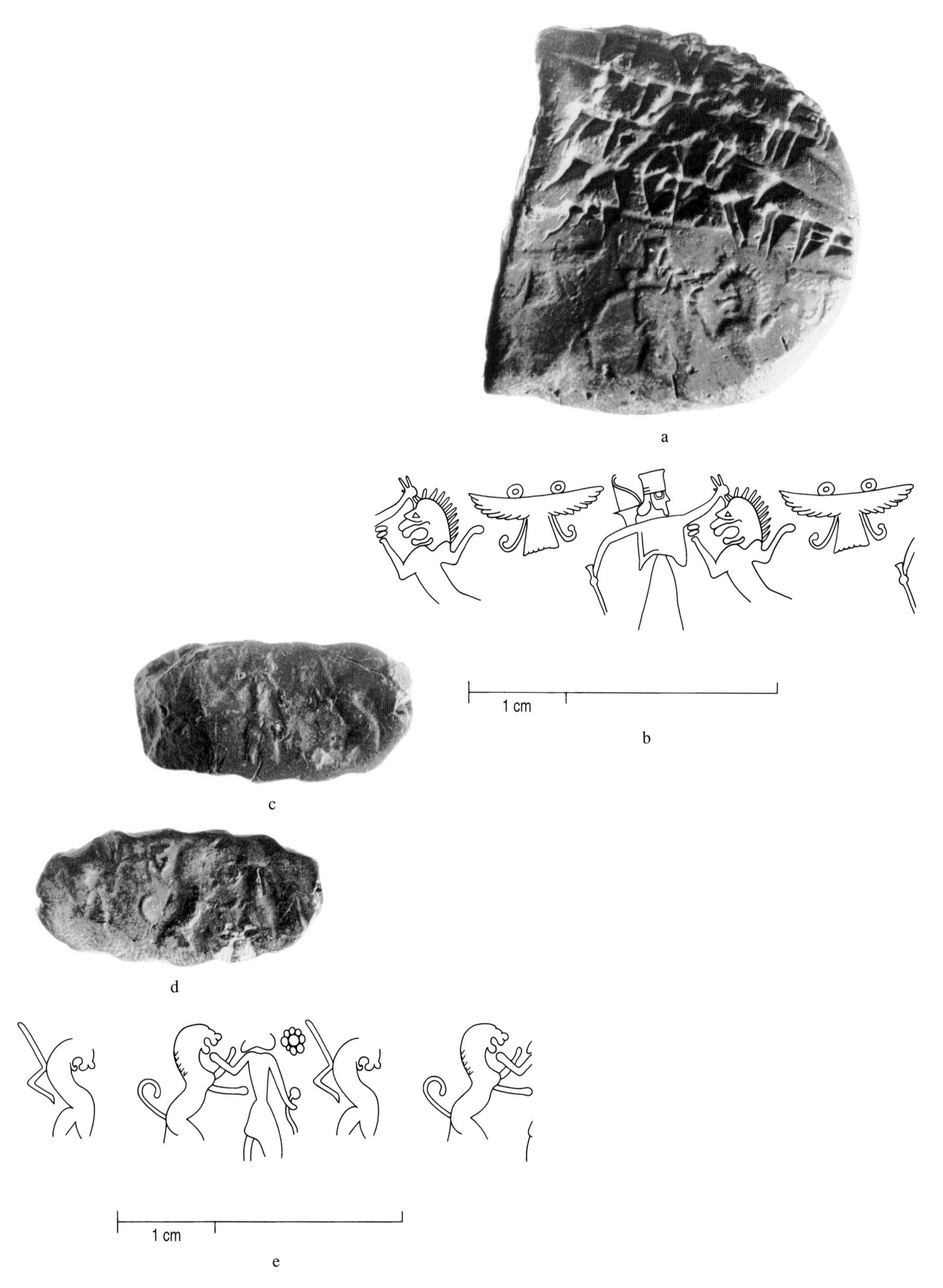

Plate 124

PFS 196 (Cat.No. 224) on (*a*) PF 1100 and (*b*) Composite Drawing and
PFS 260 (Cat.No. 225) on (*c*) PF 144 and (*d*) PF 145 and (*e*) Composite Drawing. Scale 2:1

Plate 125

PFS 916 (Cat.No. 226) on (*a*) PF 788 and (*b*) Composite Drawing and
PFS 952 (Cat.No. 227) on (*c*) PF 826 and (*d*) Composite Drawing. Scale 2:1

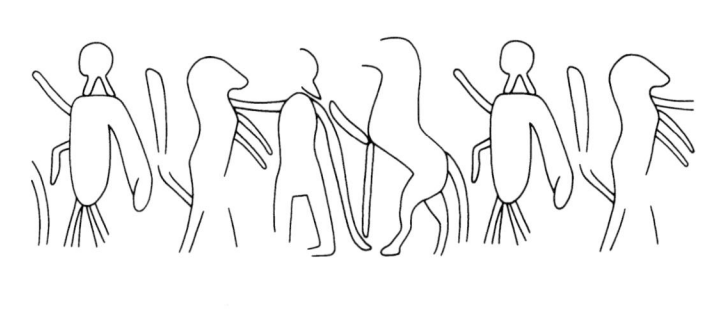

Plate 126

a

b

c

d

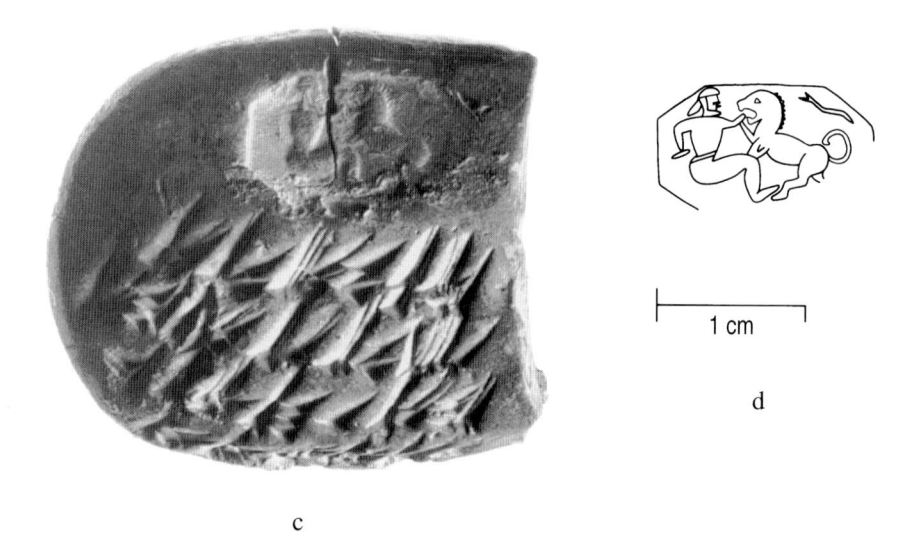

PFS 1122 (Cat.No. 228) on (*a*) PF 1190 and (*b*) Composite Drawing and
PFS 1309s (Cat.No. 229) on (*c*) PF 1386 and (*d*) Composite Drawing. Scale 2:1

Plate 127

PFS 1428s (Cat.No. 230) on (*a*) PF 1532 and (*b*) Composite Drawing and
PFS 1463s (Cat.No. 231) on (*c*) PF 1579 and (*d*) Composite Drawing. Scale 2:1

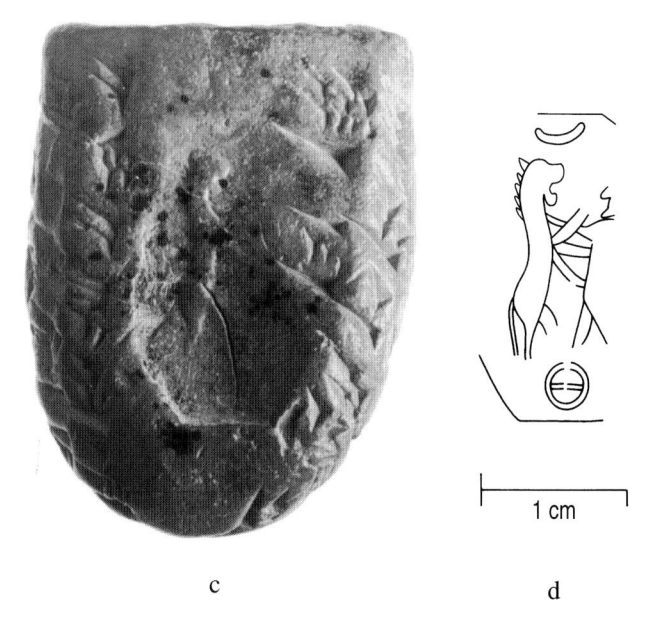

Plate 128

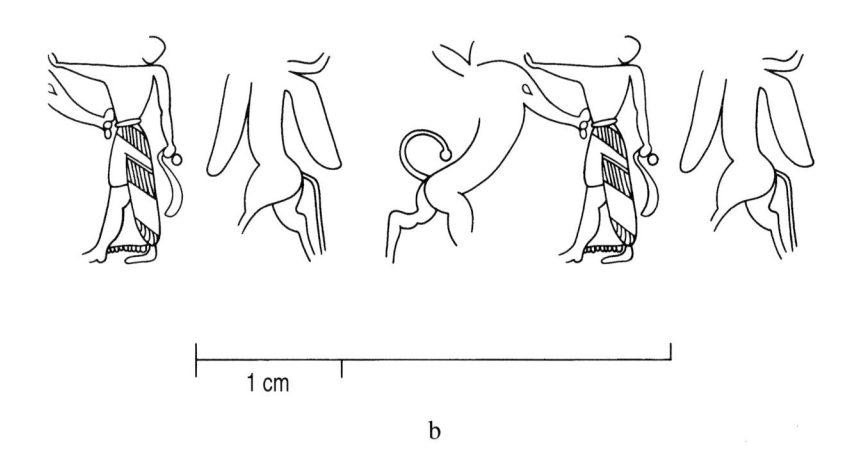

a

b

PFS 1582 (Cat.No. 232) on (*a*) PF 1942 and (*b*) Composite Drawing. Scale 2:1

Plate 129

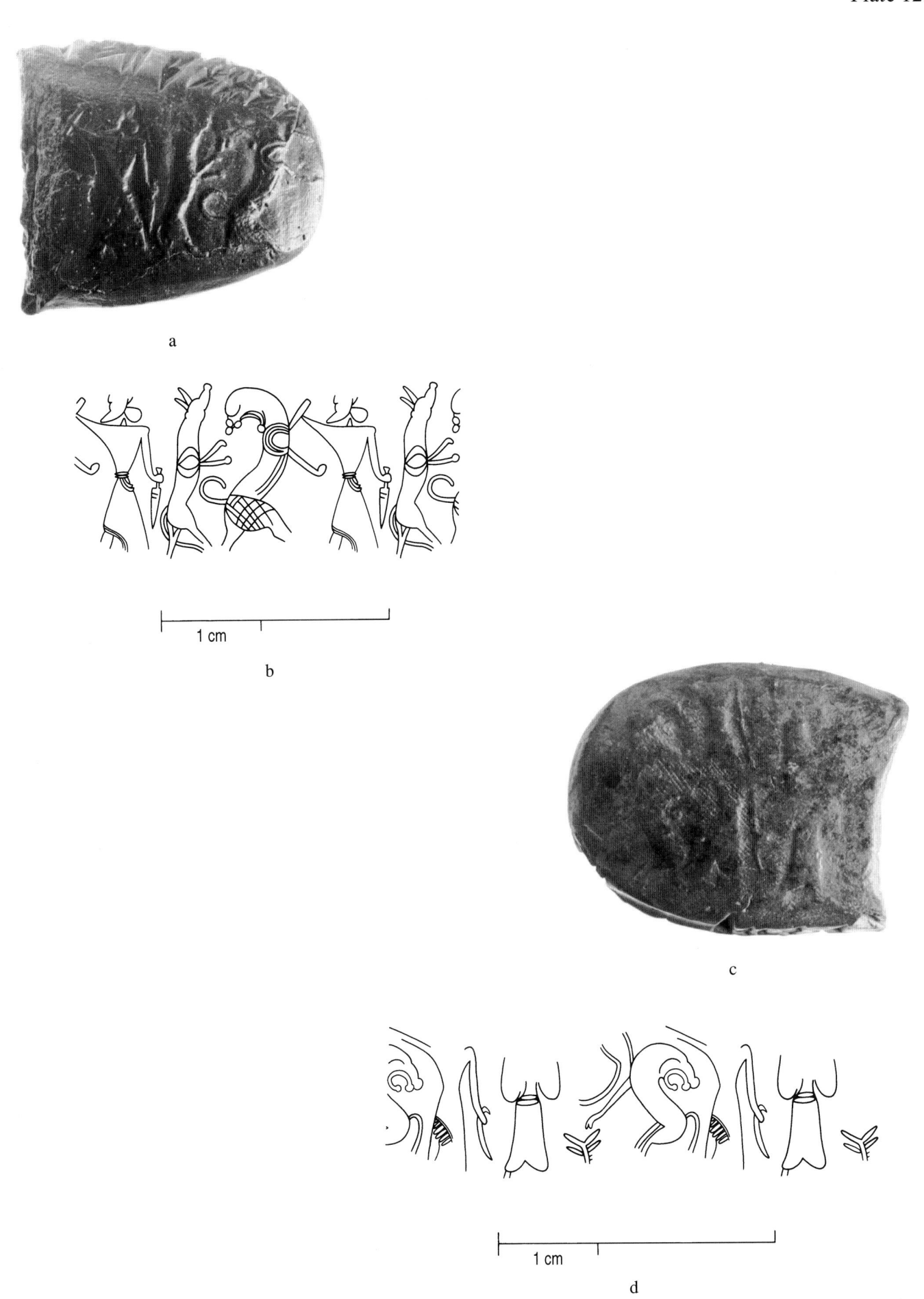

PFS 255 (Cat.No. 233) on (*a*) PF 522 and (*b*) Composite Drawing and
PFS 1466 (Cat.No. 234) on (*c*) PF 1585 and (*d*) Composite Drawing. Scale 2:1

Plate 130

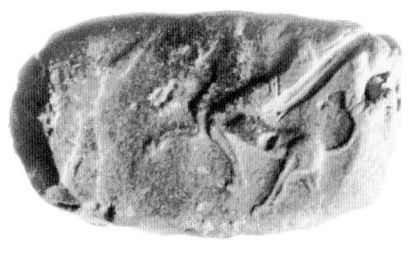

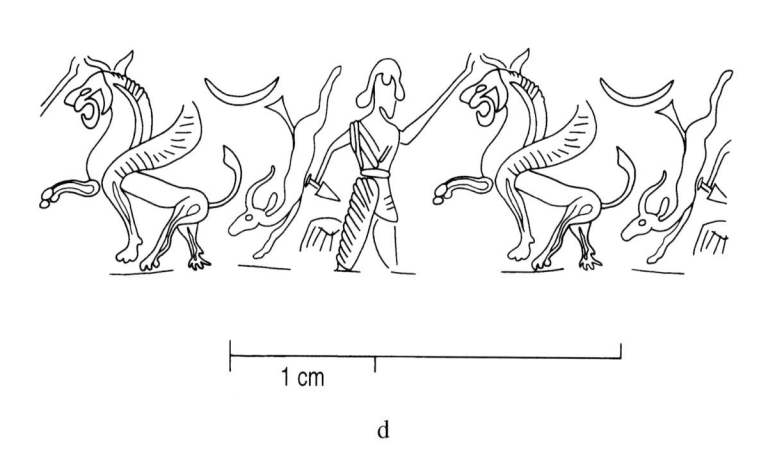

PFS 17 (Cat.No. 235) on (*a*) PF 46, (*b*) PF 48, and (*c*) PF 1565 and (*d*) Composite Drawing. Scale 2:1

Plate 131

a

b

1 cm

c

PFS 298s (Cat.No. 236) on (*a*) PF 1539 and (*b*) PF 1477 and (*c*) Composite Drawing. Scale 2:1

Plate 132

a

b

PFS 312 (Cat.No. 237) on (*a*) PF 1140 and (*b*) Composite Drawing and
PFS 1501 (Cat.No. 238) on (*c*) PF 1624 and (*d*) Composite Drawing. Scale 2:1

Plate 133

PFS 57* (Cat.No. 239) on (*a*) PF 2003 and (*b*) Composite Drawing. Scale 2:1

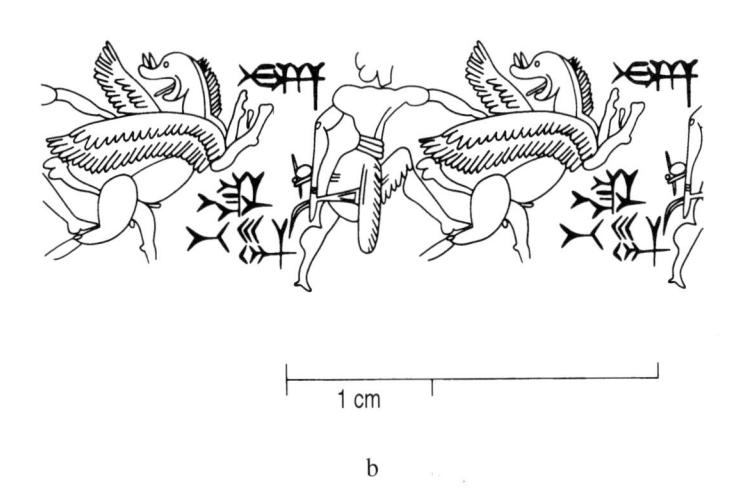

Plate 134

a

b

c

PFS 265 (Cat.No. 240) on (*a*) PF 1097 and (*b*) PF 1228 and (*c*) Composite Drawing. Scale 2:1

Plate 135

PFS 65 (Cat.No. 241) on (*a*) PF 284 and (*b*) Composite Drawing. Scale 2:1

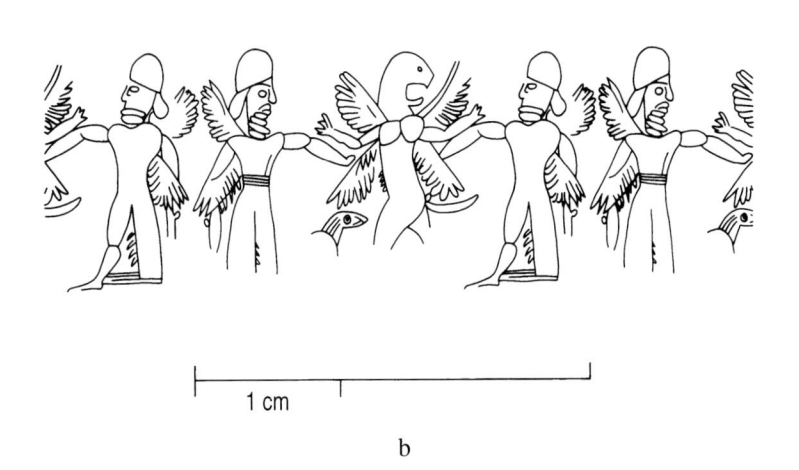

Plate 136

a

b

c

PFS 58 (Cat.No. 242) on (*a–b*) PF 79 and (*c*) Composite Drawing. Scale 2:1

Plate 137

PFS 902 (Cat.No. 243) on (*a*) PF 773 and (*b*) Composite Drawing and
PFS 1632* (Cat.No. 244) on (*c*) PF 2070 and (*d*) Composite Drawing. Scale 2:1

Plate 138

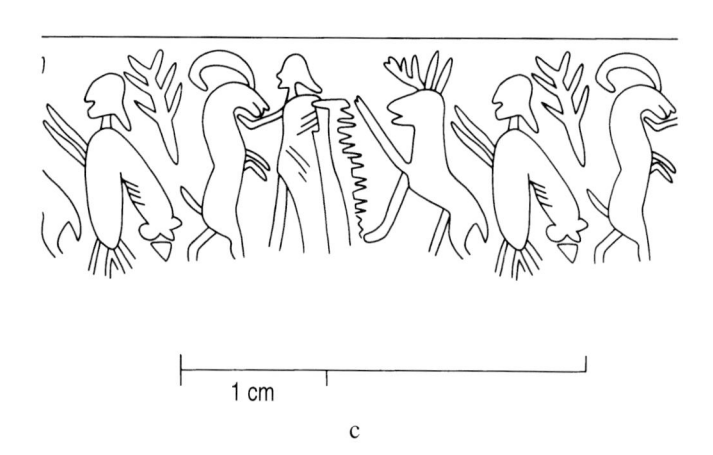

PFS 247 (Cat.No. 245) on (*a*) PF 1743 and (*b*) PF 1661 and (*c*) Composite Drawing. Scale 2:1

Plate 139

PFS 959s (Cat.No. 246) on (*a*) PF 834 and (*b*) Composite Drawing and
PFS 1311s (Cat.No. 247) on (*c–d*) PF 1388 and (*e*) Composite Drawing. Scale 2:1

Plate 140

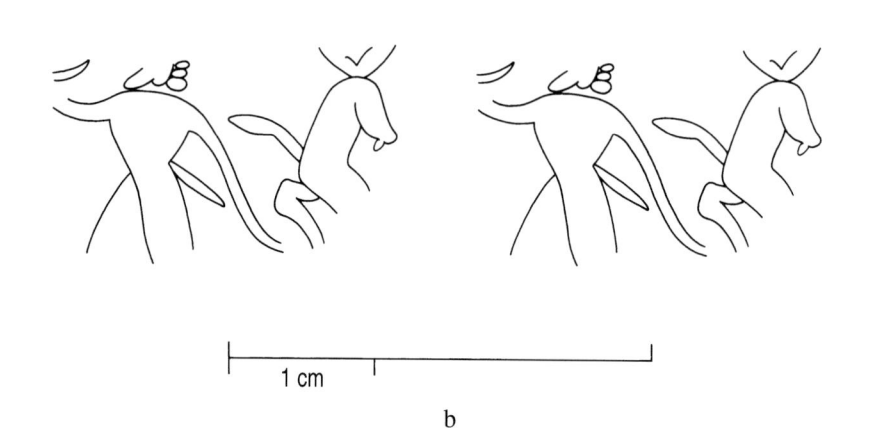

a

b

PFS 1391 (Cat.No. 248) on (*a*) PF 1494 and (*b*) Composite Drawing. Scale 2:1

Plate 141

a

b

c

PFS 162 (Cat.No. 249) on (*a*) PF 1249 and (*b*) PF 1902 and (*c*) Composite Drawing. Scale 2:1

Plate 142

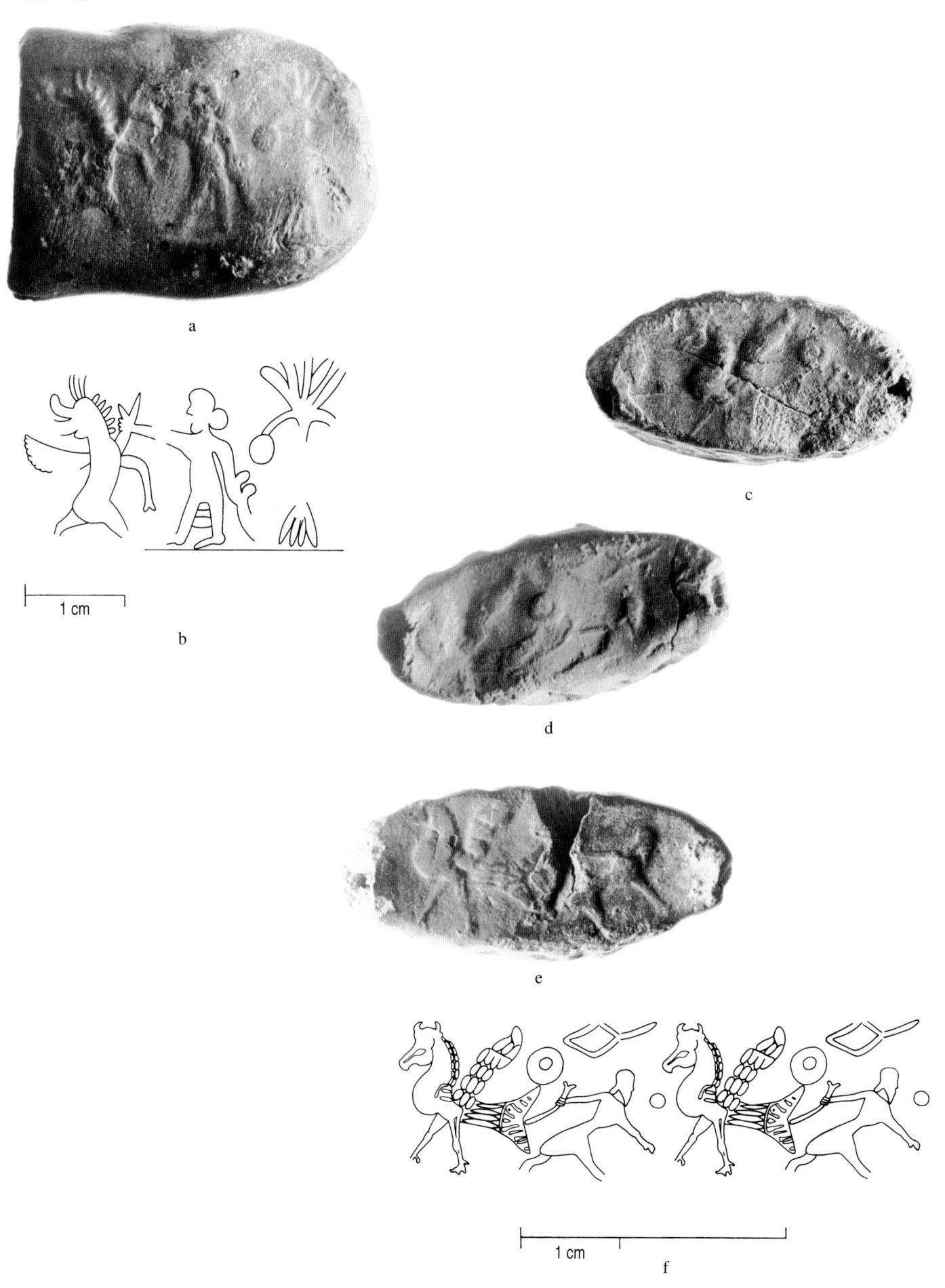

PFS 125 (Cat.No. 250) on (*a*) PF 1632 and (*b*) Composite Drawing and
PFS 10 (Cat.No. 251) on (*c*) PF 1534, (*d*) PF 1199, and (*e*) PF 1519 and (*f*) Composite Drawing. Scale 2:1

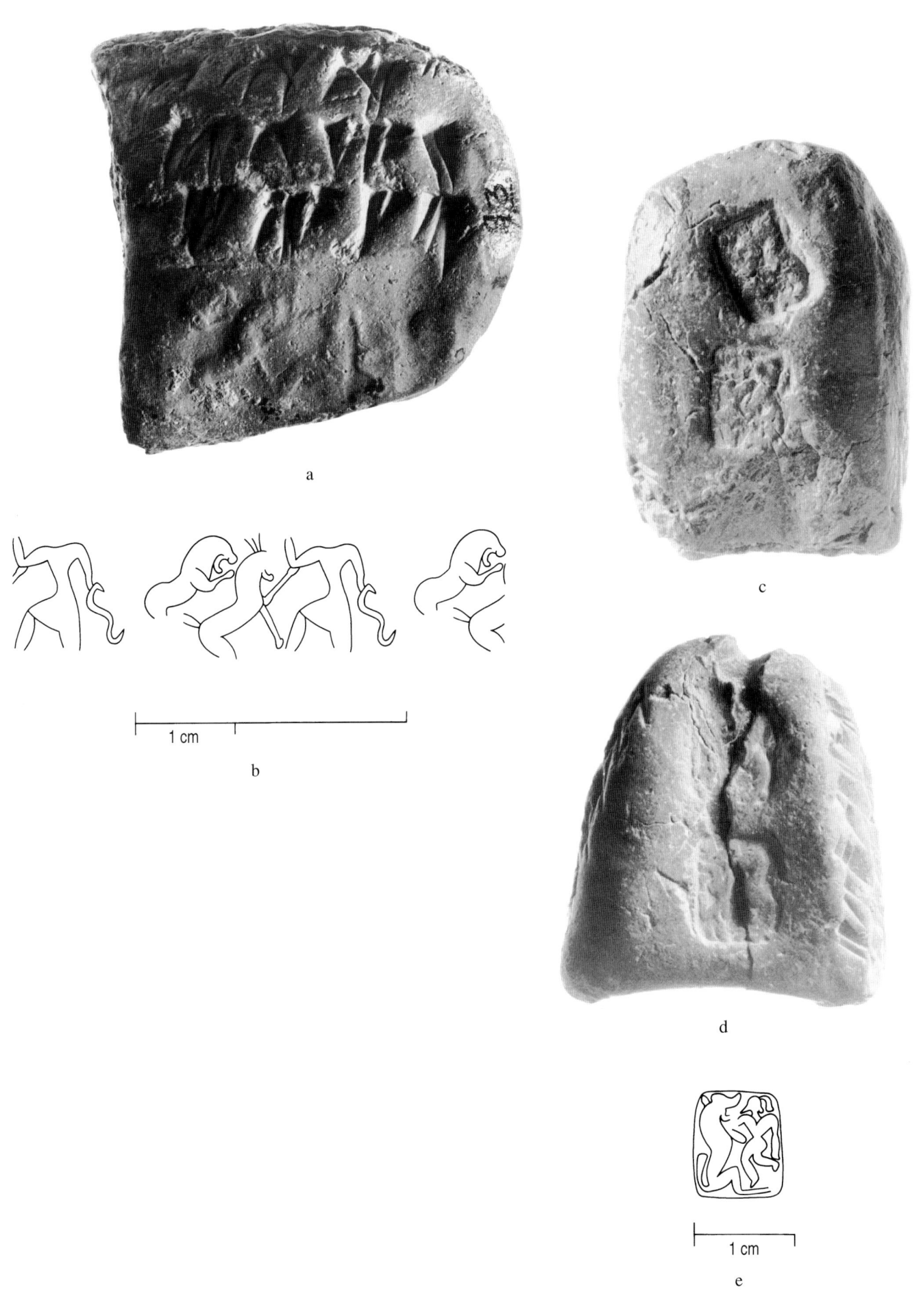

Plate 143

PFS 241 (Cat.No. 252) on (*a*) PF 93 and (*b*) Composite Drawing and
PFS 1315s (Cat.No. 253) on (*c*) PF 1573 and (*d*) PF 1393 and (*e*) Composite Drawing. Scale 2:1

Plate 144

a

b

c

d

e

PFS 1375s (Cat.No. 254) on (*a*) PF 1479 and (*b*) Composite Drawing and
PFS 167 (Cat.No. 255) on (*c*) PF 629 and (*d*) PF 572 and (*e*) Composite Drawing. Scale 2:1

Plate 145

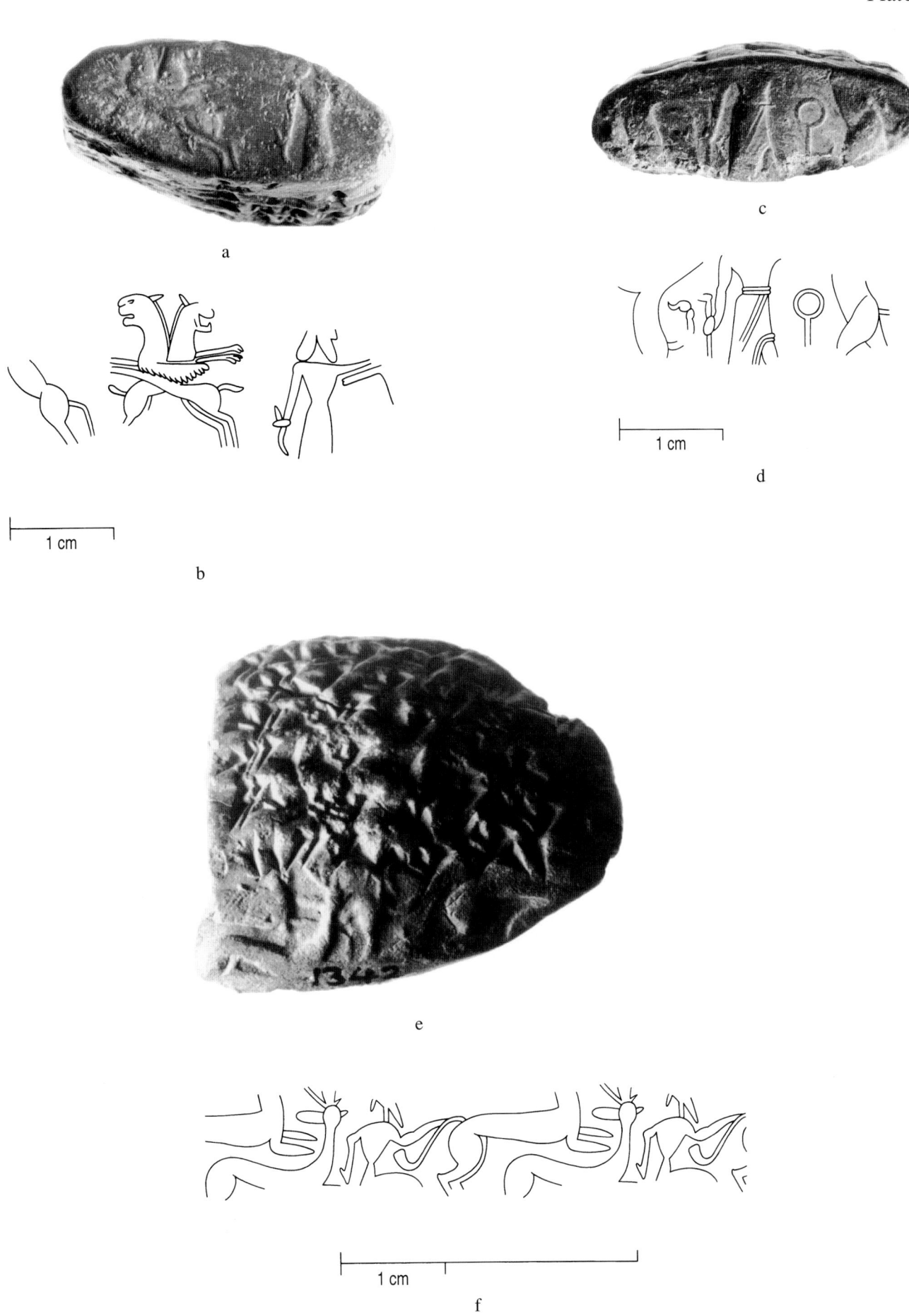

PFS 990 (Cat.No. 256) on (*a*) PF 995 and (*b*) Composite Drawing,
PFS 1480 (Cat.No. 257) on (*c*) PF 1603 and (*d*) Composite Drawing, and
PFS 1286 (Cat.No. 258) on (*e*) PF 1342 and (*f*) Composite Drawing. Scale 2:1

Plate 146

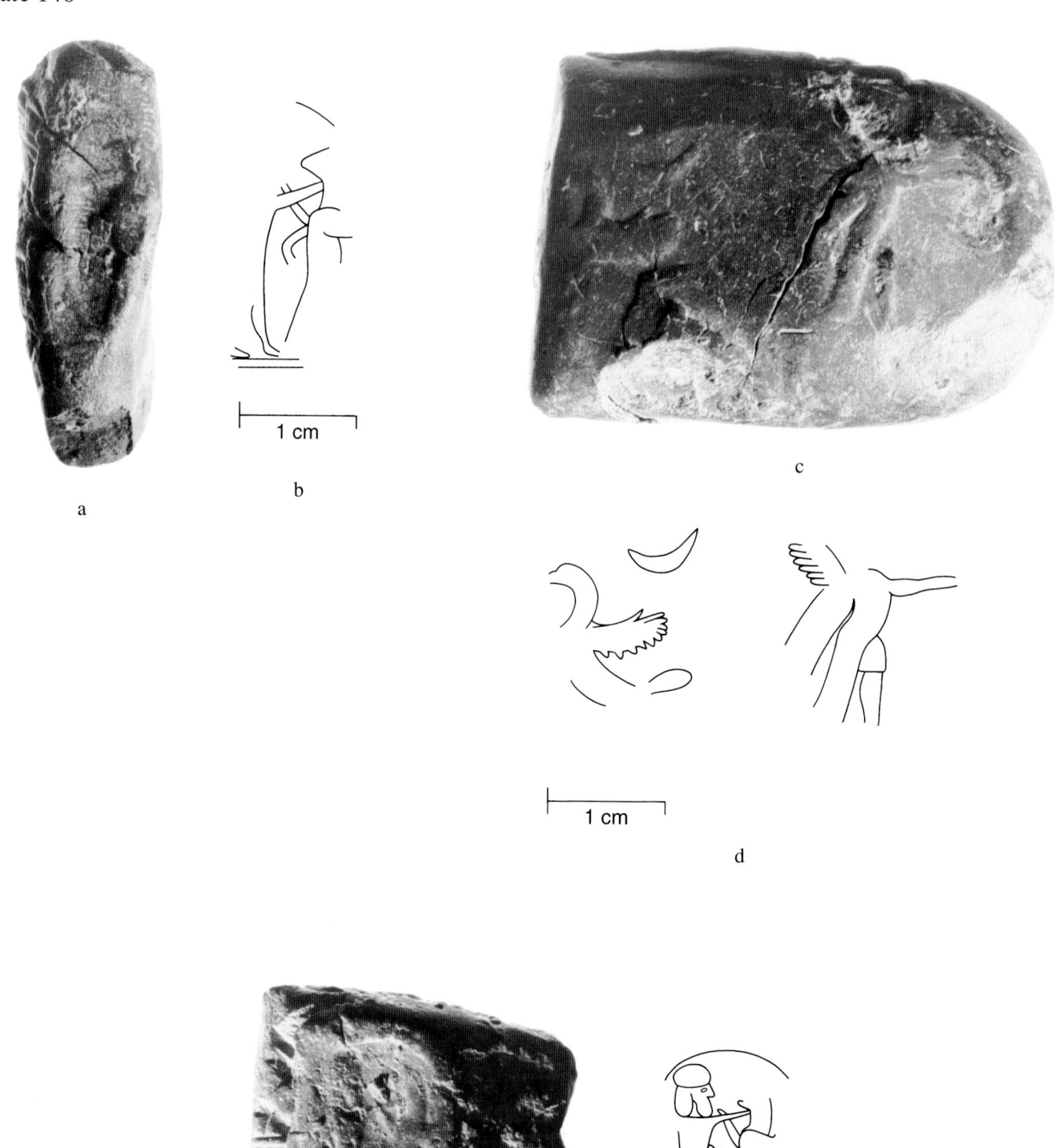

PFS 919s (Cat.No. 259) on (*a*) PF 793 and (*b*) Composite Drawing,
PFS 964 (Cat.No. 260) on (*c*) PF 842 and (*d*) Composite Drawing, and
PFS 1624s (Cat.No. 261) on (*e*) PF 2059 and (*f*) Composite Drawing. Scale 2:1

Plate 147

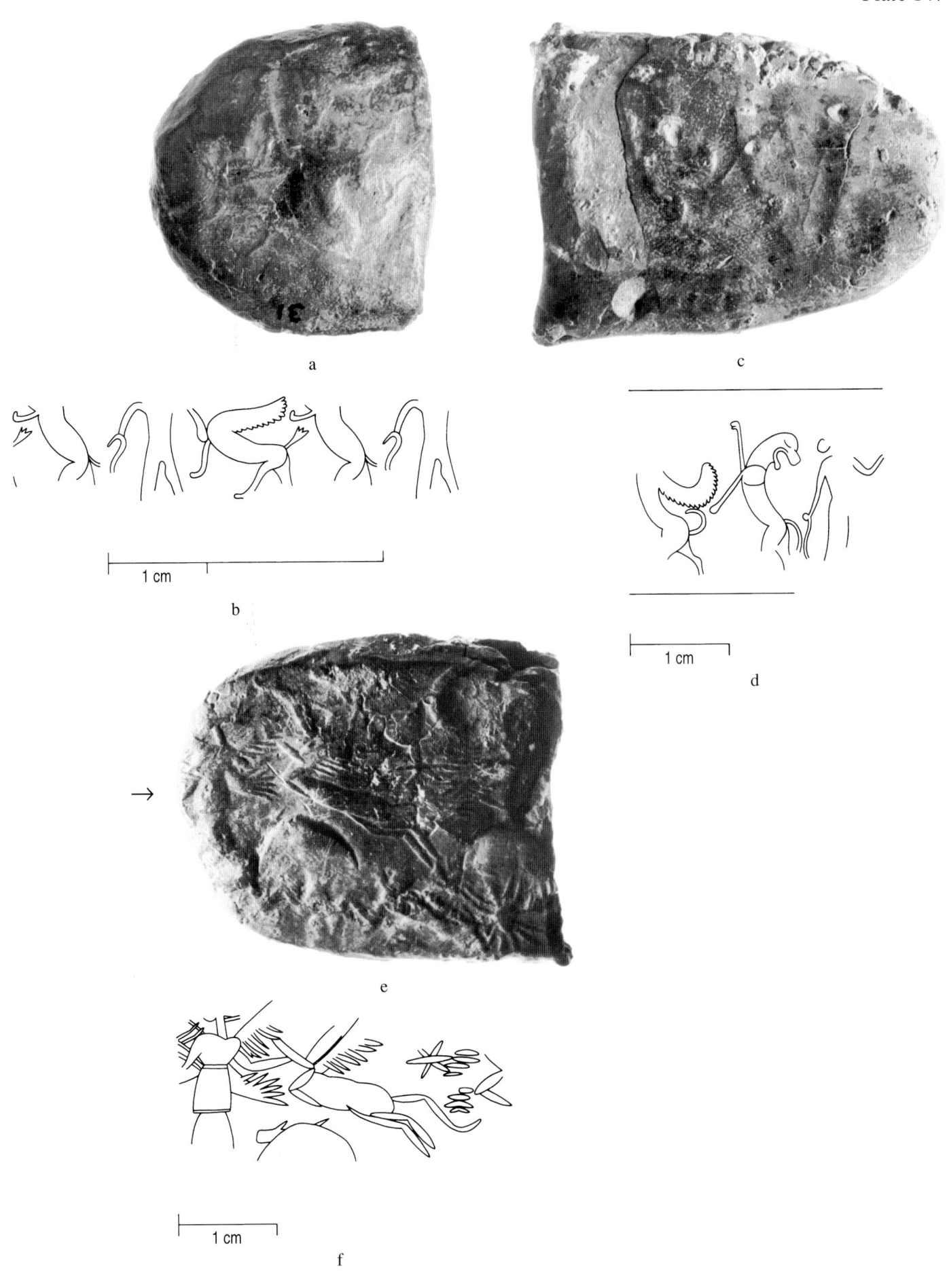

PFS 338 (Cat.No. 262) on (*a*) PF 31 and (*b*) Composite Drawing,
PFS 344 (Cat.No. 263) on (*c*) PF 35 and (*d*) Composite Drawing, and
PFS 463 (Cat.No. 264) on (*e*) PF 164 and (*f*) Composite Drawing. Scale 2:1

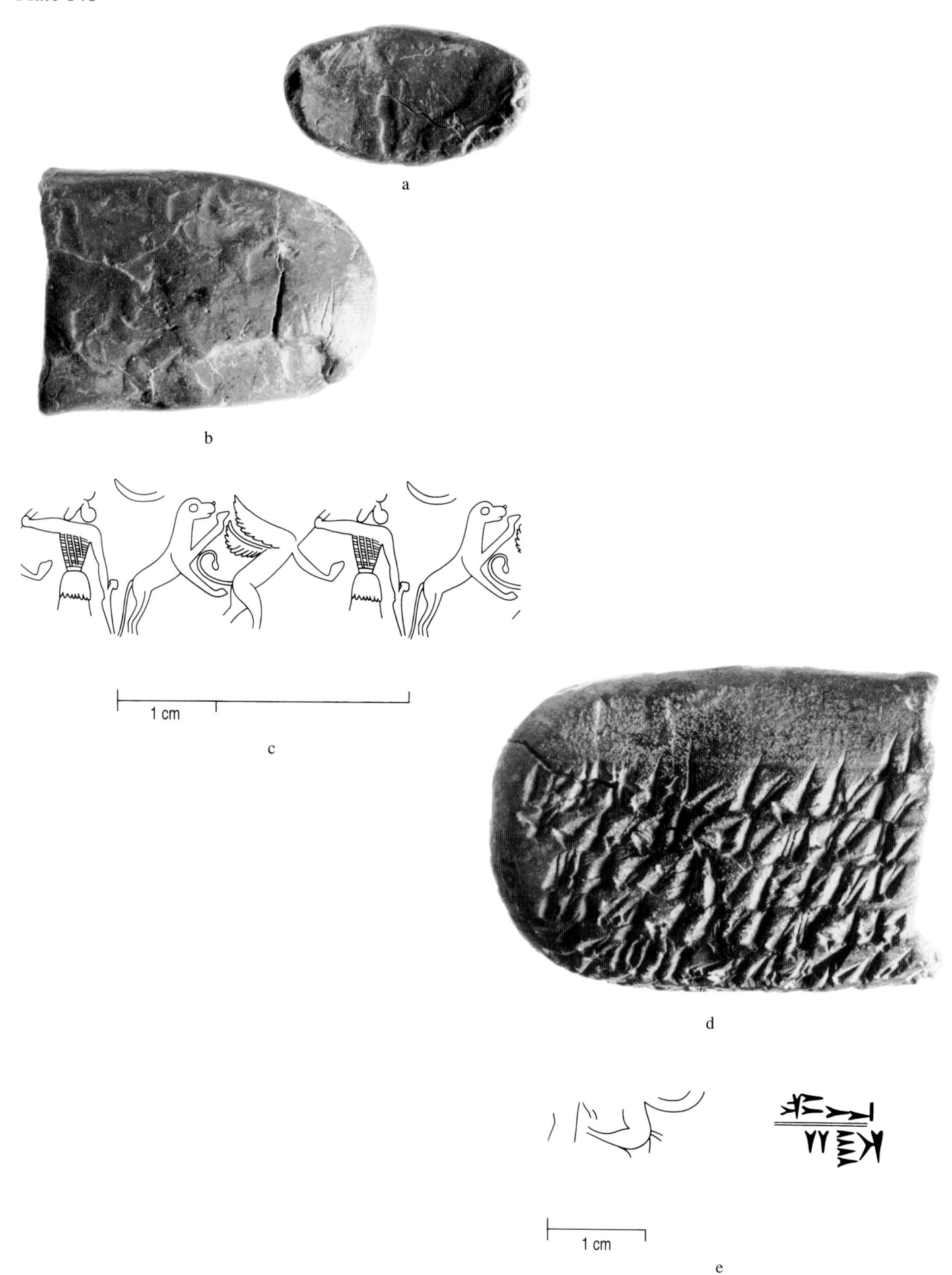

Plate 148

a

b

c

1 cm

d

1 cm

e

PFS 818 (Cat.No. 265) on (*a–b*) PF 610 and (*c*) Composite Drawing and
PFS 1025* (Cat.No. 266) on (*d*) PF 1059 and (*e*) Composite Drawing. Scale 2:1

Plate 149

a

b
1 cm

c

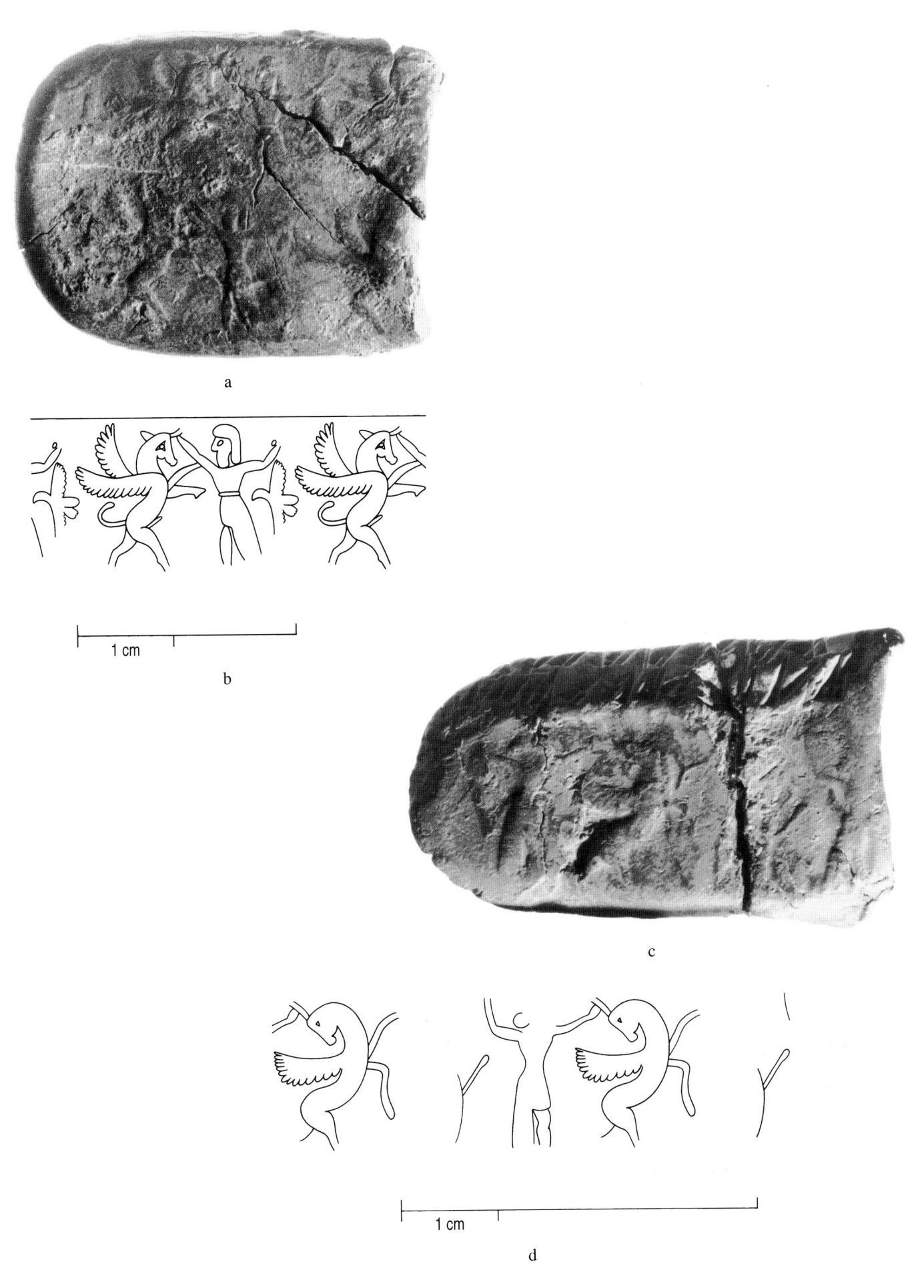

d
1 cm

PFS 939 (Cat.No. 267) on (*a*) PF 814 and (*b*) Composite Drawing and
PFS 1612 (Cat.No. 268) on (*c*) PF 2050 and (*d*) Composite Drawing. Scale 2:1

Plate 150

PFS 807 (Cat.No. 269) on (*a*) PF 600 and (*b*) Composite Drawing,
PFS 931* (Cat.No. 270) on (*c*) PF 807 and (*d*) Composite Drawing, and
PFS 709 (Cat.No. 271) on (*e*) PF 482 and (*f*) Composite Drawing. Scale 2:1

Plate 151

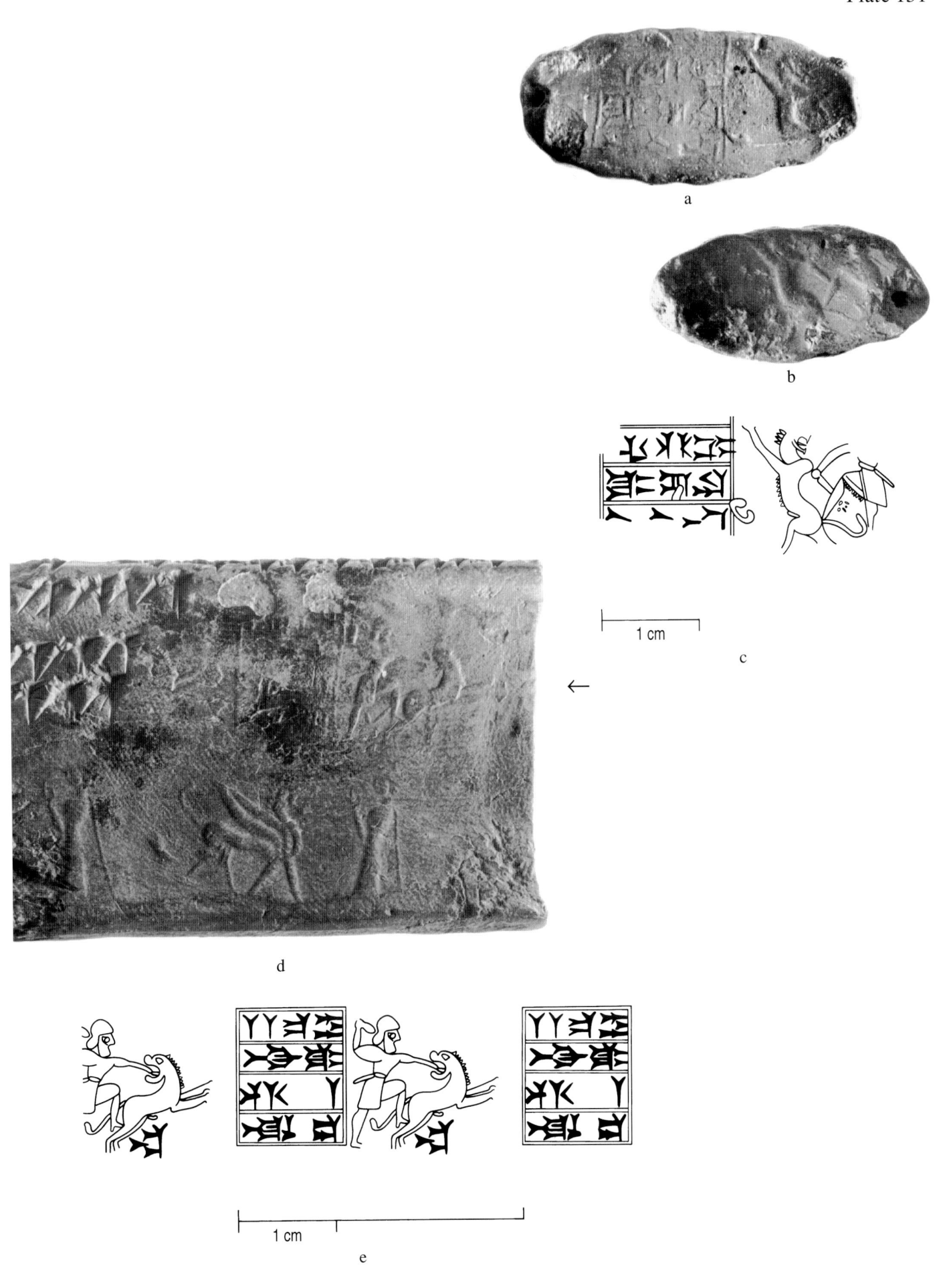

PFS 272* (Cat.No. 272) on (a) PF 2064 and (b) PF 1695 and (c) Composite Drawing and
PFS 1637* (Cat.No. 273) on (d) PF 2085 and (e) Composite Drawing. Scale 2:1

Plate 152

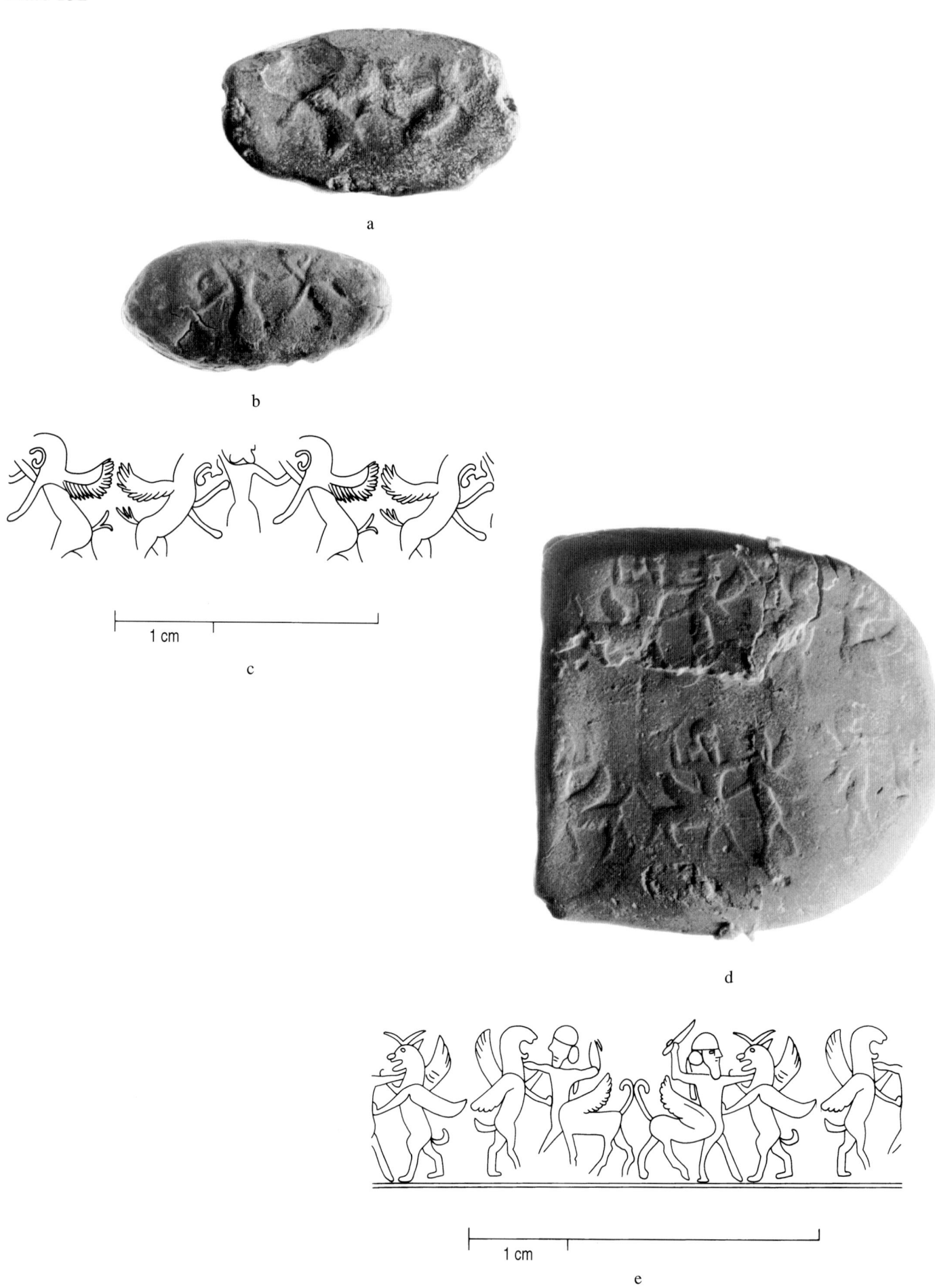

PFS 100 (Cat.No. 274) on (*a*) PF 627 and (*b*) PF 467 and (*c*) Composite Drawing and
PFS 146 (Cat.No. 275) on (*d*) PF 1541 and (*e*) Composite Drawing. Scale 2:1

Plate 153

a

b

PFS 1406 (Cat.No. 276) on (*a*) PF 1510 and (*b*) Composite Drawing. Scale 2:1

Plate 154

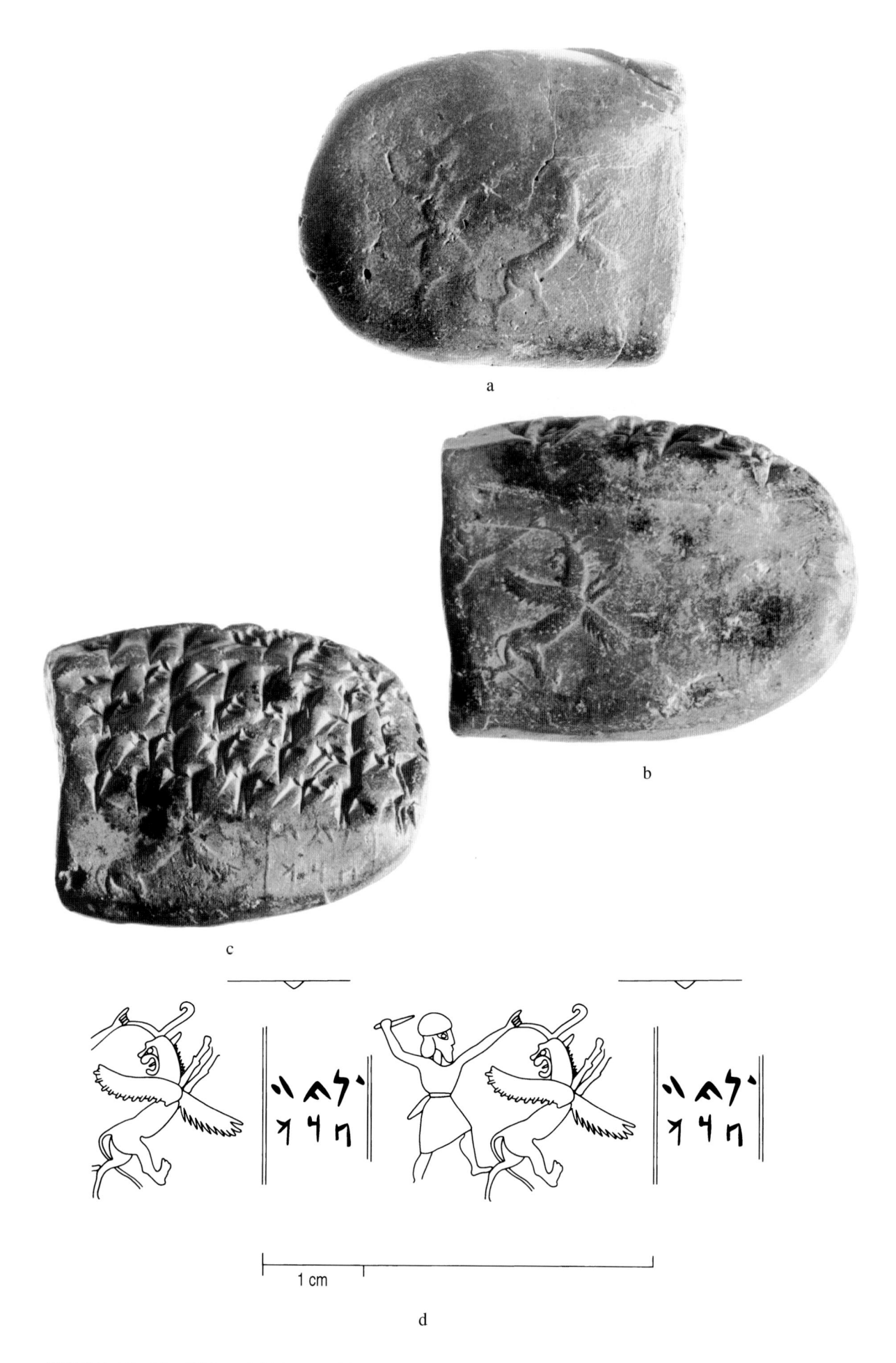

PFS 54* (Cat.No. 277) on (*a*) PF 448, (*b*) PF 1181, and (*c*) PF 1021 and (*d*) Composite Drawing. Scale 2:1

Plate 155

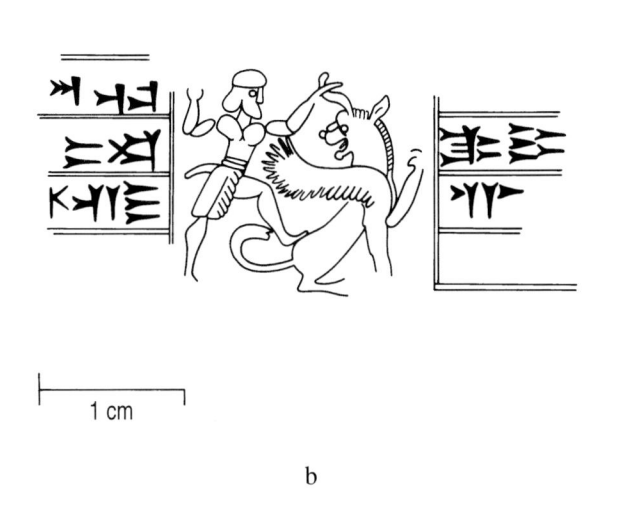

PFS 769* (Cat.No. 278) on (*a*) PF 548 and (*b*) Composite Drawing and
PFS 1123 (Cat.No. 279) on (*c*) PF 1179 and (*d*) Composite Drawing. Scale 2:1

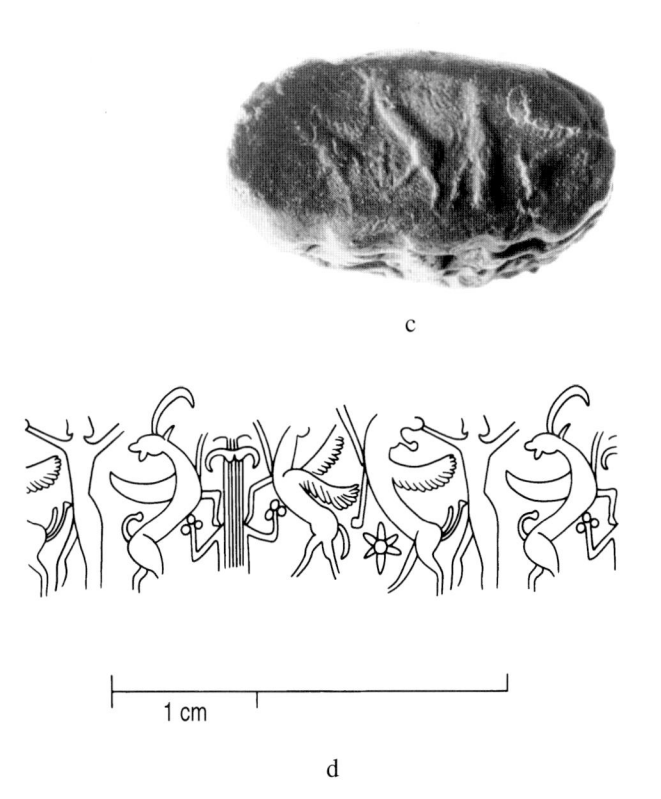

Plate 156

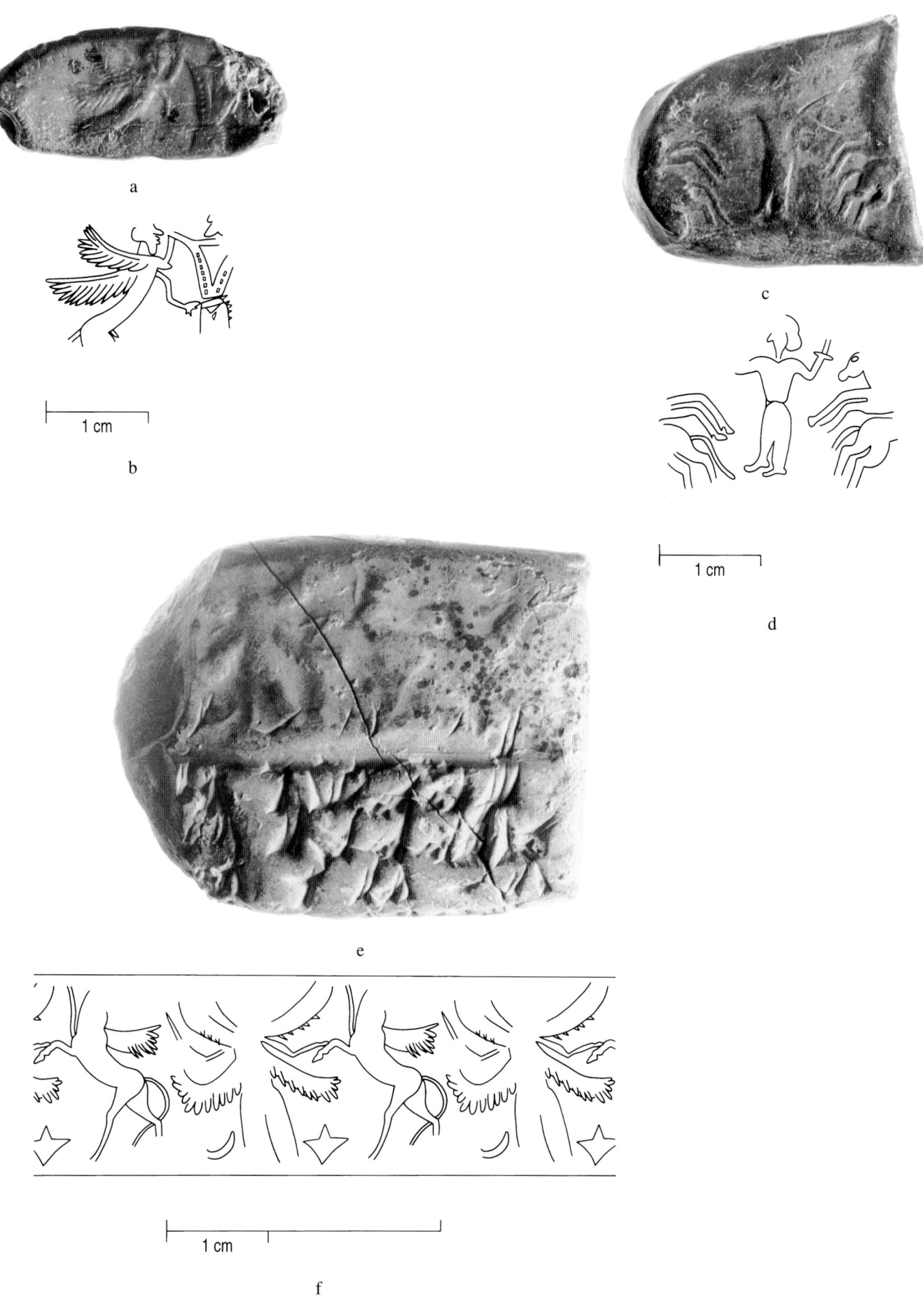

PFS 414 (Cat.No. 280) on (*a*) PF 106 and (*b*) Composite Drawing,
PFS 737 (Cat.No. 281) on (*c*) PF 510 and (*d*) Composite Drawing, and
PFS 112 (Cat.No. 282) on (*e*) PF 977 and (*f*) Composite Drawing. Scale 2:1

Plate 157

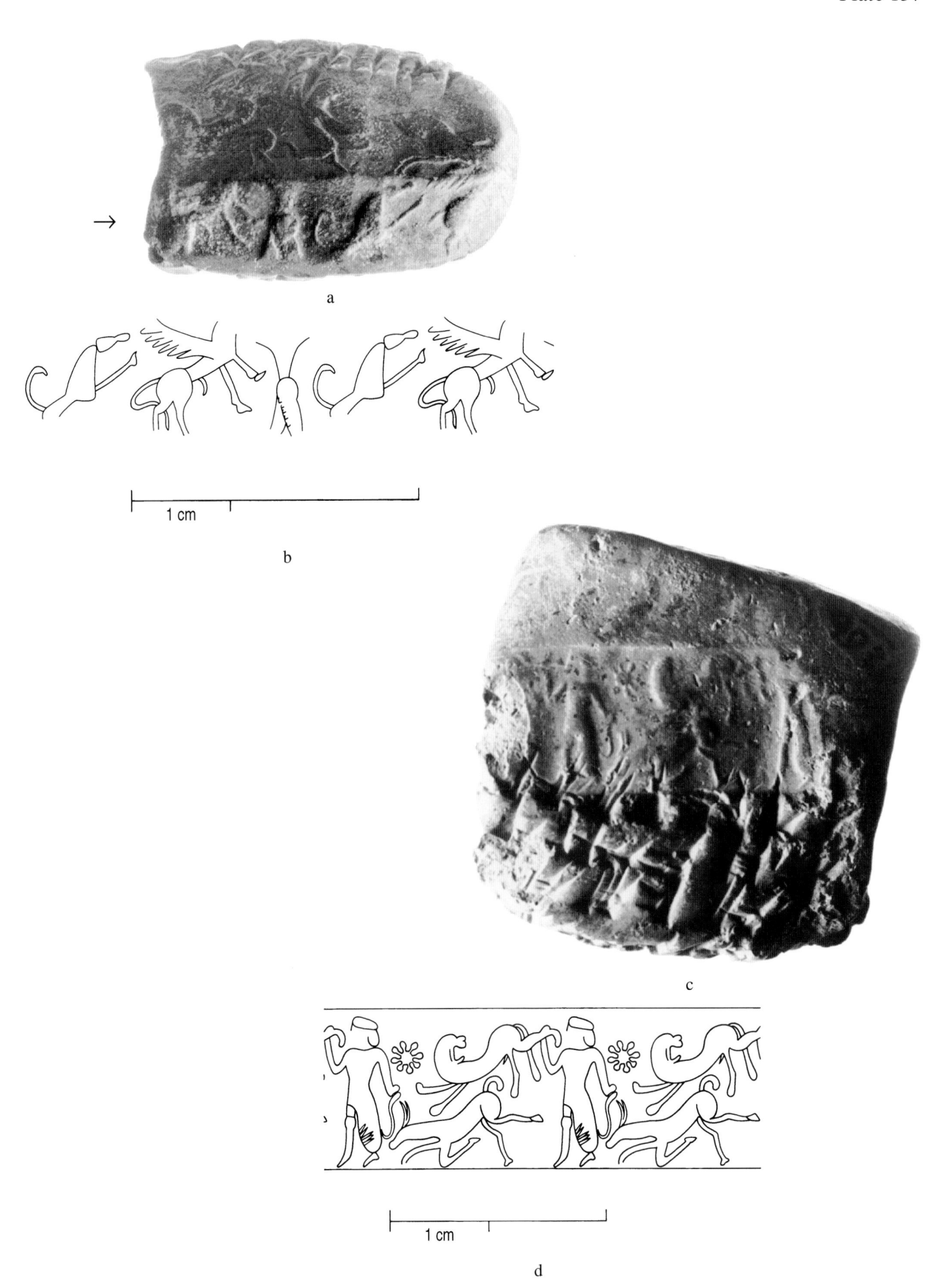

PFS 1119 (Cat.No. 283) on (*a*) PF 1177 and (*b*) Composite Drawing and
PFS 114 (Cat.No. 284) on (*c*) PF 1206 and (*d*) Composite Drawing. Scale 2:1

Plate 158

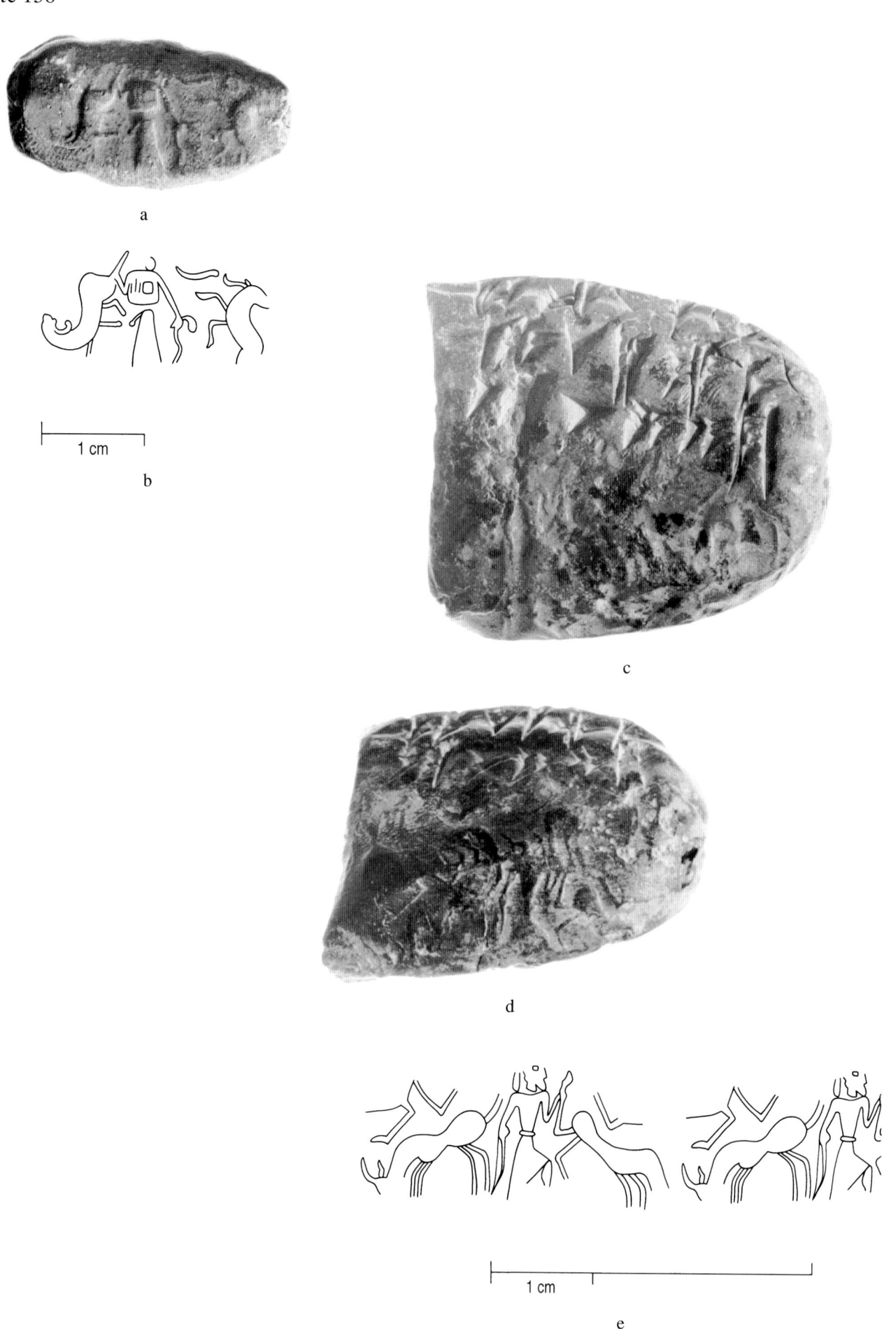

a

b

c

d

e

PFS 153 (Cat.No. 285) on (*a*) PF 147 and (*b*) Composite Drawing and
PFS 190 (Cat.No. 286) on (*c*) PF 356 and (*d*) PF 357 and (*e*) Composite Drawing. Scale 2:1

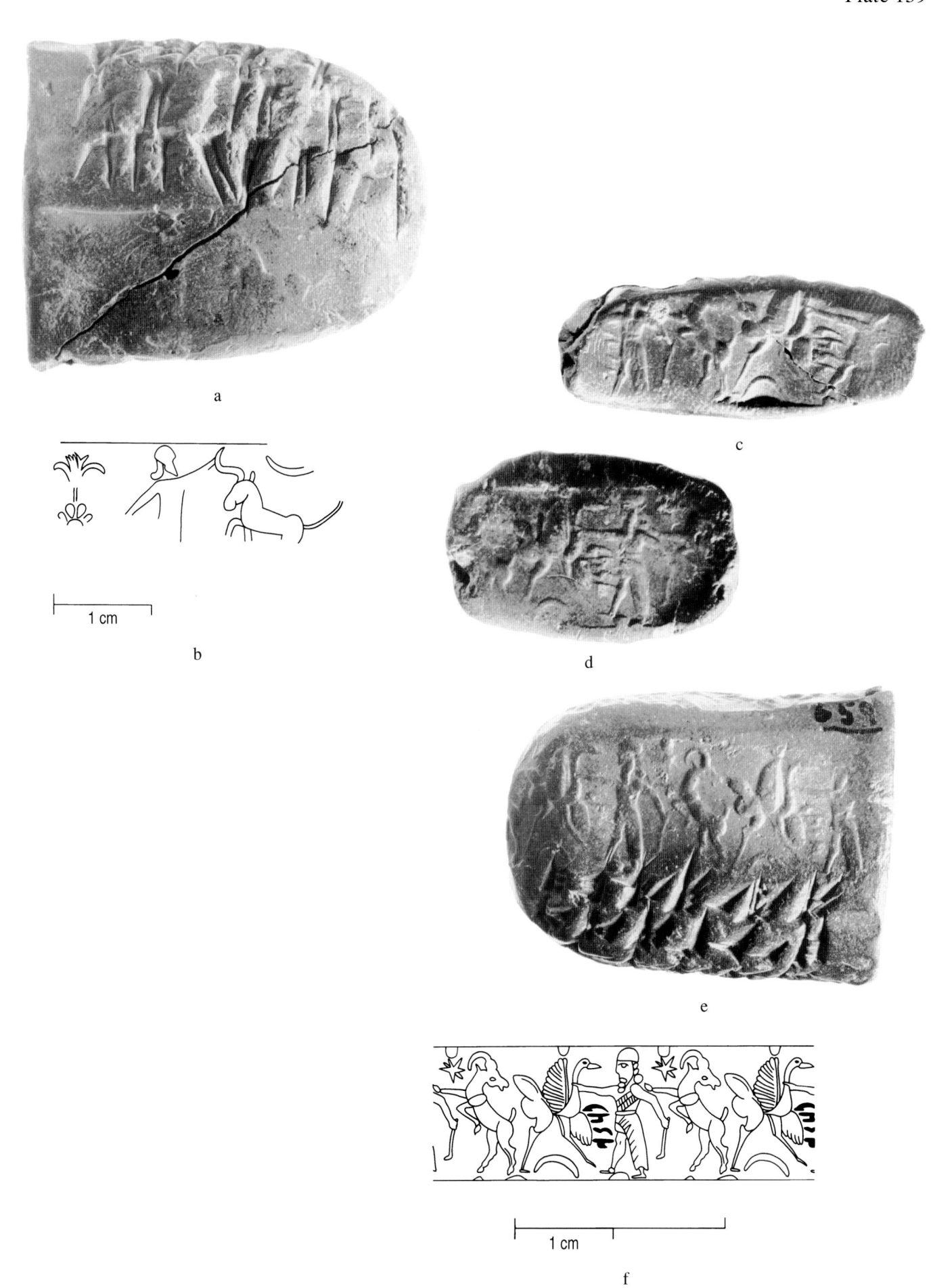

Plate 159

PFS 614 (Cat.No. 287) on (*a*) PF 364 and (*b*) Composite Drawing and
PFS 9* (Cat.No. 288) on (*c*) PF 1792, (*d*) PF 1796, (*e*) PF 659 and (*f*) Composite Drawing. Scale 2:1

Plate 160

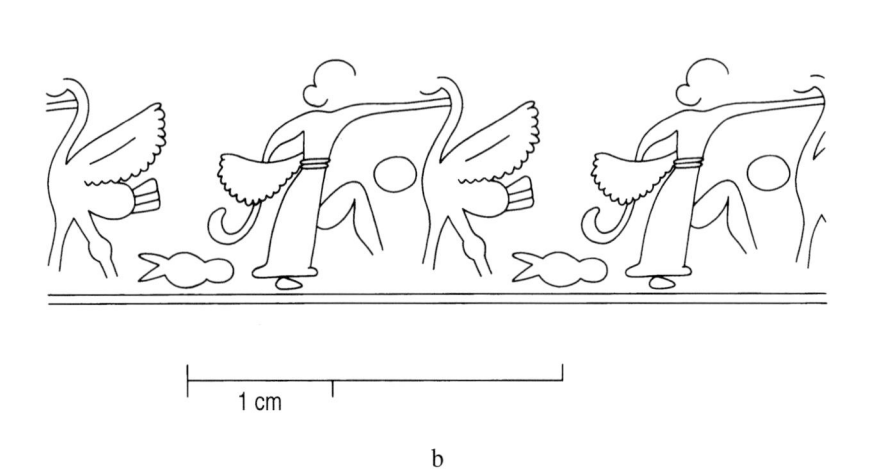

a

b

PFS 263 (Cat.No. 289) on (*a*) PF 1631 and (*b*) Composite Drawing. Scale 2:1

Plate 161

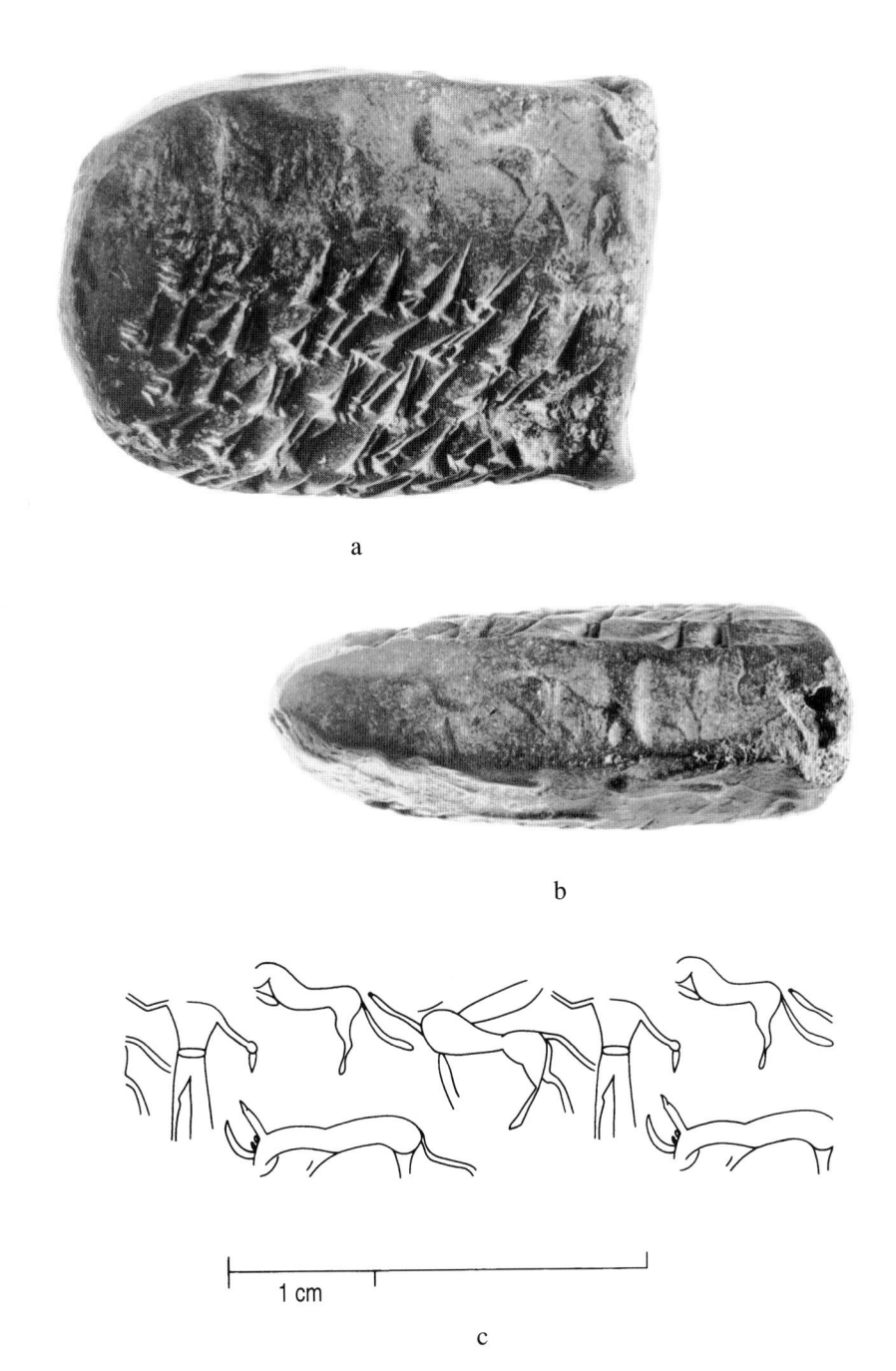

PFS 246 (Cat.No. 290) on (*a–b*) PF 1698 and (*c*) Composite Drawing. Scale 2:1

Plate 162

a

b

c

d

e

PFS 30 (Cat.No. 291) on (*a*) PF 1874, (*b*) PF 1660, and (*c–d*) PF 1721 and (*e*) Composite Drawing. Scale 2:1

Plate 163

a

b

c

PFS 4* (Cat.No. 292) on (*a*) PF 915 and (*b*) PF 917 and (*c*) Composite Drawing. Scale 2:1

Plate 164

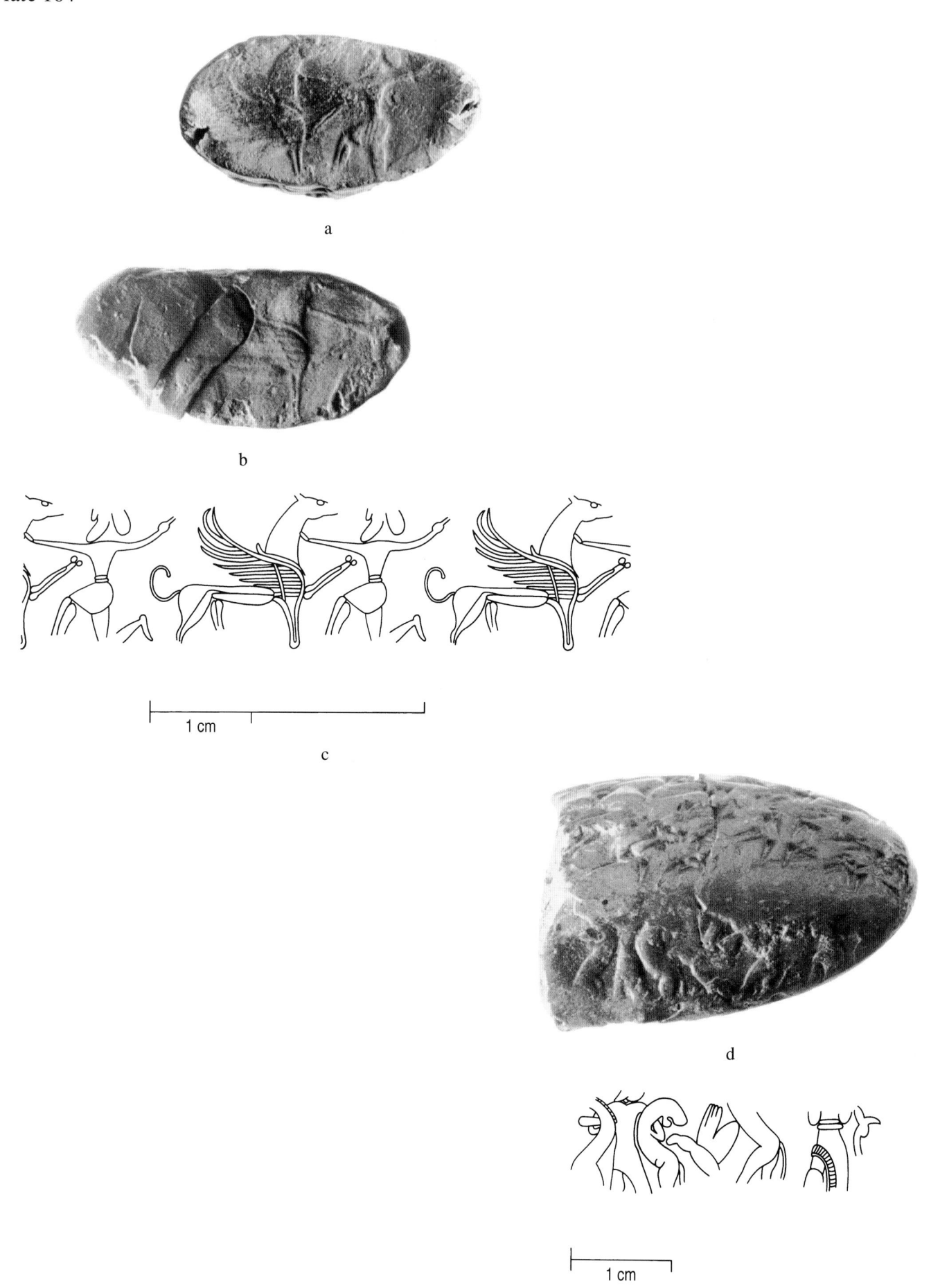

PFS 67 (Cat.No. 293) on (*a*) PF 484 and (*b*) PF 1634 and (*c*) Composite Drawing and
PFS 1249 (Cat.No. 294) on (*d*) PF 1304 and (*e*) Composite Drawing. Scale 2:1

Plate 165

PFS 152 (Cat.No. 295) on (*a*) PF 1118, (*b*) PF 1062, (*c*) PF 1117, (*d*) PF 1094, and (*e*) PF 1951 and (*f*) Composite Drawing. Scale 2:1

Plate 166

PFS 757 (Cat.No. 296) on (*a*) PF 533 and (*b*) Composite Drawing and
PFS 1101 (Cat.No. 297) on (*c*) PF 1164 and (*d*) PF 1227 and (*e*) Composite Drawing. Scale 2:1

Plate 167

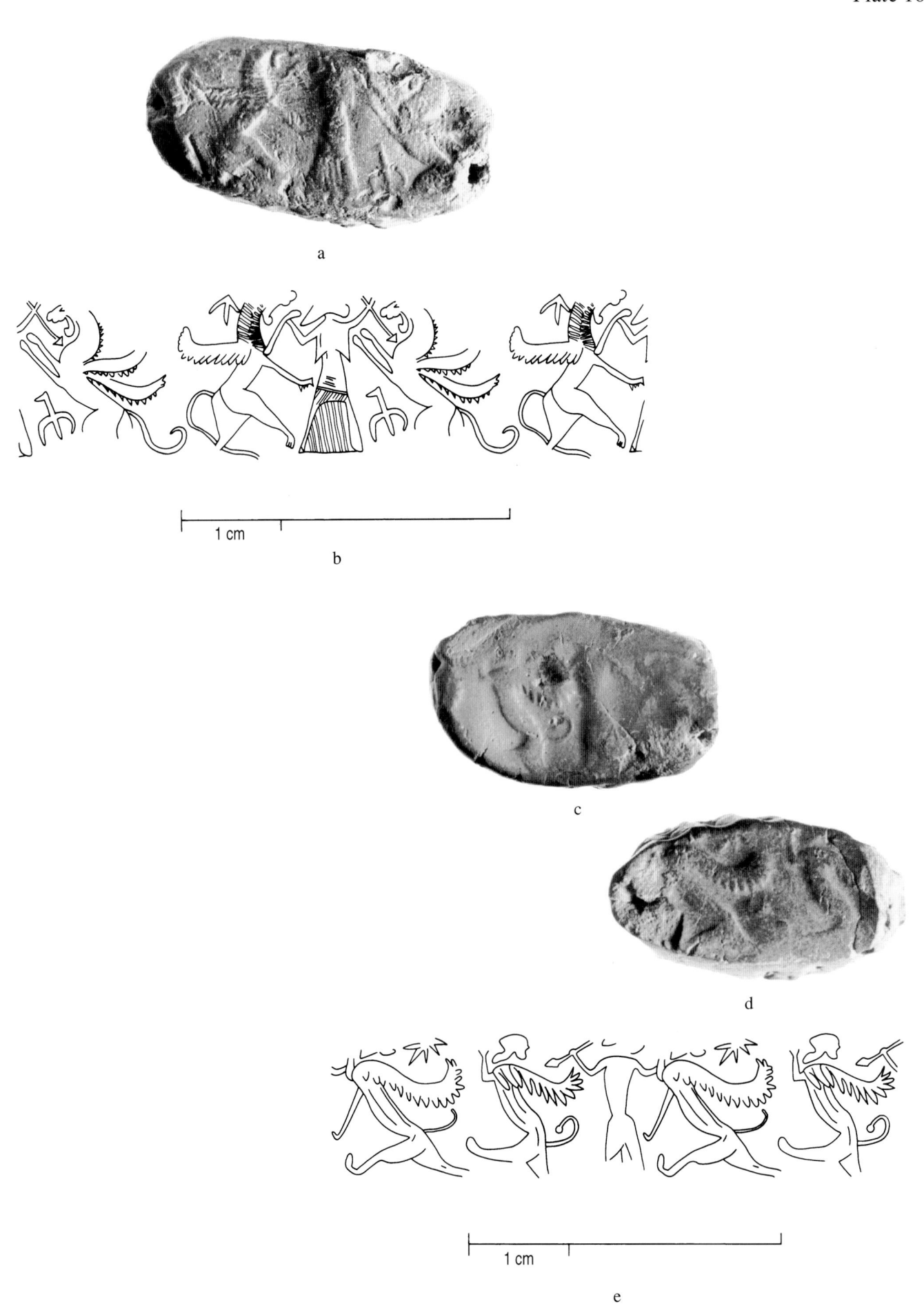

PFS 24 (Cat.No. 298) on (*a*) PF 352 and (*b*) Composite Drawing and
PFS 26 (Cat.No. 299) on (*c*) PF 1293 and (*d*) PF 1704 and (*e*) Composite Drawing. Scale 2:1

Plate 168

PFS 130 (Cat.No. 300) on (*a*) PF 1227 and (*b*) PF 1163 and (*c*) Composite Drawing and
PFS 447 (Cat.No. 301) on (*d*) PF 137 and (*e*) Composite Drawing. Scale 2:1

Plate 169

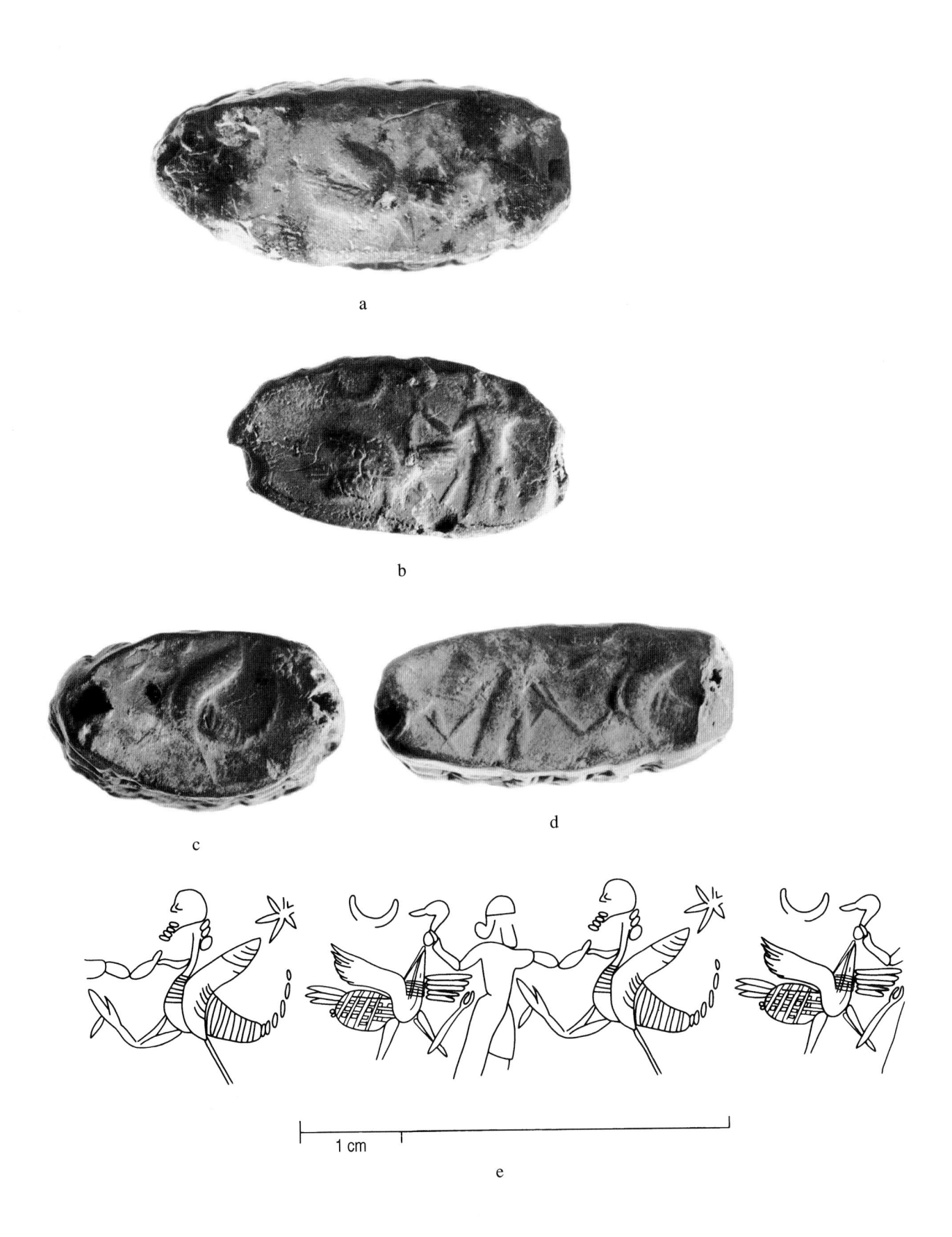

PFS 29 (Cat.No. 302) on (*a*) PF 1672, (*b*) PF 798, (*c*) PF 358, and (*d*) PF 554 and (*e*) Composite Drawing. Scale 2:1

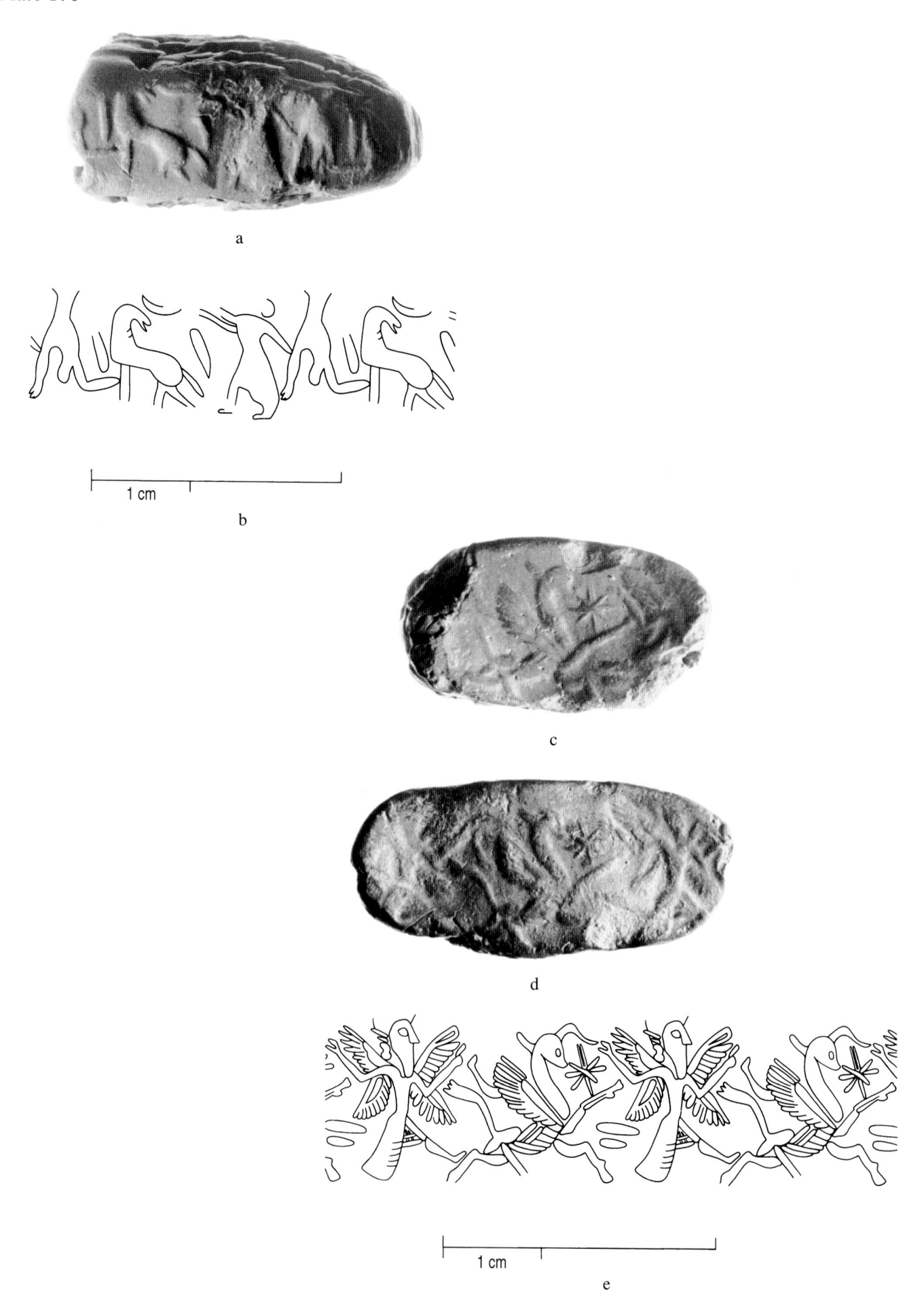

Plate 170

a

b

1 cm

c

d

e

1 cm

PFS 243 (Cat.No. 303) on (*a*) PF 1683 and (*b*) Composite Drawing and
PFS 6 (Cat.No. 304) on (*c*) PF 1727 and (*d*) PF 976 and (*e*) Composite Drawing. Scale 2:1

Plate 171

PFS 199* (Cat.No. 305) on (a) PF 449 and (b) PF 557 and (c) Composite Drawing,
PFS 373 (Cat.No. 306) on (d) PF 64 and (e) Composite Drawing, and
PFS 503 (Cat.No. 307) on (f) PF 226 and (g) Composite Drawing. Scale 2:1

Plate 172

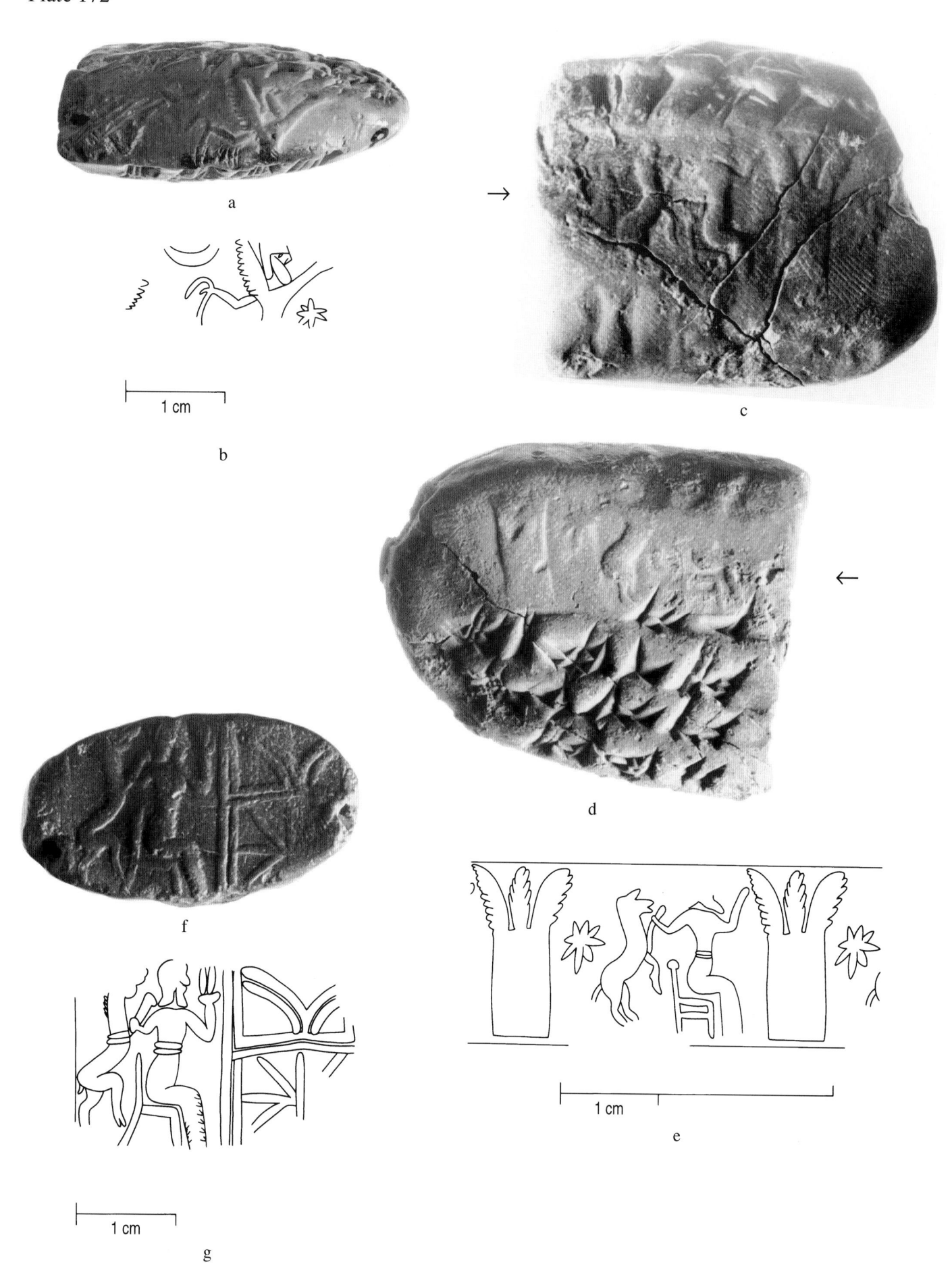

PFS 896 (Cat.No. 308) on (*a*) PF 770 and (*b*) Composite Drawing,
PFS 280 (Cat.No. 309) on (*c*) PF 1617 and (*d*) PF 1616 and (*e*) Composite Drawing, and
PFS 435 (Cat.No. 310) on (*f*) PF 124 and (*g*) Composite Drawing. Scale 2:1

Plate 173

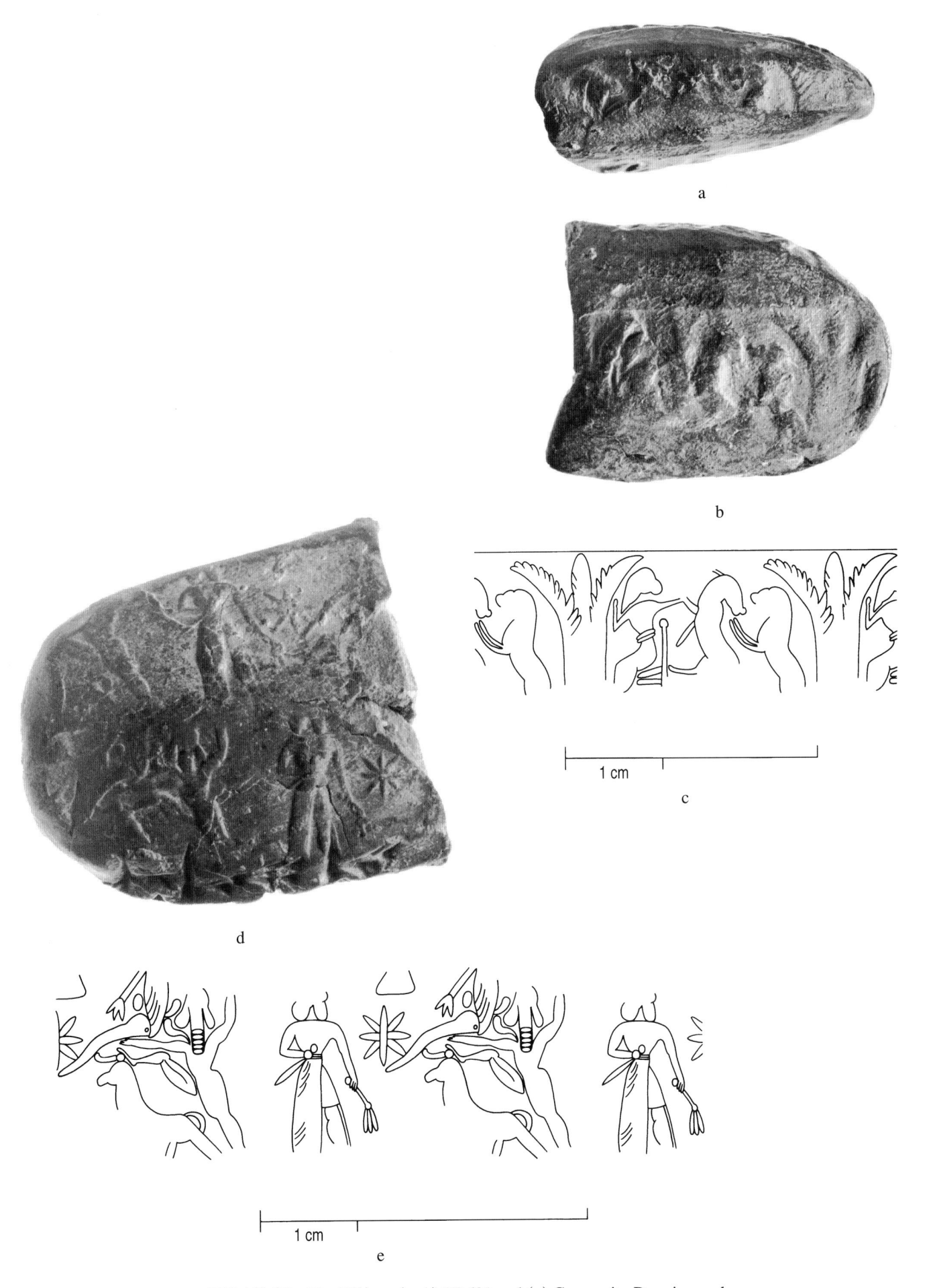

PFS 148 (Cat.No. 311) on (*a–b*) PF 601 and (*c*) Composite Drawing and
PFS 538 (Cat.No. 312) on (*d*) PF 293 and (*e*) Composite Drawing. Scale 2:1

SELECTED COMPARATIVE FEATURES ON SEALS IN VOLUME I

Plates 174–291

Plate 174

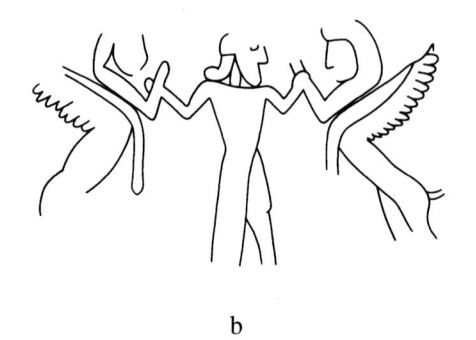

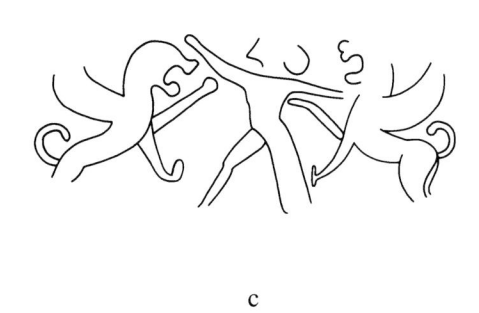

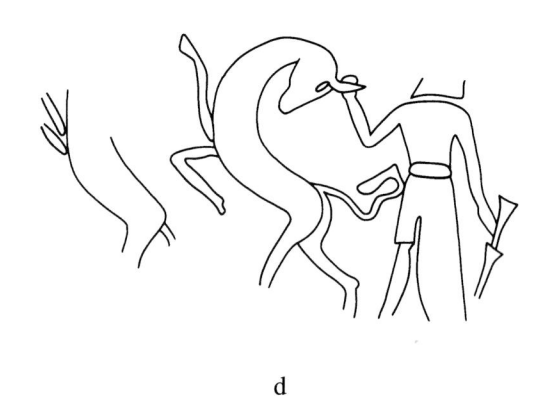

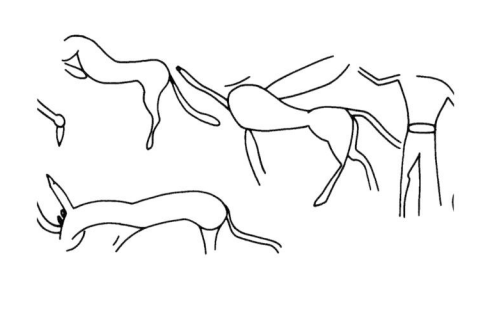

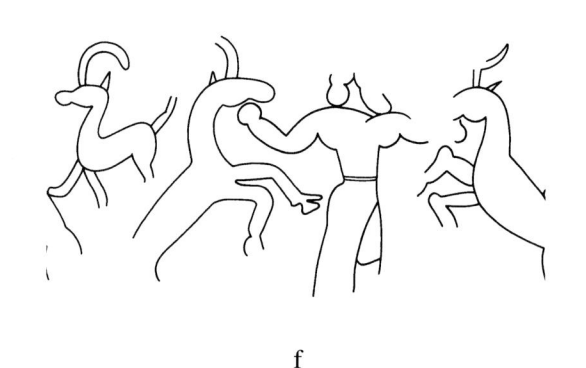

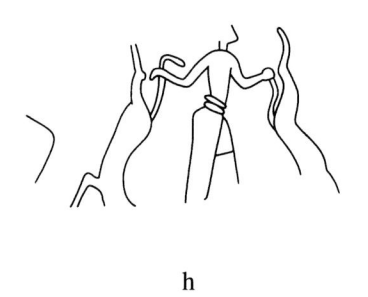

Assyrian Garments: (*a*) PFS 79 (Cat.No. 83), (*b*) PFS 168 (Cat.No. 74), (*c*) PFS 201 (Cat.No. 50), (*d*) PFS 236 (Cat.No. 213), (*e*) PFS 246 (Cat.No. 290), (*f*) PFS 536 (Cat.No. 102), (*g*) PFS 844 (Cat.No. 59), and (*h*) PFS 885 (Cat.No. 187)

Plate 175

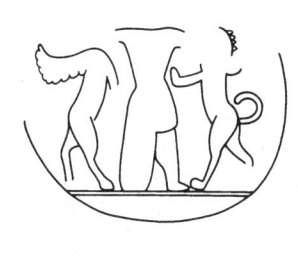

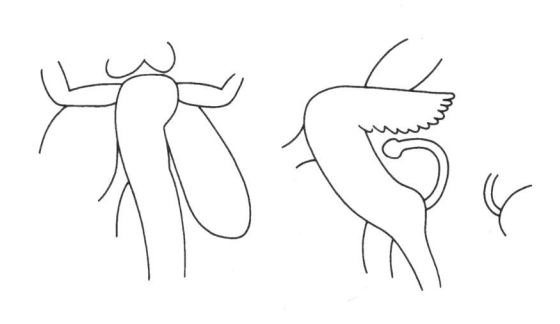

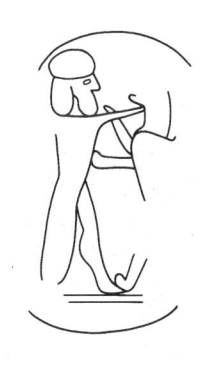

Assyrian Garments (*cont.*): (*a*) PFS 945 (Cat.No. 96), (*b*) PFS 1260s (Cat.No. 184), (*c*) PFS 1320 (Cat.No. 35), (*d*) PFS 1367s (Cat.No. 211), (*e*) PFS 1437s (Cat.No. 128), (*f*) PFS 1387 (Cat.No. 72), (*g*) PFS 1458 (Cat.No. 80), and (*h*) PFS 1624s (Cat.No. 261)

Plate 176

a

b

c

d

e

f

g

h

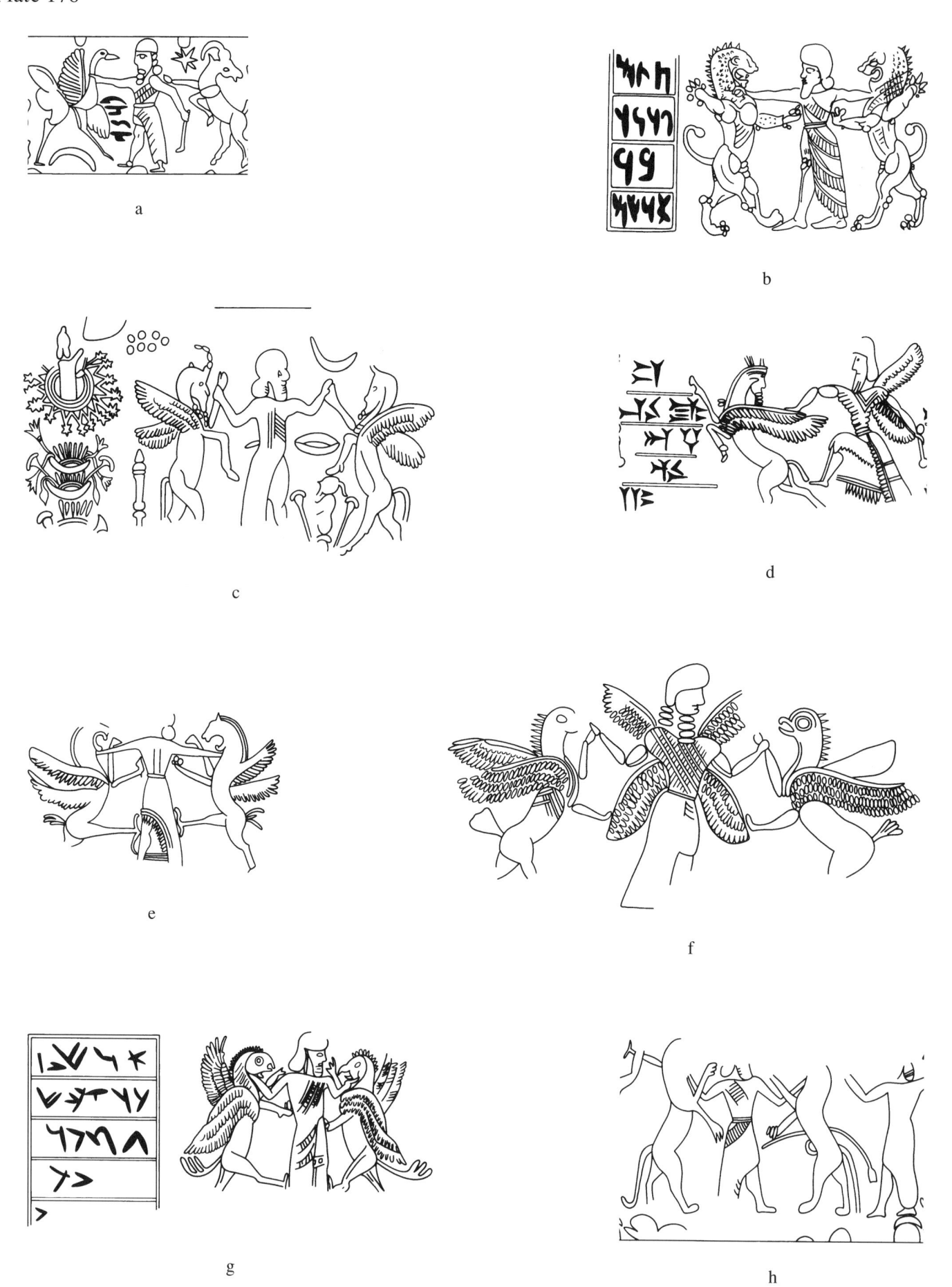

Assyrian Garments with Detailing Preserved: (*a*) PFS 9* (Cat.No. 288), (*b*) PFS 16* (Cat.No. 22), (*c*) PFS 38 (Cat.No. 16), (*d*) PFS 98* (Cat.No. 217), (*e*) PFS 86 (Cat.No. 48), (*f*) PFS 513 (Cat.No. 85), (*g*) PFS 981* (Cat.No. 87), and (*h*) PFS 1101 (Cat.No. 297)

Plate 177

Assyrian Garments with Detailing Preserved (*cont.*): (*a*) PFS 30 (Cat.No. 291), (*b*) PFS 222 (Cat.No. 117), (*c*) PFS 778 (Cat.No. 11), (*d*) PFS 971 (Cat.No. 171), (*e*) PFS 1102 (Cat.No. 132), (*f*) PFS 1122 (Cat.No. 228), (*g*) PFS 1466 (Cat.No. 234), (*h*) PFS 1480 (Cat.No. 257), and (*i*) PFS 1582 (Cat.No. 232)

Plate 178

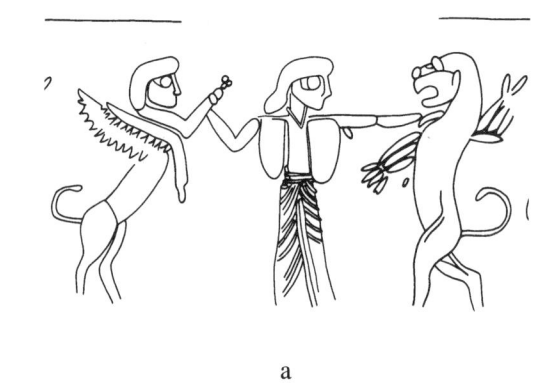

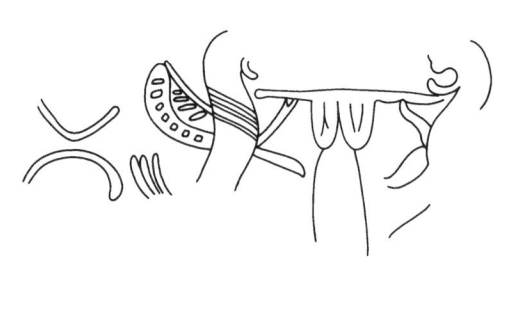

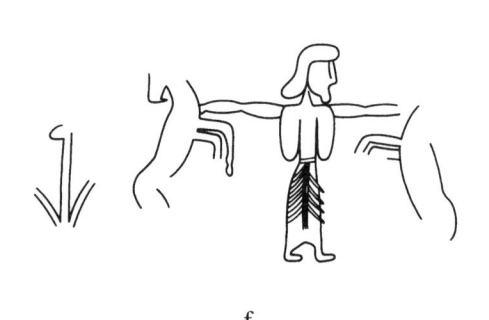

Persian Court Robes with Sleeves Pushed Up in Deep Swags: (*a*) PFS 52 (Cat.No. 114), (*b*) PFS 95 (Cat.No. 25), (*c*) PFS 102 (Cat.No. 1), (*d*) PFS 294 (Cat.No. 53), (*e*) PFS 301 (Cat.No. 54), (*f*) PFS 632 (Cat.No. 143), and (*g*) PFS 912 (Cat.No. 138)

Plate 179

Persian Court Robes with Sleeves Pushed Up: (*a*) PFS 7* (Cat.No. 4), (*b*) PFS 113* (Cat.No. 19), (*c*) PFS 524 (Cat.No. 2), (*d*) PFS 774 (Cat.No. 58), (*e*) PFS 819 (Cat.No. 86), (*f*) PFS 851 (Cat.No. 60), (*g*) PFS 859* (Cat.No. 205), and (*h*) PFS 1428s (Cat.No. 230)

Plate 180

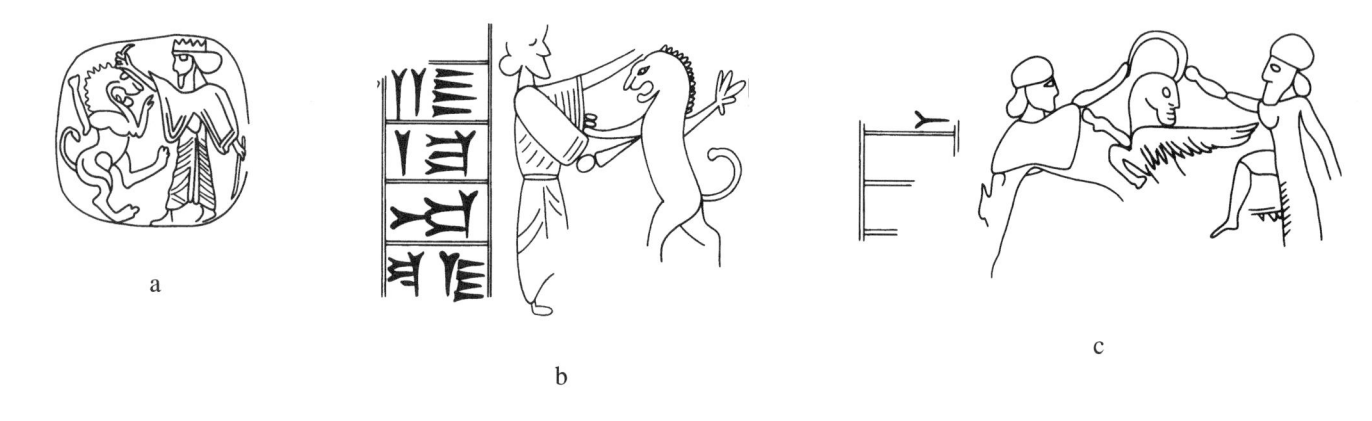

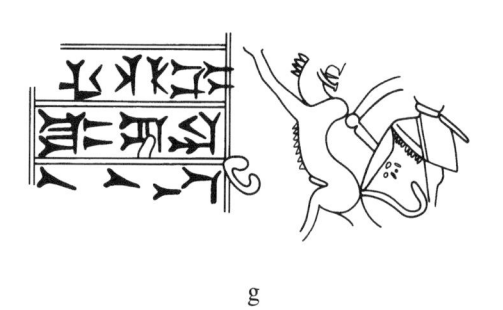

Persian Court Robes with Sleeves Down: (*a*) PFS 39s (Cat.No. 221), (*b*) PFS 584* (Cat.No. 203), and (*c*) PFS 1227* (Cat.No. 219); and **Kilts**: (*d*) PFS 4* (Cat.No. 292), (*e*) PFS 43* (Cat.No. 207), (*f*) PFS 57* (Cat.No. 239), (*g*) PFS 272* (Cat.No. 272), and (*h*) PFS 769* (Cat.No. 278)

Plate 181

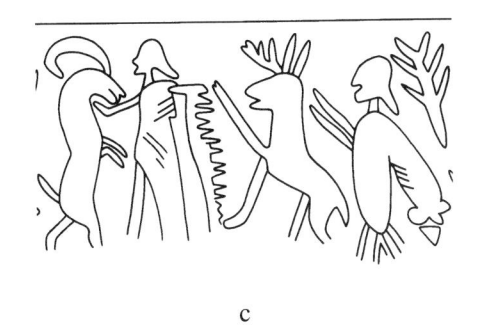

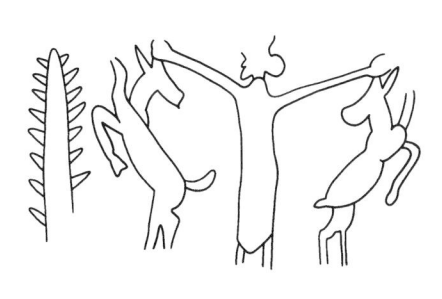

Hybrid Garments (Blending Assyrian or Persian Elements either Together or with Garment Forms of Uncertain Type):
(*a*) PFS 17 (Cat.No. 235), (*b*) PFS 24 (Cat.No. 298), (*c*) PFS 247 (Cat.No. 245), (*d*) PFS 255 (Cat.No. 233),
(*e*) PFS 266* (Cat.No. 208), (*f*) PFS 326 (Cat.No. 100), (*g*) PFS 496 (Cat.No. 108),
and (*h*) PFS 1388 (Cat.No. 162)

Plate 182

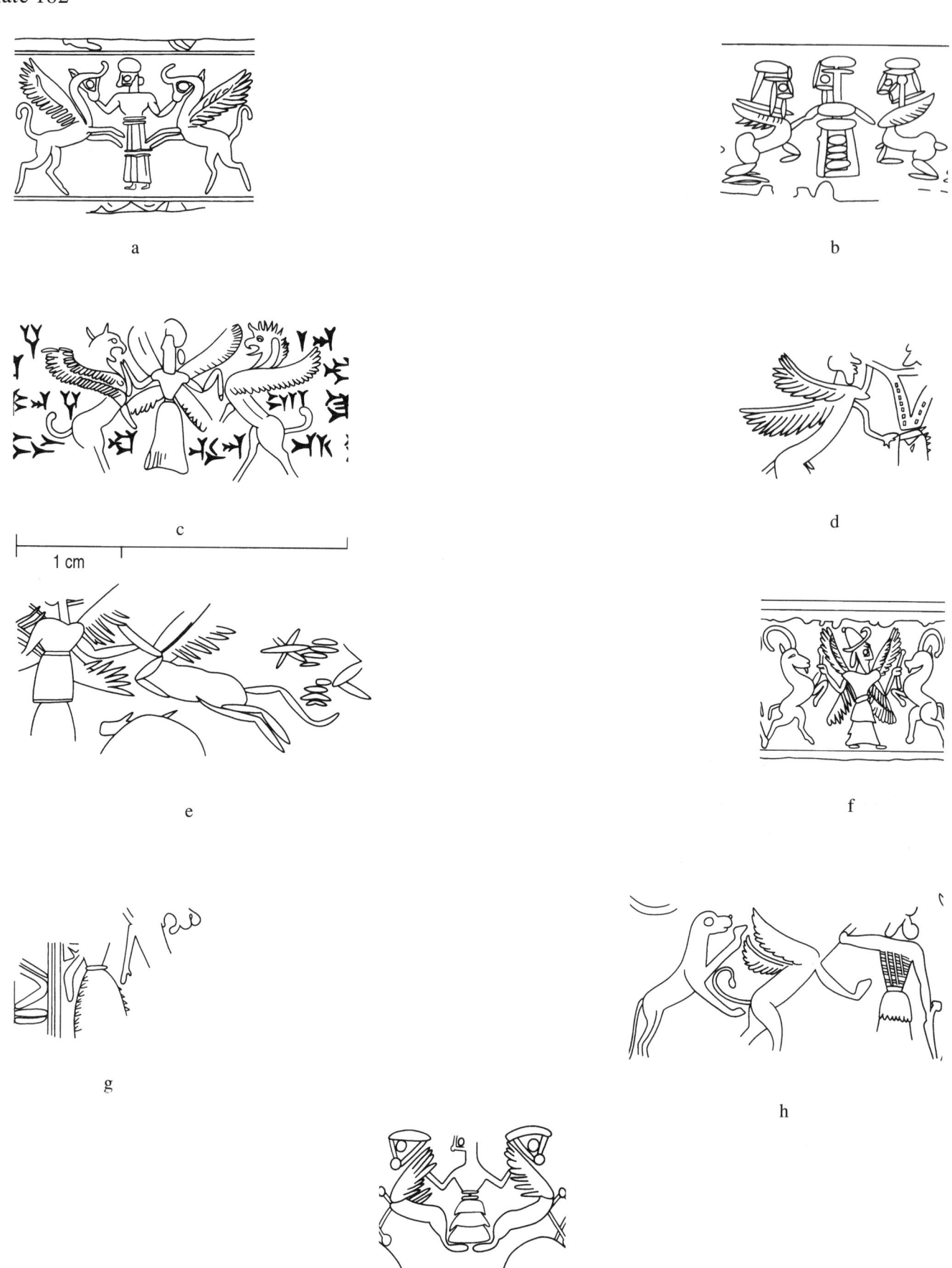

a

b

c

d

e

f

g

h

i

Robes with Various Features of Detail: (*a*) PFS 2 (Cat.No. 3), (*b*) PFS 20 (Cat.No. 145), (*c*) PFS 103* (Cat.No. 84), (*d*) PFS 414 (Cat.No. 280), (*e*) PFS 463 (Cat.No. 264), (*f*) PFS 594 (Cat.No. 103), (*g*) PFS 709 (Cat.No. 271), (*h*) PFS 818 (Cat.No. 265), and (*i*) PFS 1519 (Cat.No. 167)

Plate 183

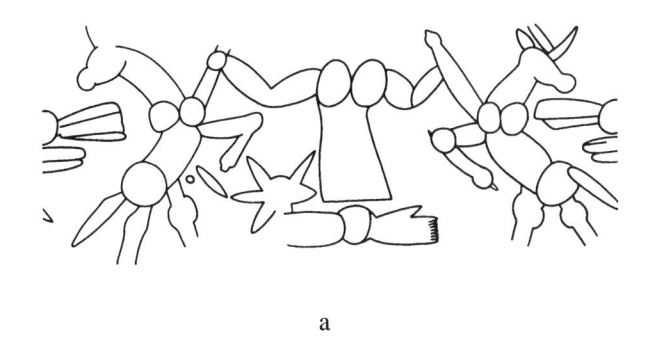

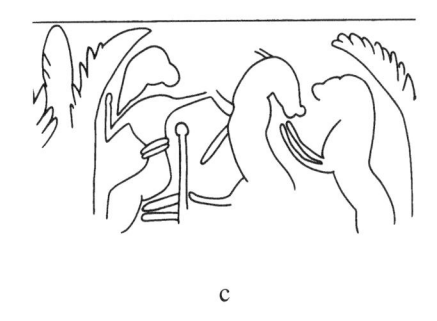

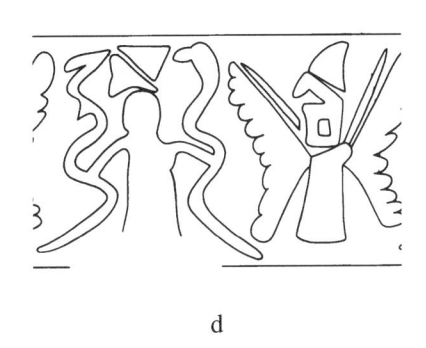

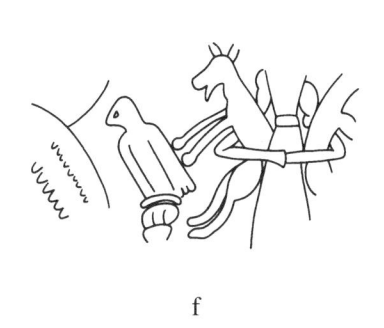

Robes of Various Undetailed Types: (*a*) PFS 62 (Cat.No. 104), (*b*) PFS 139s (Cat.No. 222), (*c*) PFS 148 (Cat.No. 311), (*d*) PFS 418 (Cat.No. 201), (*e*) PFS 849 (Cat.No. 189), (*f*) PFS 1099 (Cat.No. 169), (*g*) PFS 1155 (Cat.No. 190), and (*h*) PFS 1321s (Cat.No. 176)

Plate 184

a

b

c

d

e

f

g

h

i

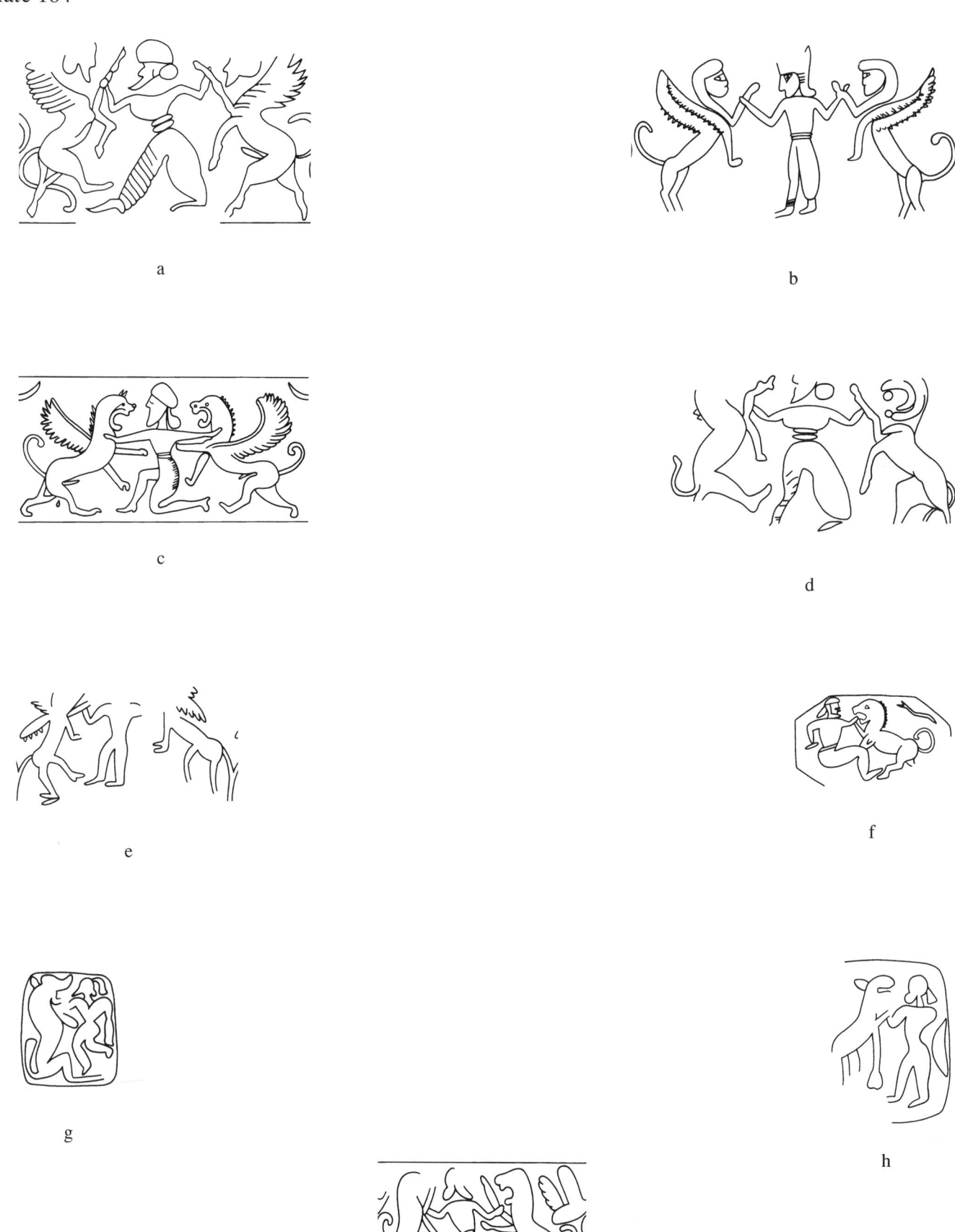

Trousers: (*a*) PFS 18 (Cat.No. 15), (*b*) PFS 34 (Cat.No. 73), (*c*) PFS 120 (Cat.No. 49), (*d*) PFS 249 (Cat.No. 27), (*e*) PFS 1045 (Cat.No. 157), (*f*) PFS 1309s (Cat.No. 229), (*g*) PFS 1315s (Cat.No. 253), (*h*) PFS 1375s (Cat.No. 254), and (*i*) PFS 1527 (Cat.No. 32)

Plate 185

Tunics: (*a*) PFS 54* (Cat.No. 277), (*b*) PFS 80 (Cat.No. 202), (*c*) PFS 284* (Cat.No. 111), (*d*) PFS 552 (Cat.No. 118), (*e*) PFS 690 (Cat.No. 139), (*f*) PFS 913 (Cat.No. 200), (*g*) PFS 1076 (Cat.No. 193), (*h*) PFS 1090 (Cat.No. 175), (*i*) PFS 1217s (Cat.No. 168), and (*j*) PFS 1362 (Cat.No. 30)

Plate 186

Headdresses: (*a*) PFS 4* (Cat.No. 292), (*b*) PFS 43* (Cat.No. 207), (*c*) PFS 58 (Cat.No. 242), (*d*) PFS 80 (Cat.No. 202), (*e*) PFS 120 (Cat.No. 49), (*f*) PFS 130 (Cat.No. 300), (*g*) PFS 146 (Cat.No. 275), (*h*) PFS 225 (Cat.No. 46), and (*i*) PFS 298s (Cat.No. 236)

Plate 187

Headdresses (*cont.*): (*a*) PFS 594 (Cat.No. 103), (*b*) PFS 740 (Cat.No. 146), (*c*) PFS 883* (Cat.No. 97), (*d*) PFS 971 (Cat.No. 171), (*e*) PFS 1315s (Cat.No. 253), (*f*) PFS 1367s (Cat.No. 211), (*g*) PFS 1454 (Cat.No. 166), and (*h*) PFS 1566* (Cat.No. 218)

Plate 188

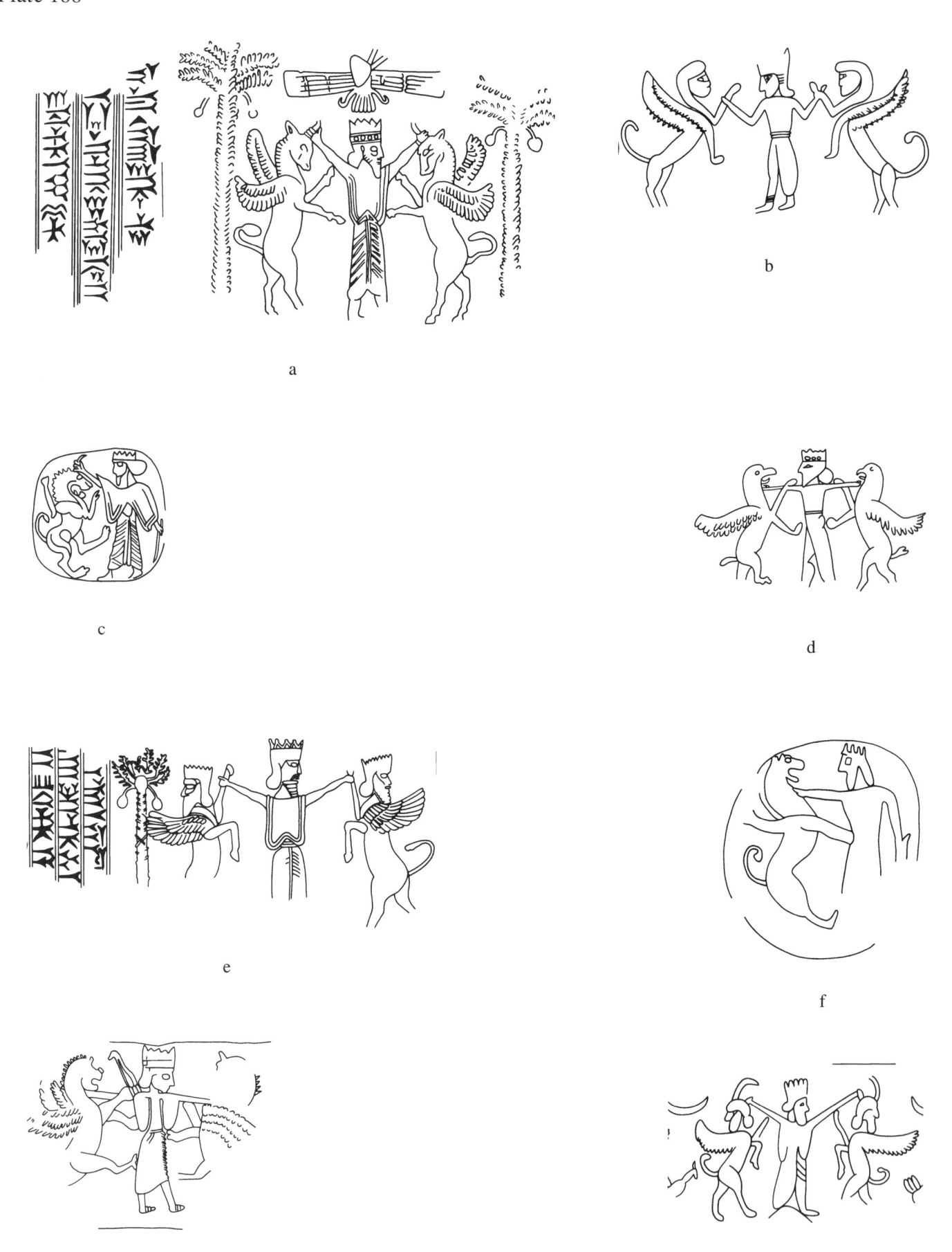

Persian Crowns and Fluted Tiaras: (*a*) PFS 7* (Cat.No. 4), (*b*) PFS 34 (Cat.No. 73), (*c*) PFS 39s (Cat.No. 221), (*d*) PFS 79 (Cat.No. 83), (*e*) PFS 113* (Cat.No. 19), (*f*) PFS 139s (Cat.No. 222), (*g*) PFS 301 (Cat.No. 54), and (*h*) PFS 326 (Cat.No. 100)

Plate 189

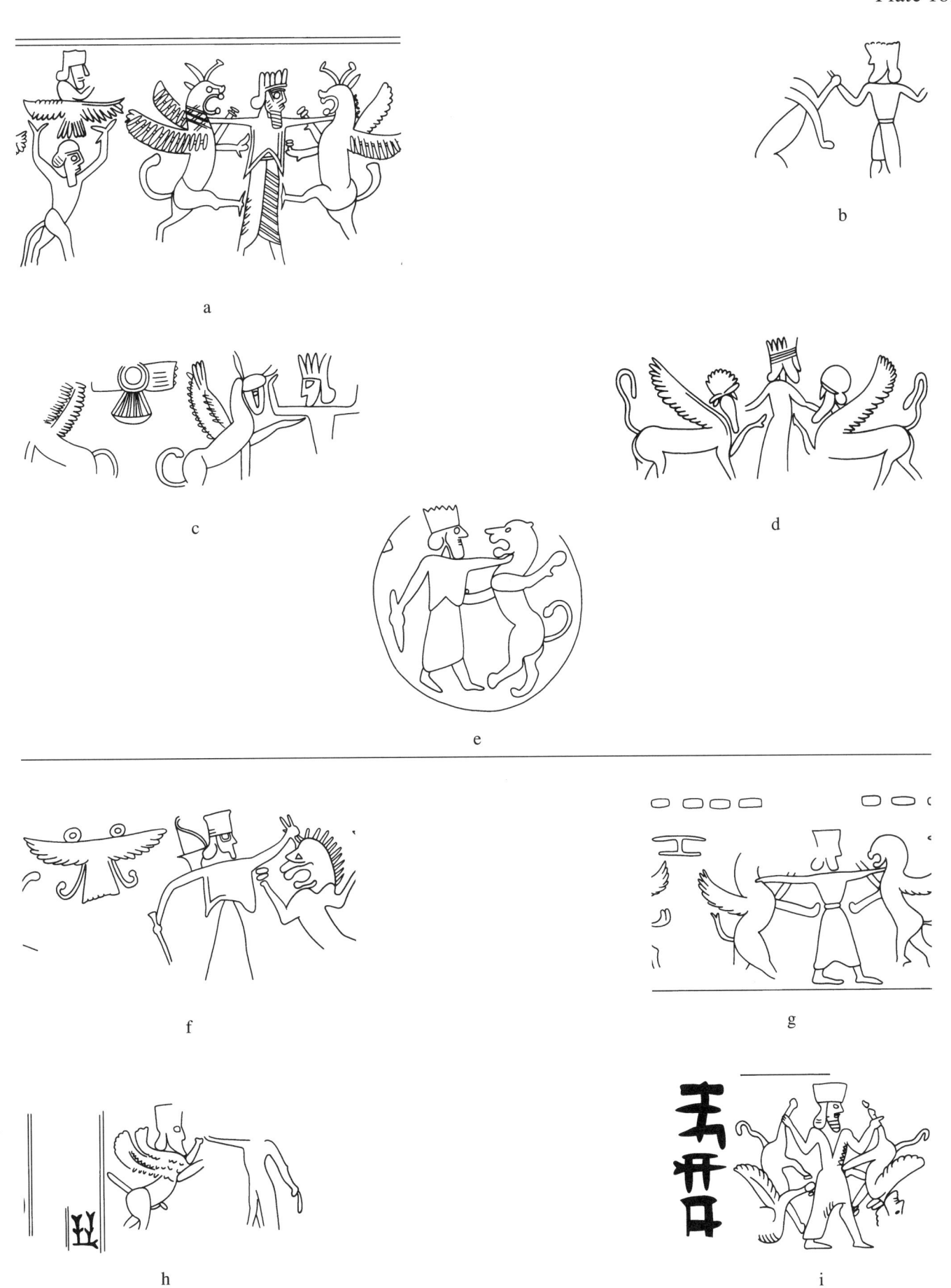

Persian Crowns and Fluted Tiaras (*cont.*): (*a*) PFS 774 (Cat.No. 58), (*b*) PFS 1077 (Cat.No. 158), (*c*) PFS 1189 (Cat.No. 8), (*d*) PFS 1155 (Cat.No. 190), and (*e*) PFS 1428s (Cat.No. 230); and **Polos Headdresses**: (*f*) PFS 196 (Cat.No. 224), (*g*) PFS 231 (Cat.No. 51), (*h*) PFS 526* (Cat.No. 216), and (*i*) PFS 677* (Cat.No. 181)

Plate 190

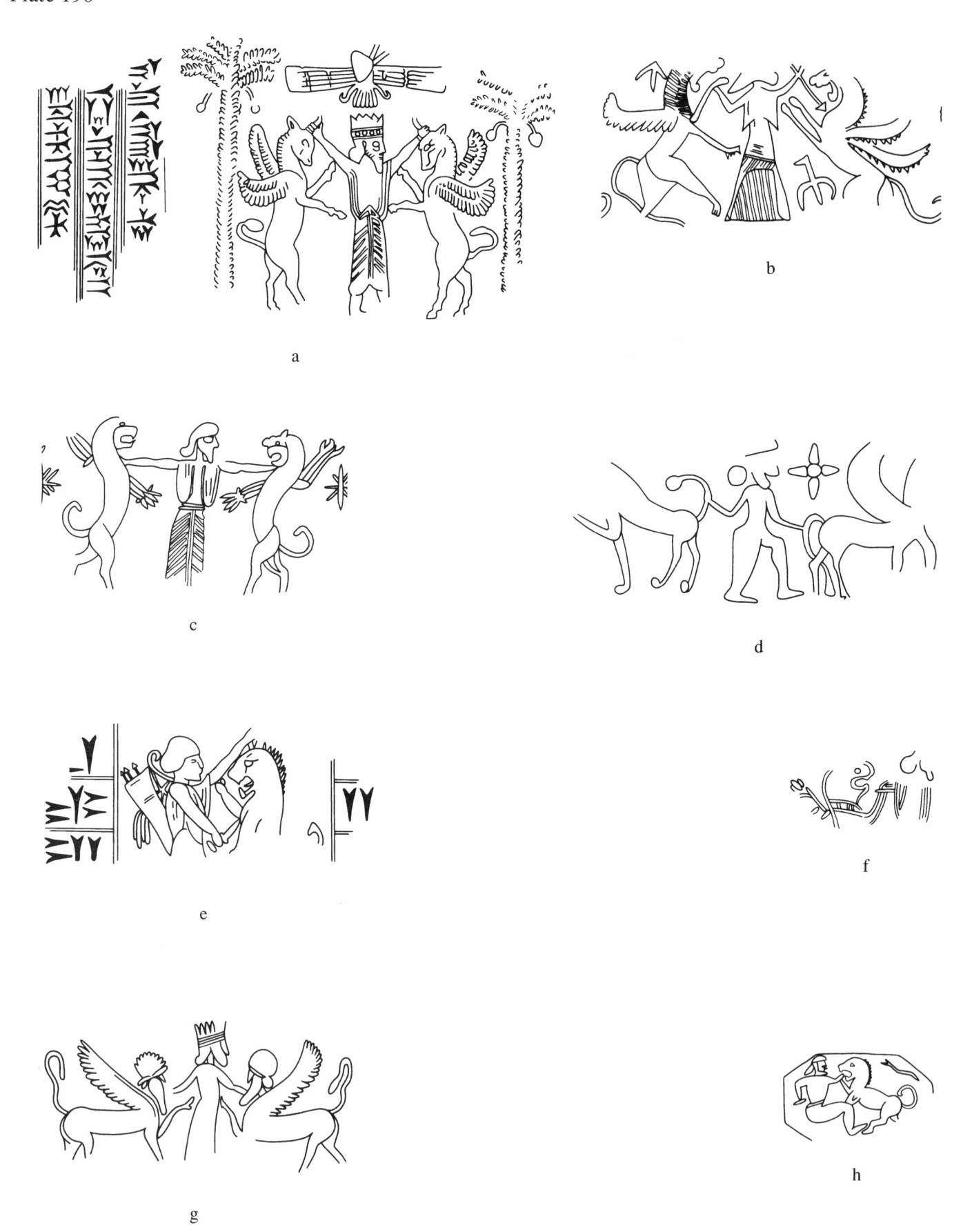

Beards: (*a*) PFS 7* (Cat.No. 4), (*b*) PFS 24 (Cat.No. 298), (*c*) PFS 95 (Cat.No. 25), (*d*) PFS 109 (Cat.No. 197), (*e*) PFS 859* (Cat.No. 205), (*f*) PFS 1020 (Cat.No. 37), (*g*) PFS 1155 (Cat.No. 190), and (*h*) PFS 1309s (Cat.No. 229)

Plate 191

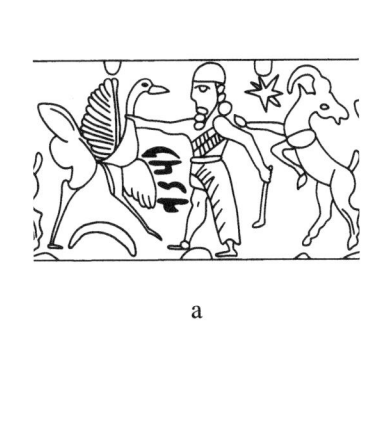

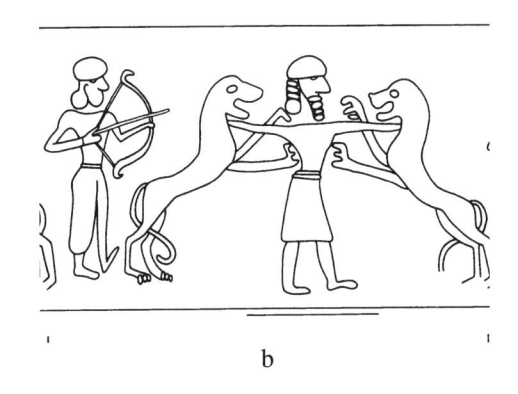

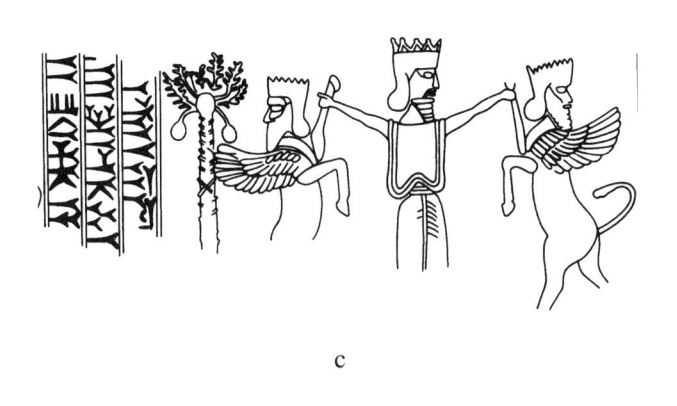

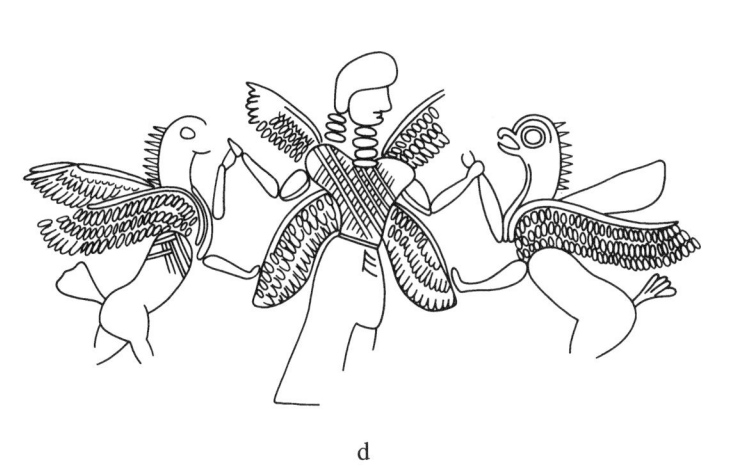

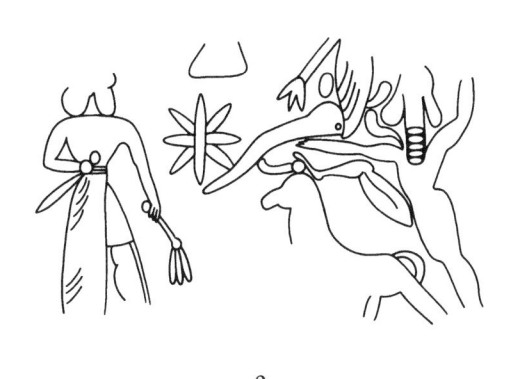

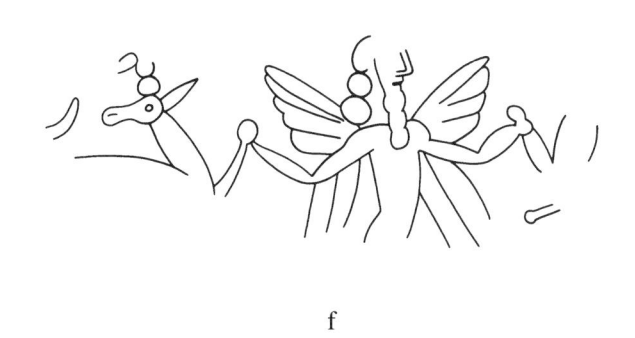

Variously Detailed Beards: (*a*) PFS 9* (Cat.No. 288), (*b*) PFS 49 (Cat.No. 23), (*c*) PFS 113* (Cat.No. 19), (*d*) PFS 513 (Cat.No. 85), (*e*) PFS 538 (Cat.No. 312), (*f*) PFS 180 (Cat.No. 194), (*g*) PFS 199* (Cat.No. 305), and (*h*) PFS 1566* (Cat.No. 218)

Plate 192

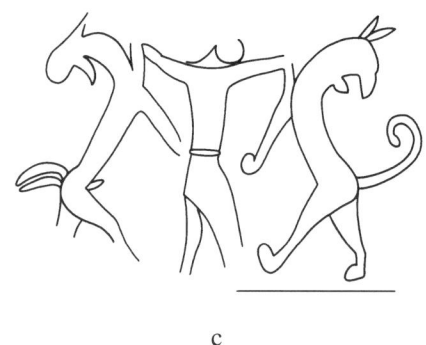

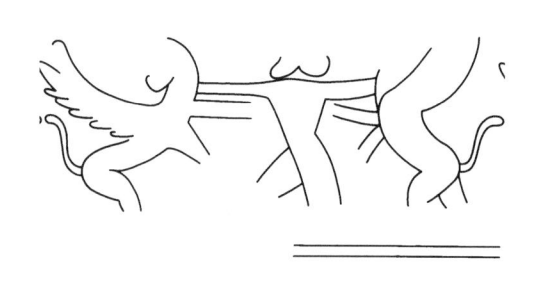

Rounded Coiffures: (*a*) PFS 39s (Cat.No. 221), (*b*) PFS 125 (Cat.No. 250), (*c*) PFS 217 (Cat.No. 135), (*d*) PFS 778 (Cat.No. 11), (*e*) PFS 844 (Cat.No. 59), (*f*) PFS 859* (Cat.No. 205), (*g*) PFS 1077 (Cat.No. 158), and (*h*) PFS 1550 (Cat.No. 14)

Plate 193

Round Coiffures: (*a*) PFS 9* (Cat.No. 288), (*b*) PFS 49 (Cat.No. 23), (*c*) PFS 109 (Cat.No. 197), (*d*) PFS 225 (Cat.No. 46), (*e*) PFS 249 (Cat.No. 27), (*f*) PFS 312 (Cat.No. 237), (*g*) PFS 690 (Cat.No. 139), (*h*) PFS 1072 (Cat.No. 61), (*i*) PFS 1142 (Cat.No. 39), and (*j*) PFS 1586 (Cat.No. 121)

Plate 194

Narrow Rounded and/or Pointed Coiffures: (*a*) PFS 10 (Cat.No. 251), (*b*) PFS 98* (Cat.No. 217), (*c*) PFS 139s (Cat.No. 222), (*d*) PFS 247 (Cat.No. 245), (*e*) PFS 594 (Cat.No. 103), (*f*) PFS 896 (Cat.No. 308), (*g*) PFS 912 (Cat.No. 138), (*h*) PFS 916 (Cat.No. 226), (*i*) PFS 939 (Cat.No. 267), and (*j*) PFS 1309s (Cat.No. 229)

Plate 195

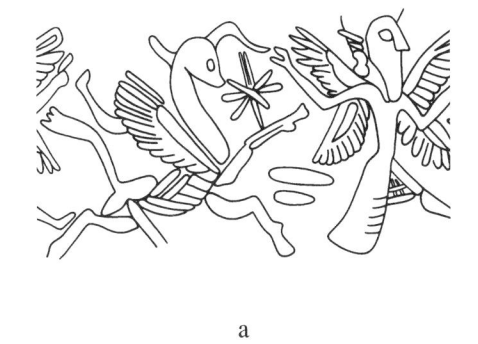

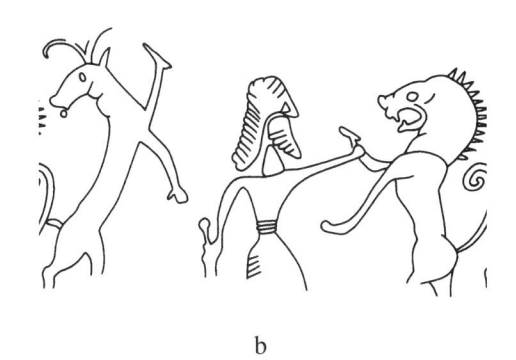

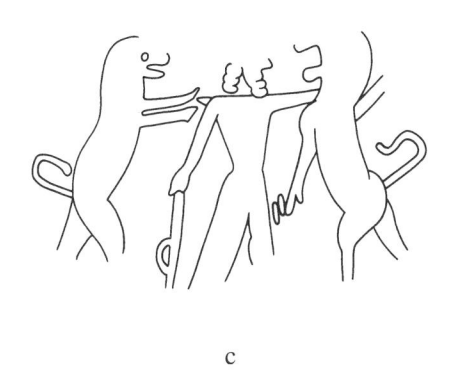

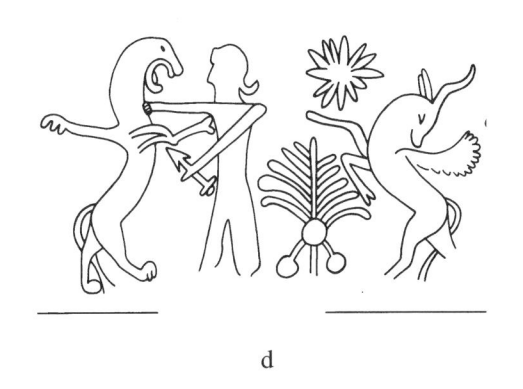

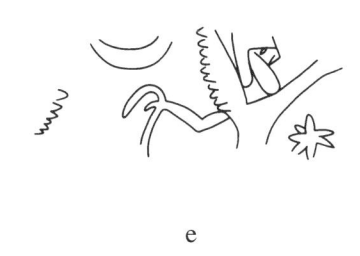

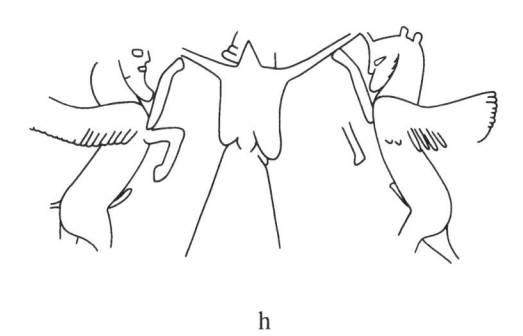

Coiffures of Distinctive Types/Sub-types: (*a*) PFS 6 (Cat.No. 304), (*b*) PFS 33 (Cat.No. 220), (*c*) PFS 151 (Cat.No. 223), (*d*) PFS 853 (Cat.No. 204), (*e*) PFS 896 (Cat.No. 308), (*f*) PFS 1465 (Cat.No. 21), (*g*) PFS 1475 (Cat.No. 177), and (*h*) PFS 1684 (Cat.No. 17)

Plate 196

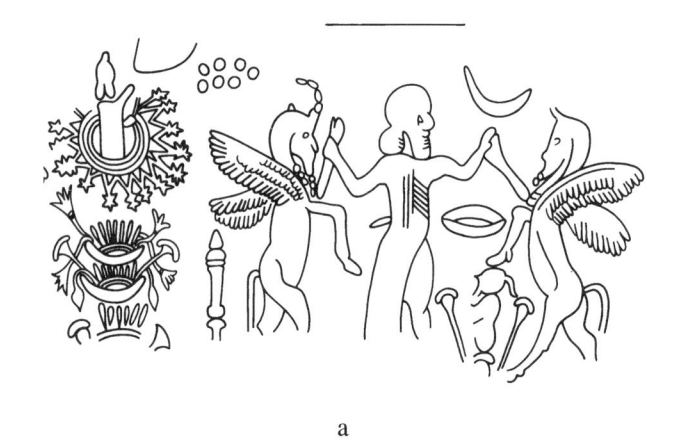

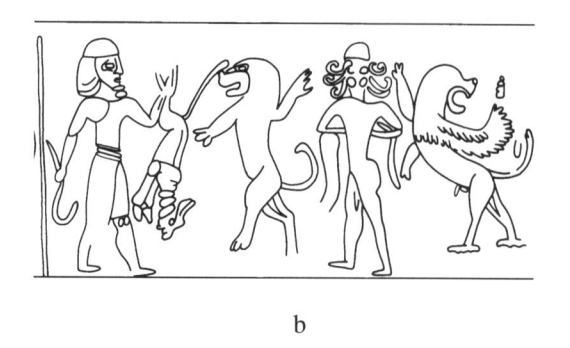

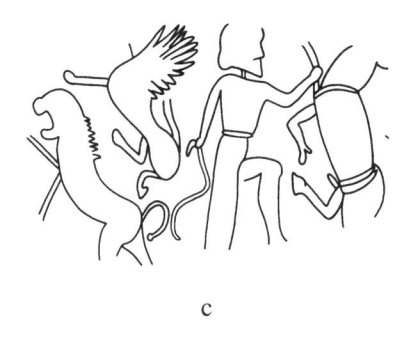

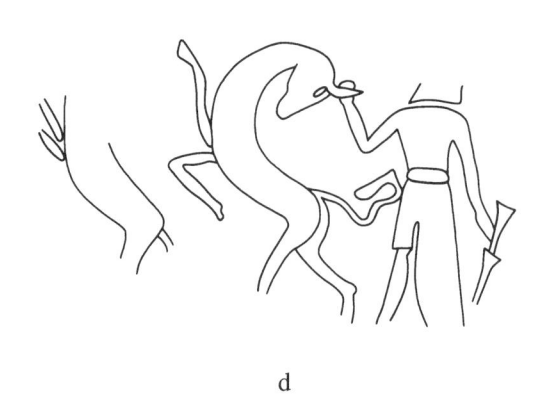

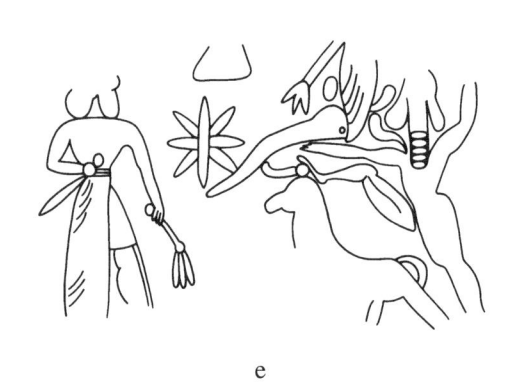

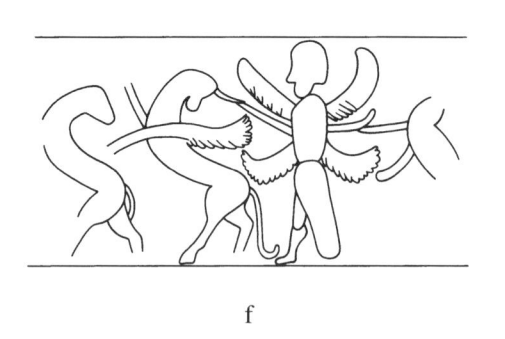

Coiffures of Unusual Types: (*a*) PFS 38 (Cat.No. 16), (*b*) PFS 152 (Cat.No. 295), (*c*) PFS 167 (Cat.No. 255), (*d*) PFS 236 (Cat.No. 213), (*e*) PFS 538 (Cat.No. 312), (*f*) PFS 1202 (Cat.No. 137), and (*g*) PFS 1375s (Cat.No. 254)

Plate 197

Hands: (*a*) PFS 1* (Cat.No. 182), (*b*) PFS 7* (Cat.No. 4), (*c*) PFS 132 (Cat.No. 69), (*d*) PFS 538 (Cat.No. 312), (*e*) PFS 749 (Cat.No. 110), (*f*) PFS 883* (Cat.No. 97), (*g*) PFS 884 (Cat.No. 123), (*h*) PFS 1586 (Cat.No. 121), and (*i*) PFS 1613 (Cat.No. 82)

Plate 198

Feet and Shoes: (*a*) PFS 4* (Cat.No. 292), (*b*) PFS 9* (Cat.No. 288), (*c*) PFS 16* (Cat.No. 22), (*d*) PFS 30 (Cat.No. 291), (*e*) PFS 49 (Cat.No. 23), (*f*) PFS 109 (Cat.No. 197), (*g*) PFS 114 (Cat.No. 284), (*h*) PFS 249 (Cat.No. 27), (*i*) PFS 263 (Cat.No. 289), and (*j*) PFS 301 (Cat.No. 54)

Plate 199

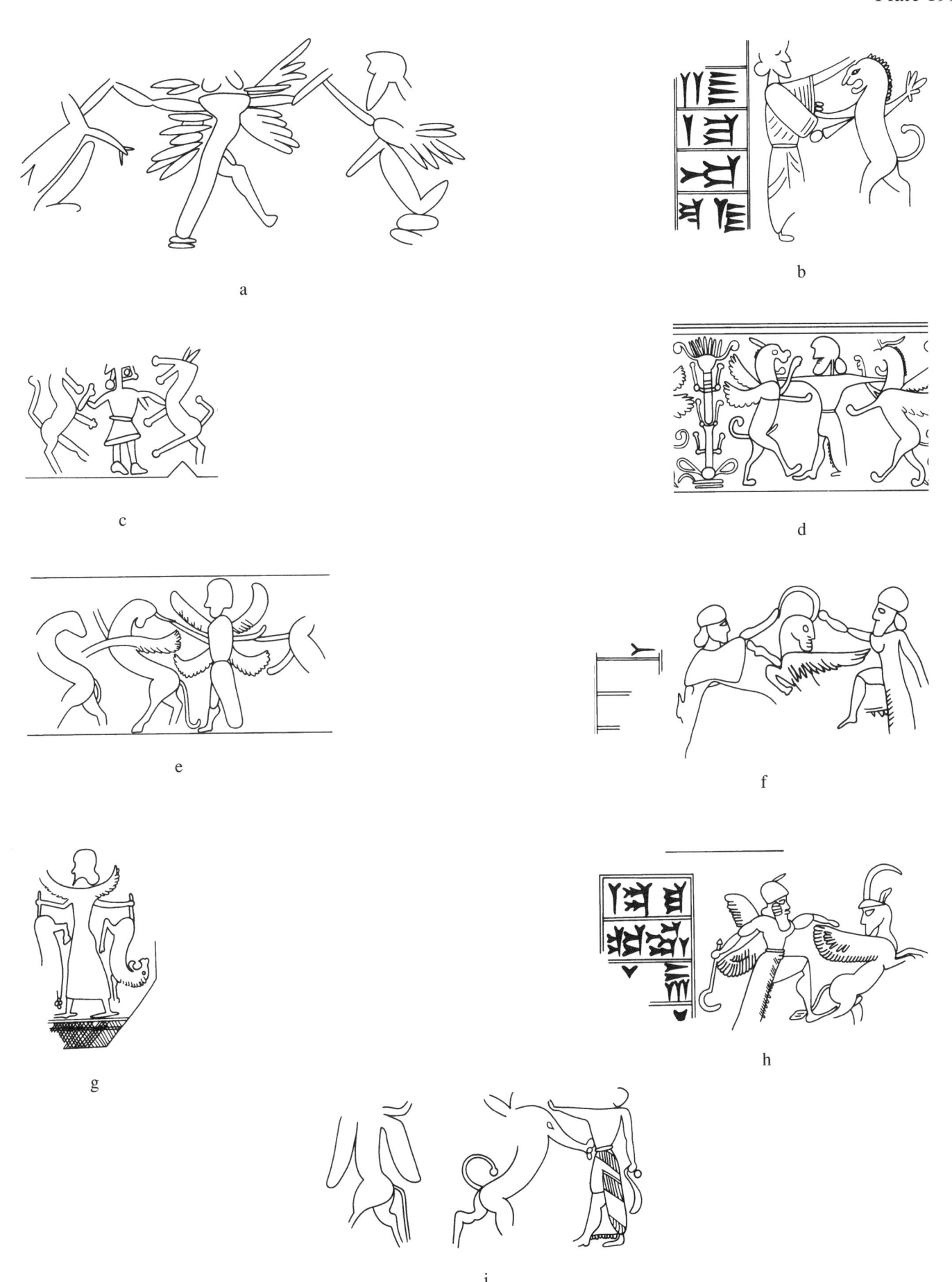

Feet and Shoes (*cont.*): (*a*) PFS 321 (Cat.No. 125), (*b*) PFS 584* (Cat.No. 203), (*c*) PFS 690 (Cat.No. 139), (*d*) PFS 1072 (Cat.No. 61), (*e*) PFS 1202 (Cat.No. 137), (*f*) PFS 1227* (Cat.No. 219), (*g*) PFS 1321s (Cat.No. 176), (*h*) PFS 1566* (Cat.No. 218), and (*i*) PFS 1582 (Cat.No. 232)

Plate 200

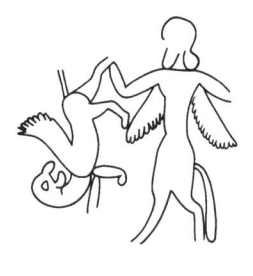

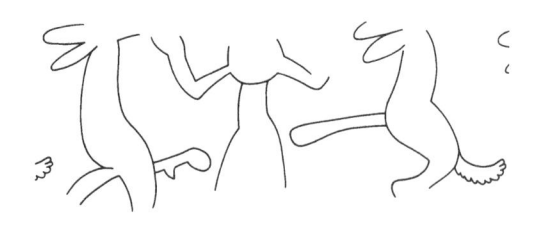

Heroes as Various Composite Creatures: (*a*) PFS 1* (Cat.No. 182), (*b*) PFS 146 (Cat.No. 275), (*c*) PFS 684 (Cat.No. 183), (*d*) PFS 1202 (Cat.No. 137), (*e*) PFS 1204 (Cat.No. 136), (*f*) PFS 1188 (Cat.No. 144), and (*g*) PFS 1321s (Cat.No. 176)

Plate 201

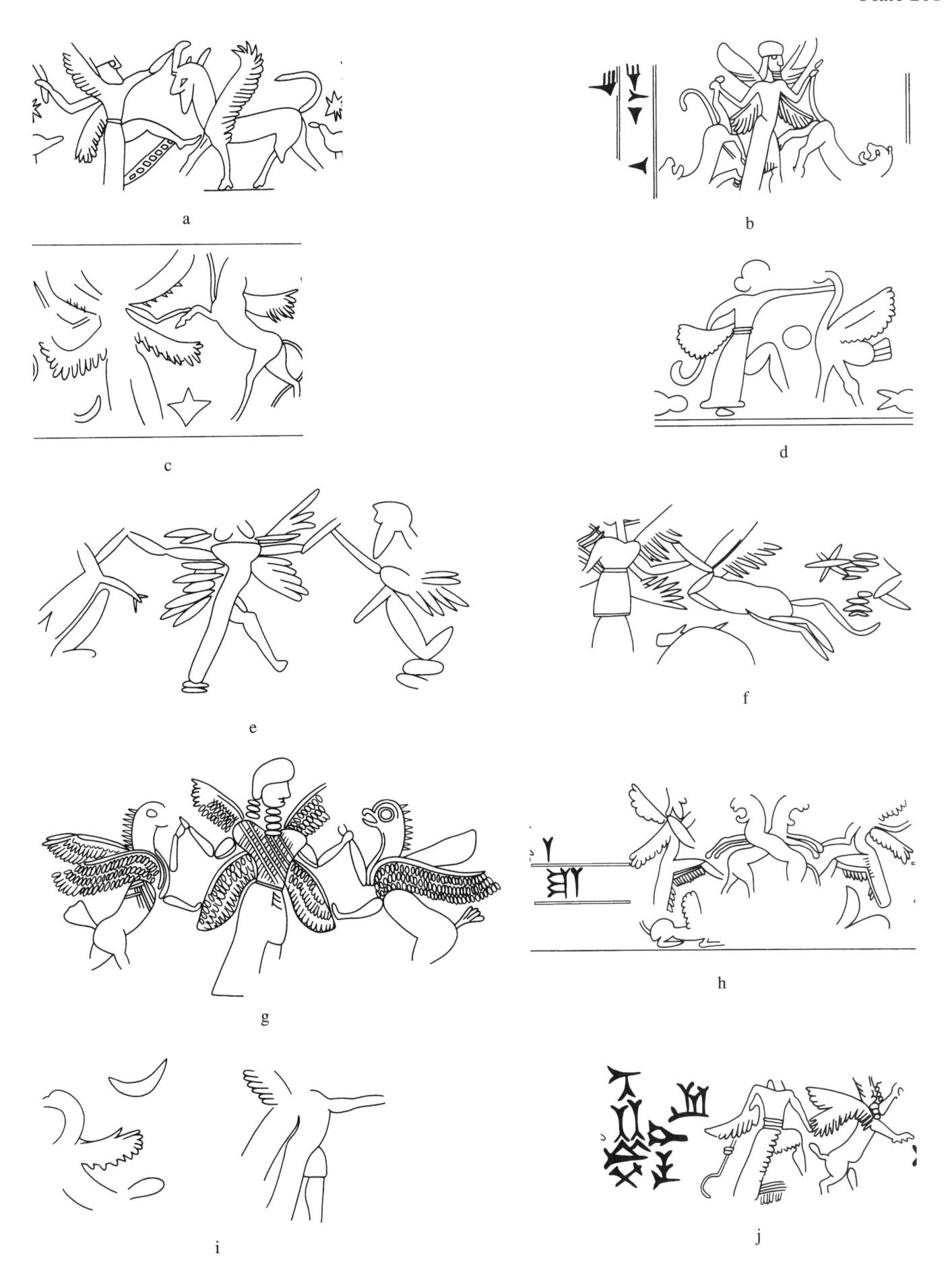

Heroes as Winged Humans: (*a*) PFS 30 (Cat.No. 291), (*b*) PFS 64* (Cat.No. 173), (*c*) PFS 112 (Cat.No. 282), (*d*) PFS 263 (Cat.No. 289), (*e*) PFS 321 (Cat.No. 125), (*f*) PFS 463 (Cat.No. 264), (*g*) PFS 513 (Cat.No. 85), (*h*) PFS 931* (Cat.No. 270), (*i*) PFS 964 (Cat.No. 260), and (*j*) PFS 1632* (Cat.No. 244)

Plate 202

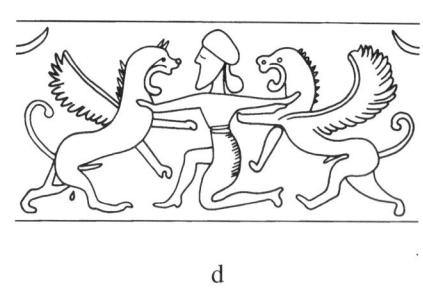

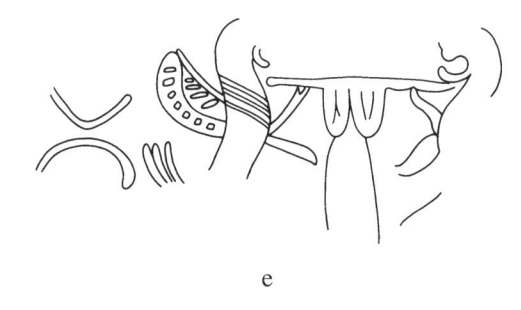

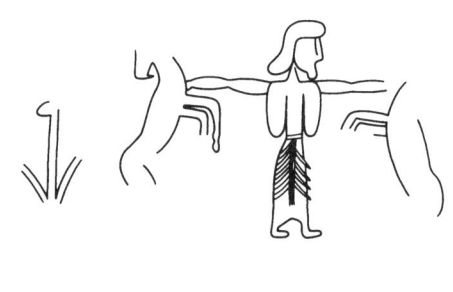

Arm Positions of Heroic Control: (*a*) PFS 16* (Cat.No. 22), (*b*) PFS 49 (Cat.No. 23), (*c*) PFS 79 (Cat.No. 83), (*d*) PFS 120 (Cat.No. 49), (*e*) PFS 294 (Cat.No. 53), (*f*) PFS 632 (Cat.No. 143), (*g*) PFS 774 (Cat.No. 58), and (*h*) PFS 819 (Cat.No. 86)

Plate 203

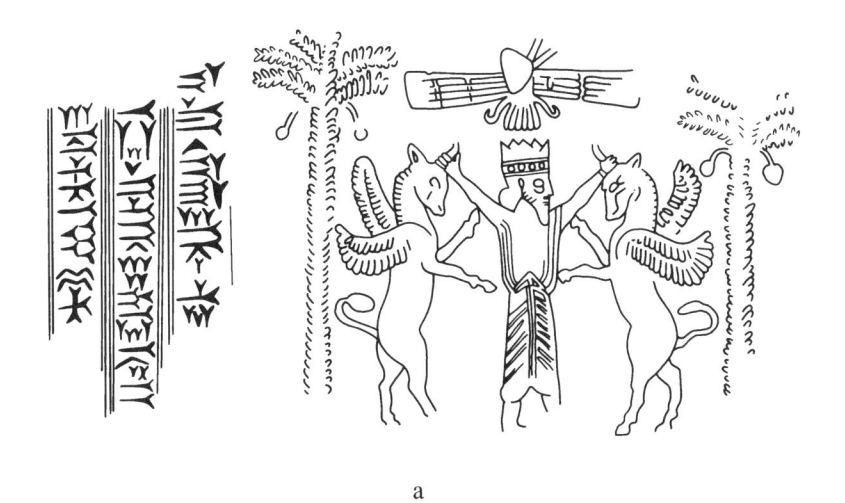

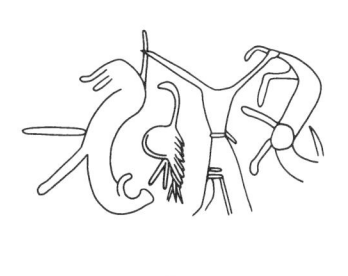

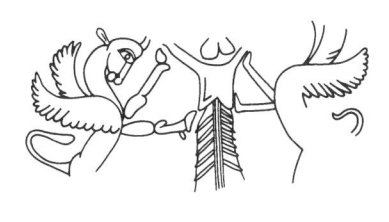

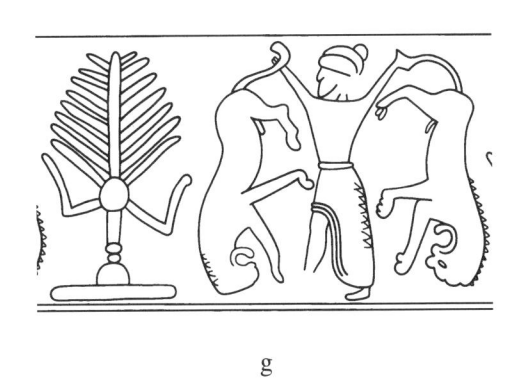

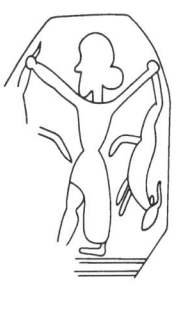

Arm Positions of Heroic Control (*cont.*): (*a*) PFS 7* (Cat.No. 4), (*b*) PFS 138 (Cat.No. 186), (*c*) PFS 326 (Cat.No. 100), (*d*) PFS 429 (Cat.No. 7), (*e*) PFS 778 (Cat.No. 11), (*f*) PFS 970 (Cat.No. 6), (*g*) PFS 971 (Cat.No. 171), and (*h*) PFS 1260s (Cat.No. 184)

Plate 204

a

b

c

d

e

f

g

h

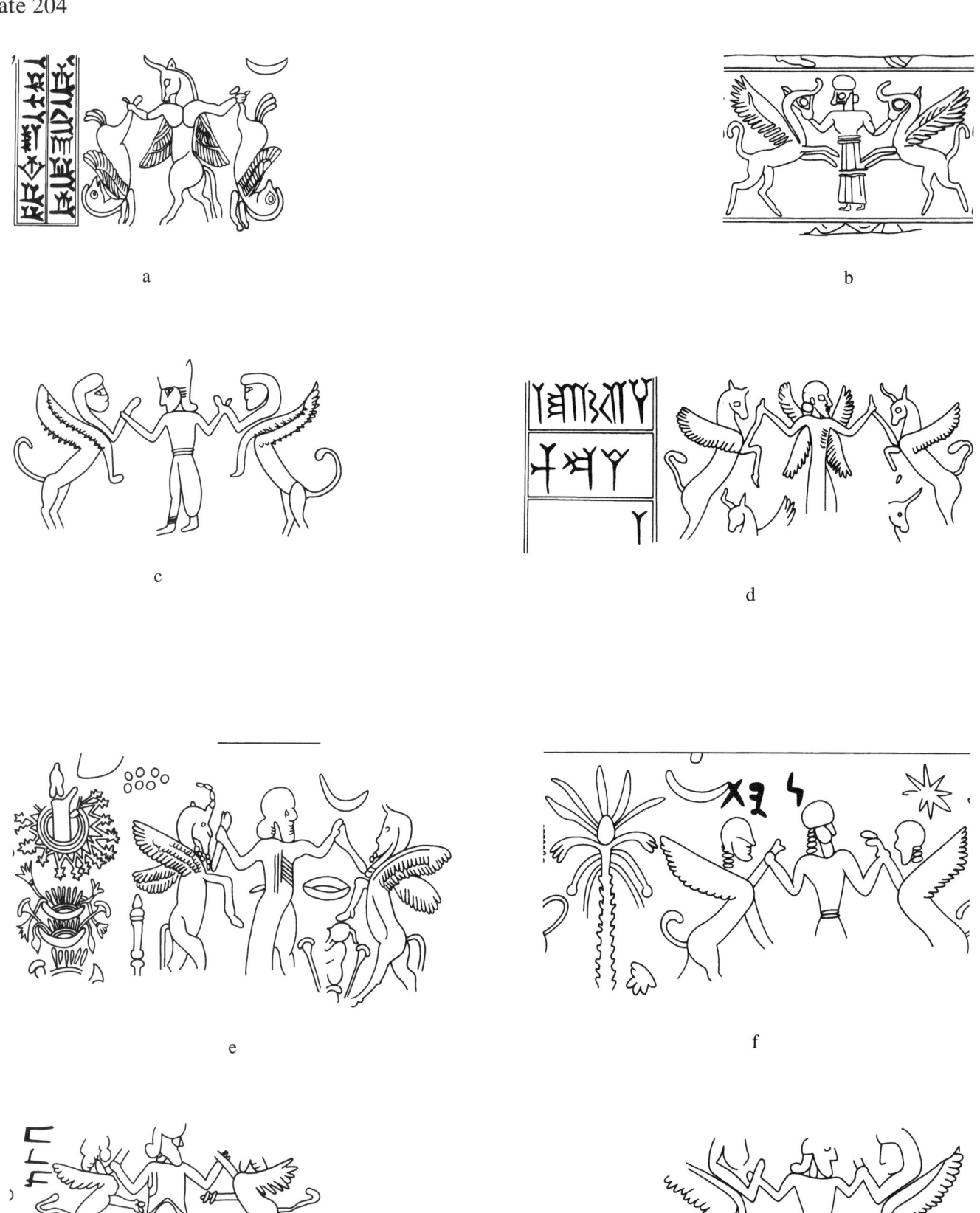

Arm Positions of Heroic Control (*cont.*): (*a*) PFS 1* (Cat.No. 182), (*b*) PFS 2 (Cat.No. 3), (*c*) PFS 34 (Cat.No. 73), (*d*) PFS 36* (Cat.No. 5), (*e*) PFS 38 (Cat.No. 16), (*f*) PFS 123* (Cat.No. 75), (*g*) PFS 164* (Cat.No. 20), and (*h*) PFS 168 (Cat.No. 74)

Plate 205

Arm Positions of Heroic Control (*cont.*): (*a*) PFS 225 (Cat.No. 46), (*b*) PFS 232 (Cat.No. 26), (*c*) PFS 362 (Cat.No. 76), (*d*) PFS 513 (Cat.No. 85), (*e*) PFS 1165 (Cat.No. 89), (*f*) PFS 1320 (Cat.No. 35), (*g*) PFS 1325 (Cat.No. 41), (*h*) PFS 1460 (Cat.No. 9), and (*i*) PFS 284* (Cat.No. 111)

Plate 206

Arm Positions of Heroic Control (*cont.*): (*a*) PFS 52 (Cat.No. 114), (*b*) PFS 109 (Cat.No. 197), (*c*) PFS 131 (Cat.No. 170), (*d*) PFS 152 (Cat.No. 295), (*e*) PFS 222 (Cat.No. 117), (*f*) PFS 297 (Cat.No. 124), (*g*) PFS 385 (Cat.No. 38), (*h*) PFS 418 (Cat.No. 201), (*i*) PFS 536 (Cat.No. 102), and (*j*) PFS 940 (Cat.No. 81)

Plate 207

Arm Positions of Heroic Control (*cont.*): (*a*) PFS 1023 (Cat.No. 127), (*b*) PFS 1099 (Cat.No. 169), (*c*) PFS 1135 (Cat.No. 66), (*d*) PFS 1155 (Cat.No. 190), (*e*) PFS 1189 (Cat.No. 8), (*f*) PFS 1217s (Cat.No. 168), (*g*) PFS 1249 (Cat.No. 294), (*h*) PFS 1387 (Cat.No. 72), (*i*) PFS 1489 (Cat.No. 106), and (*j*) PFS 1586 (Cat.No. 121)

Plate 208

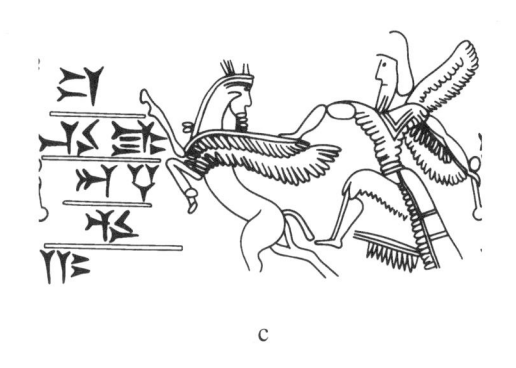

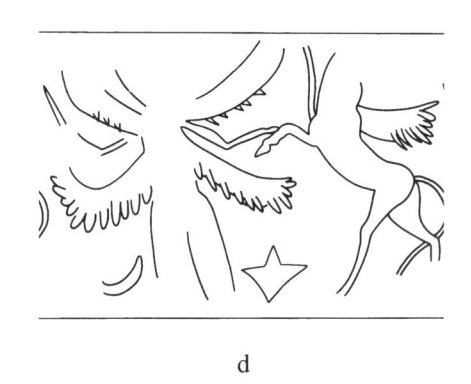

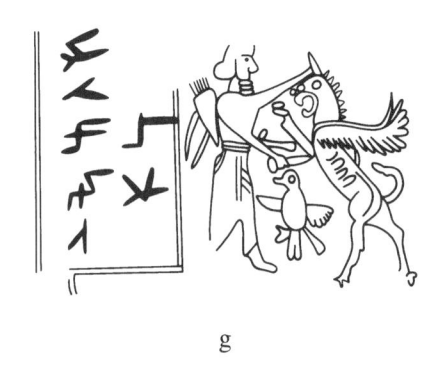

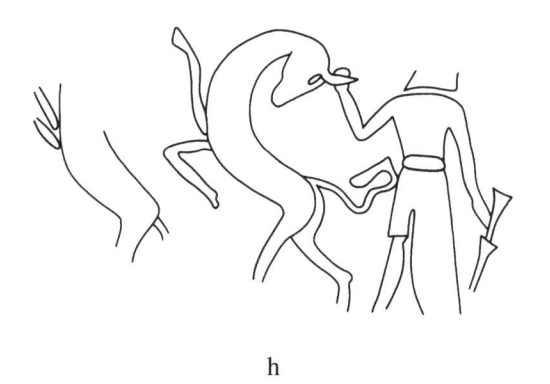

Arm Positions of Heroic Combat: (*a*) PFS 4* (Cat.No. 292), (*b*) PFS 65 (Cat.No. 241), (*c*) PFS 98* (Cat.No. 217), (*d*) PFS 112 (Cat.No. 282), (*e*) PFS 114 (Cat.No. 284), (*f*) PFS 196 (Cat.No. 224), (*g*) PFS 266* (Cat.No. 208), and (*h*) PFS 236 (Cat.No. 213)

Plate 209

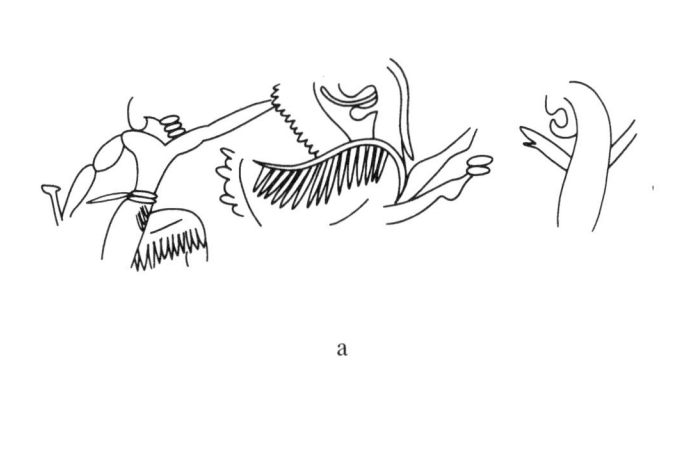

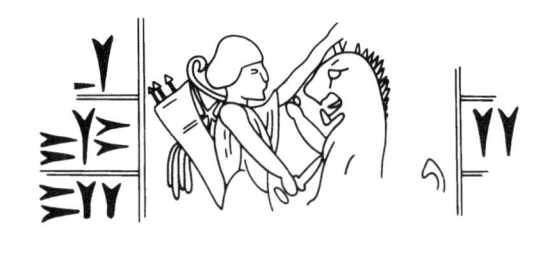

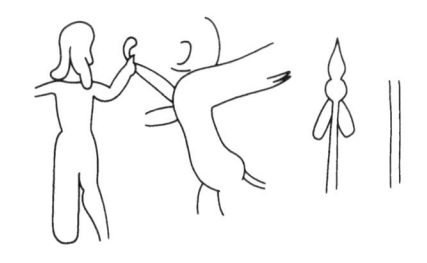

Arm Positions of Heroic Combat (*cont.*): (*a*) PFS 265 (Cat.No. 240), (*b*) PFS 312 (Cat.No. 237), (*c*) PFS 859* (Cat.No. 205), (*d*) PFS 1181 (Cat.No. 210), (*e*) PFS 1309s (Cat.No. 229), (*f*) PFS 1367s (Cat.No. 211), (*g*) PFS 1501 (Cat.No. 238), and (*h*) PFS 1637* (Cat.No. 273)

Plate 210

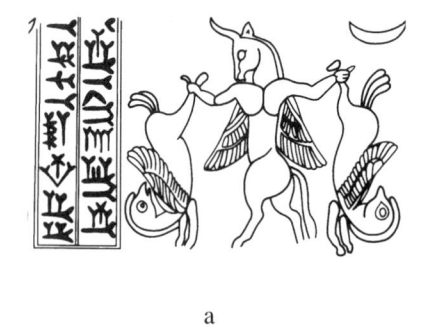

Heroic Attitudes of Control Encounter: (*a*) PFS 1* (Cat.No. 182), (*b*) PFS 2 (Cat.No. 3), (*c*) PFS 16* (Cat.No. 22), (*d*) PFS 18 (Cat.No. 15), (*e*) PFS 32* (Cat.No. 180), (*f*) PFS 109 (Cat.No. 197), (*g*) PFS 120 (Cat.No. 49), and (*h*) PFS 201 (Cat.No. 50)

Plate 211

Heroic Attitudes of Control Encounter (*cont.*): (*a*) PFS 233 (Cat.No. 52), (*b*) PFS 321 (Cat.No. 125), (*c*) PFS 677* (Cat.No. 181), (*d*) PFS 981* (Cat.No. 87), (*e*) PFS 1026 (Cat.No. 156), (*f*) PFS 1072 (Cat.No. 61), (*g*) PFS 1102 (Cat.No. 132), (*h*) PFS 1444 (Cat.No. 62), and (*i*) PFS 1527 (Cat.No. 32)

Plate 212

Heroic Attitudes of Combat Encounter: (*a*) PFS 4* (Cat.No. 292), (*b*) PFS 9* (Cat.No. 288), (*c*) PFS 30 (Cat.No. 291), (*d*) PFS 39s (Cat.No. 221), (*e*) PFS 67 (Cat.No. 293), (*f*) PFS 162 (Cat.No. 249), (*g*) PFS 263 (Cat.No. 289), (*h*) PFS 272* (Cat.No. 272), (*i*) PFS 584* (Cat.No. 203), and (*j*) PFS 807 (Cat.No. 269)

Plate 213

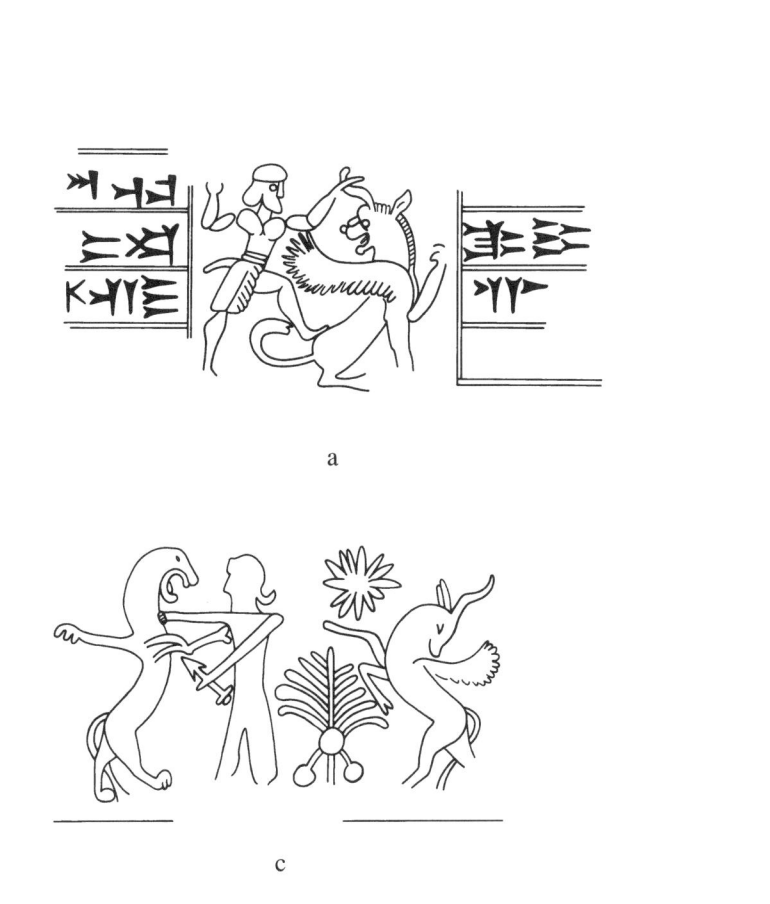

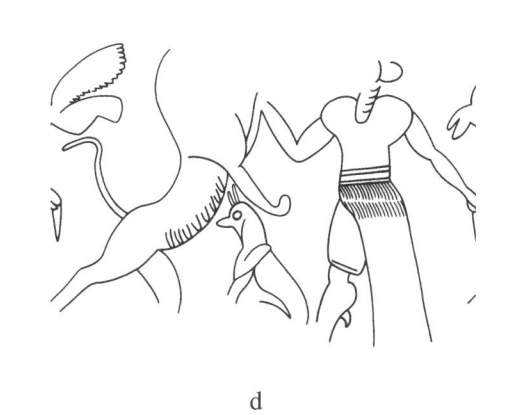

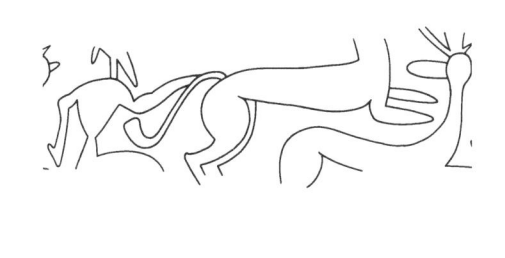

Heroic Attitudes of Combat Encounter (*cont.*): (*a*) PFS 769* (Cat.No. 278), (*b*) PFS 795 (Cat.No. 214), (*c*) PFS 853 (Cat.No. 204), (*d*) PFS 1122 (Cat.No. 228), (*e*) PFS 1286 (Cat.No. 258), (*f*) PFS 1309s (Cat.No. 229), (*g*) PFS 1311s (Cat.No. 247), (*h*) PFS 1315s (Cat.No. 253), and (*i*) PFS 1637* (Cat.No. 273)

Plate 214

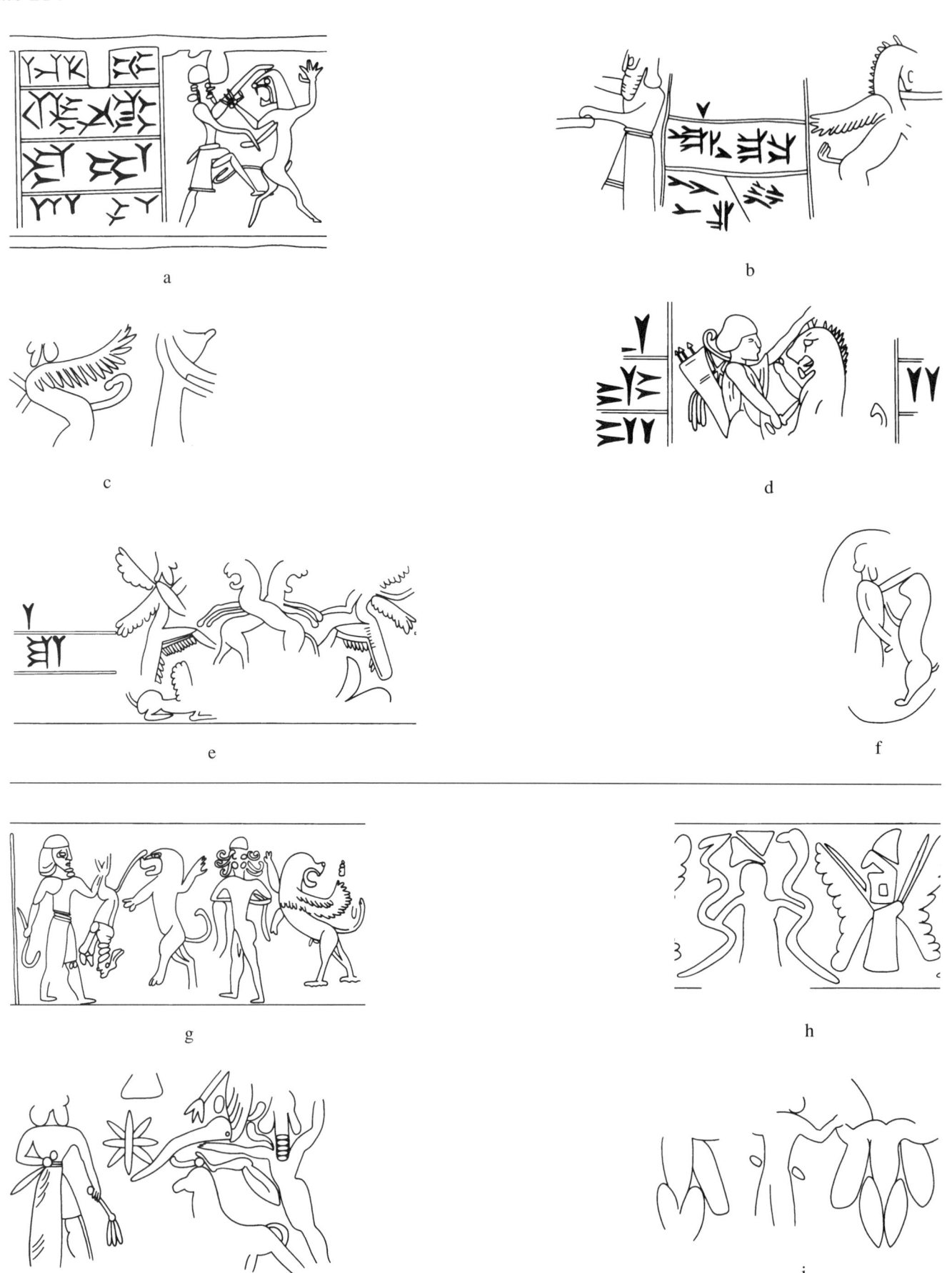

Profile Torsos: (*a*) PFS 43* (Cat.No. 207), (*b*) PFS 199* (Cat.No. 305), (*c*) PFS 373 (Cat.No. 306), (*d*) PFS 859* (Cat.No. 205), (*e*) PFS 931* (Cat.No. 270), and (*f*) PFS 1264s (Cat.No. 206); and
Frontal Faces and/or Bodies: (*g*) PFS 152 (Cat.No. 295), (*h*) PFS 418 (Cat.No. 201),
(*i*) PFS 538 (Cat.No. 312), and (*j*) PFS 1485 (Cat.No. 112)

Plate 215

Unusual Heroic Attitudes: (*a*) PFS 10 (Cat.No. 251), (*b*) PFS 148 (Cat.No. 311), (*c*) PFS 418 (Cat.No. 201), (*d*) PFS 536 (Cat.No. 102), (*e*) PFS 538 (Cat.No. 312), (*f*) PFS 1099 (Cat.No. 169), (*g*) PFS 1217s (Cat.No. 168), (*h*) PFS 1249 (Cat.No. 294), and (*i*) PFS 1586 (Cat.No. 121)

Plate 216

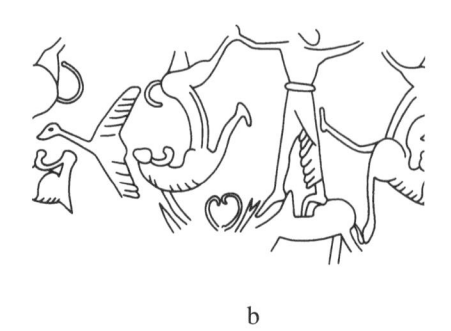

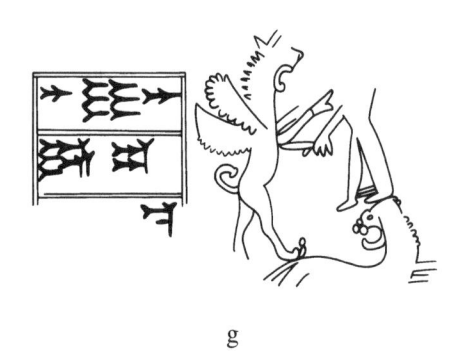

Hero Standing atop Pedestal Figure(s) or Other Supporting Element: (*a*) PFS 4* (Cat.No. 292), (*b*) PFS 31 (Cat.No. 172), (*c*) PFS 36* (Cat.No. 5), (*d*) PFS 62 (Cat.No. 104), (*e*) PFS 164* (Cat.No. 20), (*f*) PFS 396 (Cat.No. 178), and (*g*) PFS 523* (Cat.No. 209)

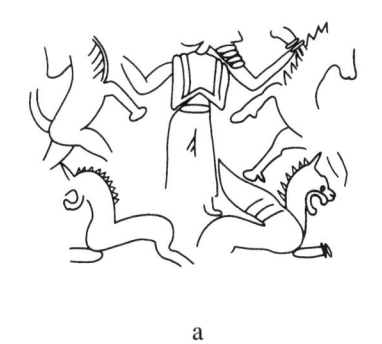

Plate 217

a 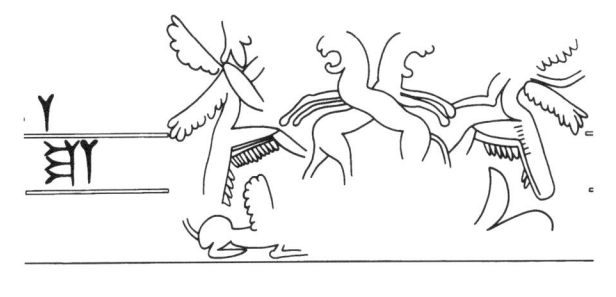 b  c 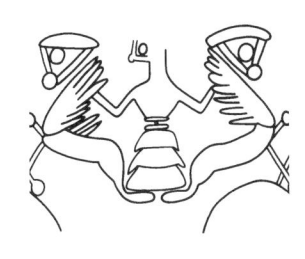 d

e 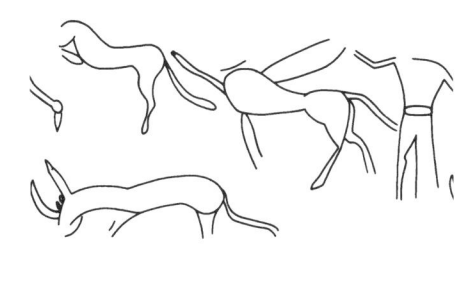 f  g h  i

Hero Standing atop Pedestal Figure(s) or Other Supporting Element (*cont.*): (*a*) PFS 524 (Cat.No. 2), (*b*) PFS 931* (Cat.No. 270), (*c*) PFS 1454 (Cat.No. 166), and (*d*) PFS 1519 (Cat.No. 167); and **Hero Suspended High in Design Field**: (*e*) PFS 20 (Cat.No. 145), (*f*) PFS 246 (Cat.No. 290), (*g*) PFS 737 (Cat.No. 281), (*h*) PFS 1045 (Cat.No. 157), and (*i*) PFS 1315s (Cat.No. 253)

Plate 218

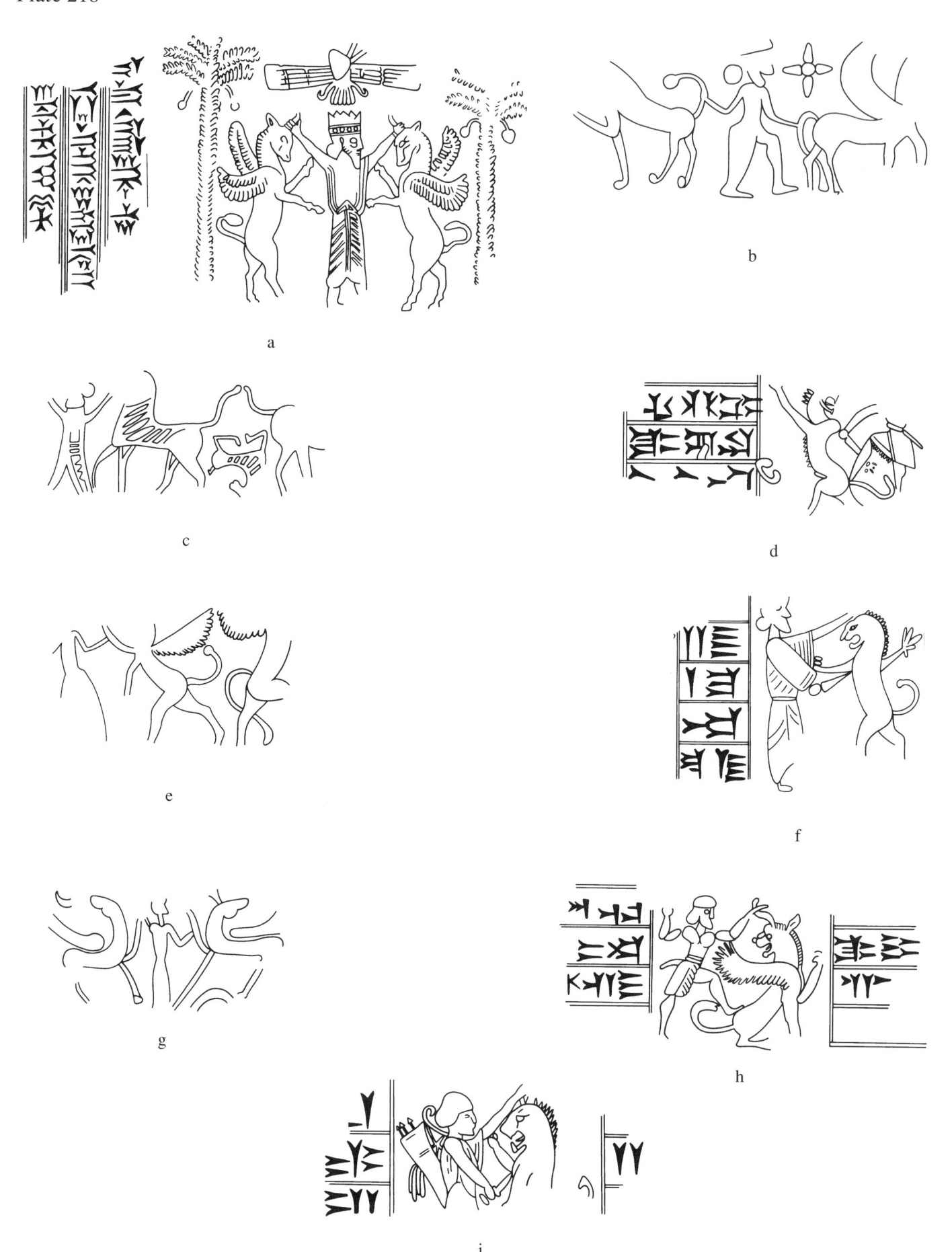

Comparative Heroic Proportions: (*a*) PFS 7* (Cat.No. 4), (*b*) PFS 109 (Cat.No. 197), (*c*) PFS 256 (Cat.No. 198), (*d*) PFS 272* (Cat.No. 272), (*e*) PFS 392 (Cat.No. 91), (*f*) PFS 584* (Cat.No. 203), (*g*) PFS 719 (Cat.No. 195), (*h*) PFS 769* (Cat.No. 278), and (*i*) PFS 859* (Cat.No. 205)

Plate 219

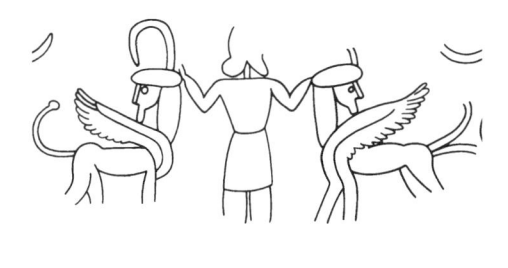

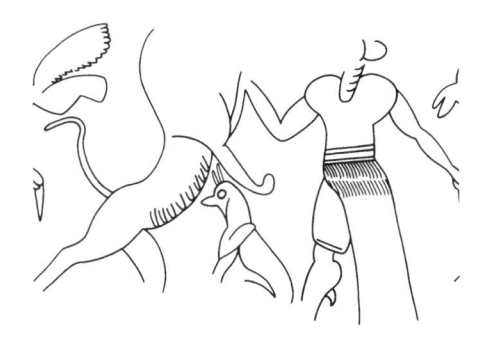

Comparative Heroic Proportions (*cont.*): (*a*) PFS 1018 (Cat.No. 185), (*b*) PFS 1045 (Cat.No. 157), (*c*) PFS 1076 (Cat.No. 193), (*d*) PFS 1117 (Cat.No. 67), (*e*) PFS 1122 (Cat.No. 228), (*f*) PFS 1264s (Cat.No. 206), (*g*) PFS 1315s (Cat.No. 253), and (*h*) PFS 1460 (Cat.No. 9)

Plate 220

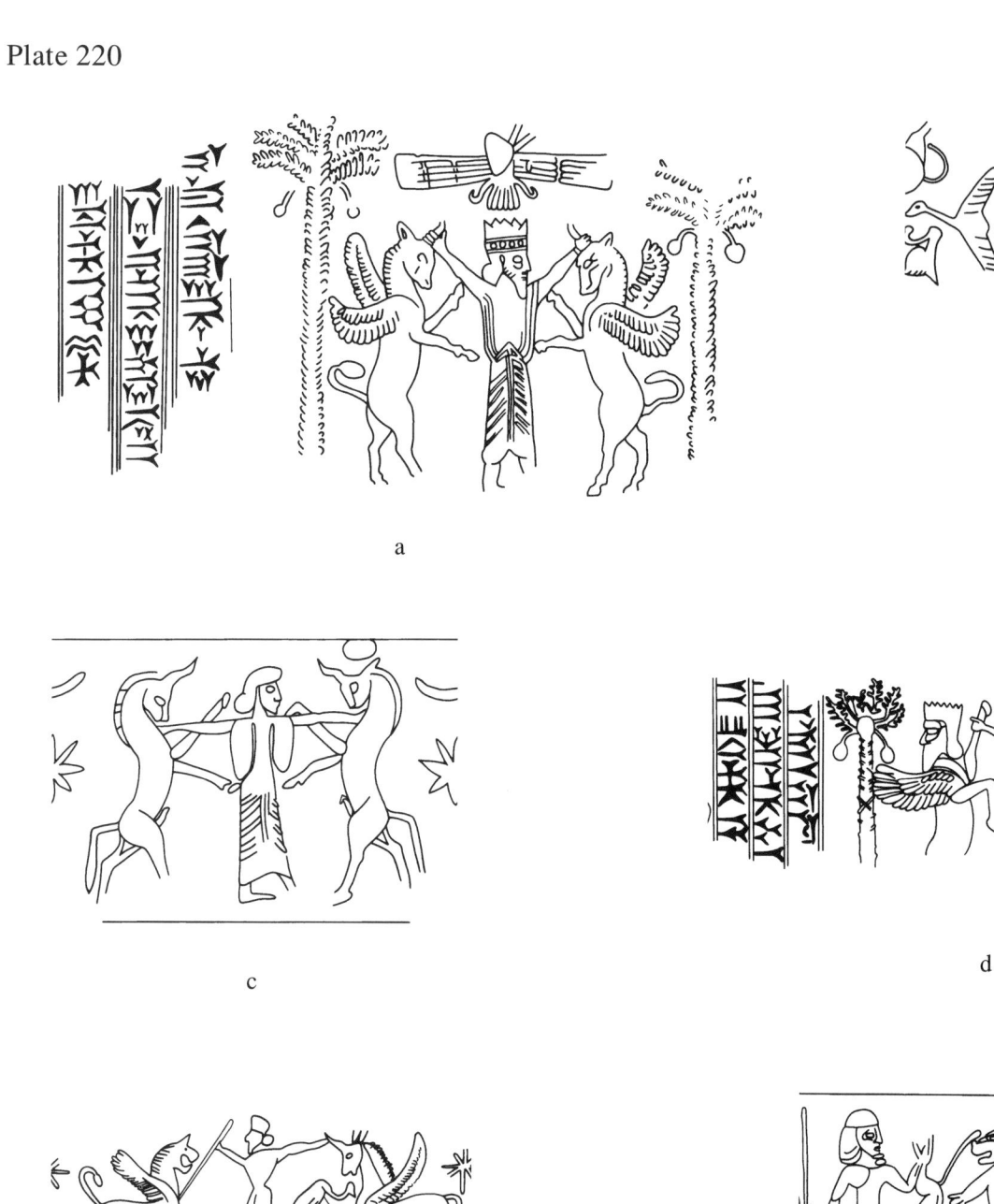

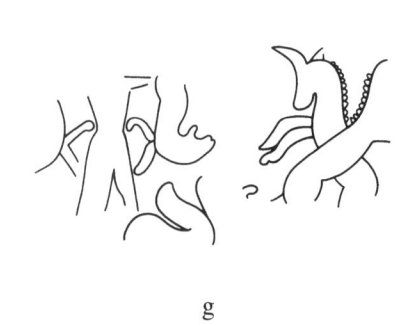

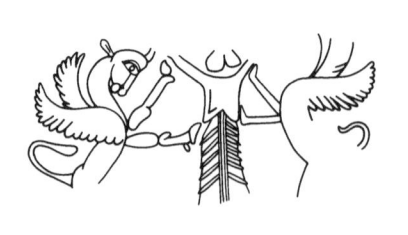

Bulls and Bull Creatures: (*a*) PFS 7* (Cat.No. 4), (*b*) PFS 31 (Cat.No. 172), (*c*) PFS 102 (Cat.No. 1), (*d*) PFS 113* (Cat.No. 19), (*e*) PFS 130 (Cat.No. 300), (*f*) PFS 152 (Cat.No. 295), (*g*) PFS 396 (Cat.No. 178), and (*h*) PFS 970 (Cat.No. 6)

Plate 221

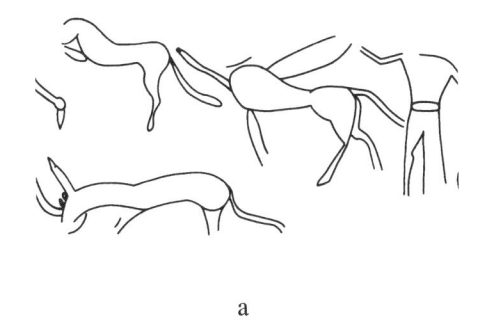

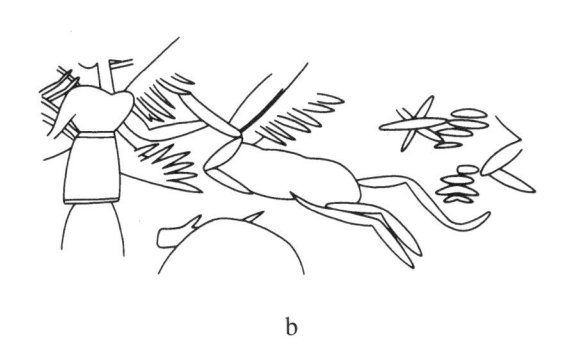

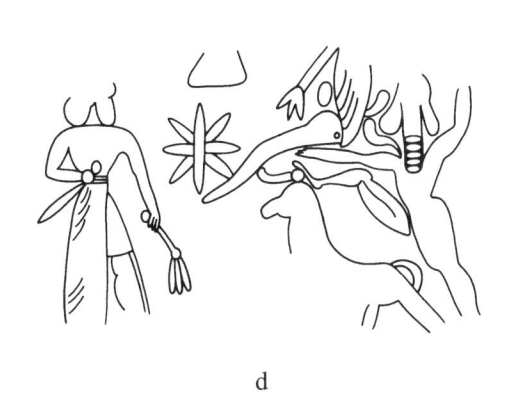

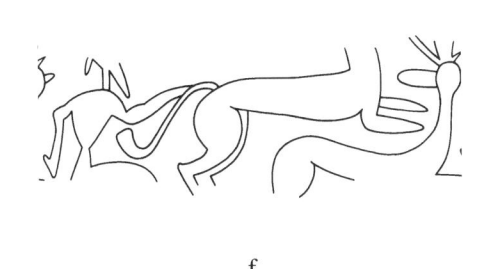

Animals and Creatures of Uncertain Type: (*a*) PFS 246 (Cat.No. 290), (*b*) PFS 463 (Cat.No. 264), (*c*) PFS 501 (Cat.No. 141), (*d*) PFS 538 (Cat.No. 312), (*e*) PFS 849 (Cat.No. 189), (*f*) PFS 1286 (Cat.No. 258), (*g*) PFS 1315s (Cat.No. 253), and (*h*) PFS 1375s (Cat.No. 254)

Plate 222

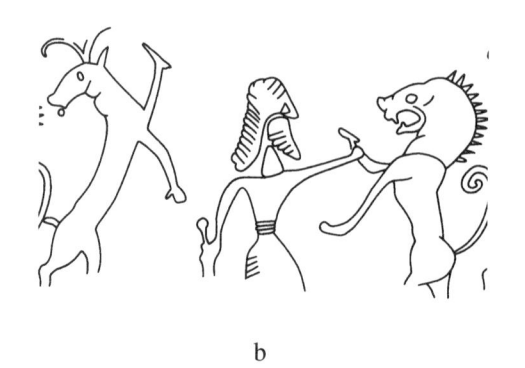

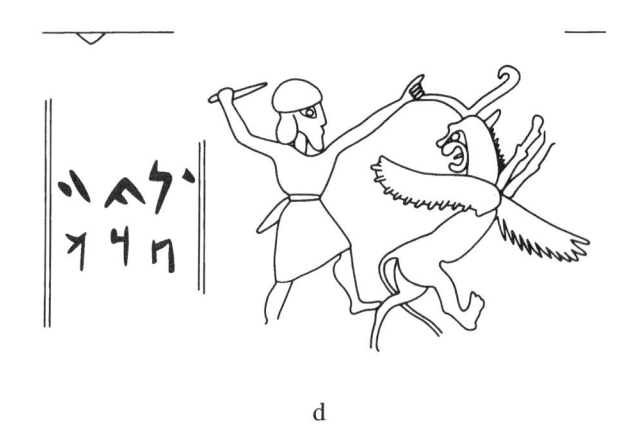

Lions and Lion Creatures: (*a*) PFS 16* (Cat.No. 22), (*b*) PFS 33 (Cat.No. 220), (*c*) PFS 39s (Cat.No. 221), (*d*) PFS 54* (Cat.No. 277), (*e*) PFS 63 (Cat.No. 24), (*f*) PFS 79 (Cat.No. 83), (*g*) PFS 196 (Cat.No. 224), and (*h*) PFS 255 (Cat.No. 233)

Plate 223

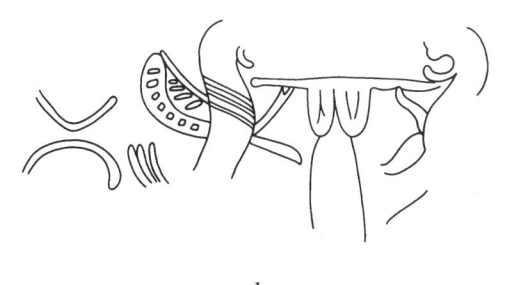

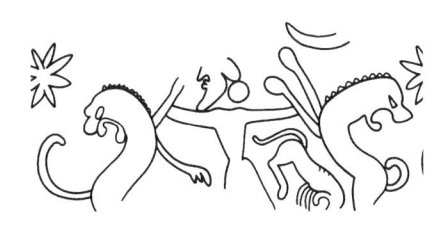

Lions and Lion Creatures (*cont.*): (*a*) PFS 249 (Cat.No. 27), (*b*) PFS 294 (Cat.No. 53), (*c*) PFS 385 (Cat.No. 38), (*d*) PFS 494 (Cat.No. 130), (*e*) PFS 524 (Cat.No. 2), (*f*) PFS 774 (Cat.No. 58), (*g*) PFS 1142 (Cat.No. 39), and (*h*) PFS 1181 (Cat.No. 210)

Plate 224

a

b

c

d

e

f

g

h

i

Deer, Goats, Sheep, and Related Winged Creatures: (*a*) PFS 131 (Cat.No. 170), (*b*) PFS 162 (Cat.No. 249), (*c*) PFS 222 (Cat.No. 117), (*d*) PFS 341 (Cat.No. 109), (*e*) PFS 594 (Cat.No. 103), (*f*) PFS 781 (Cat.No. 107), (*g*) PFS 1123 (Cat.No. 279), (*h*) PFS 1217s (Cat.No. 168), and (*i*) PFS 1489 (Cat.No. 106)

Plate 225

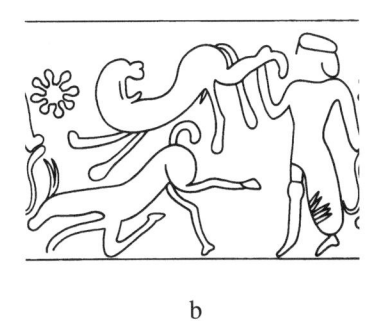

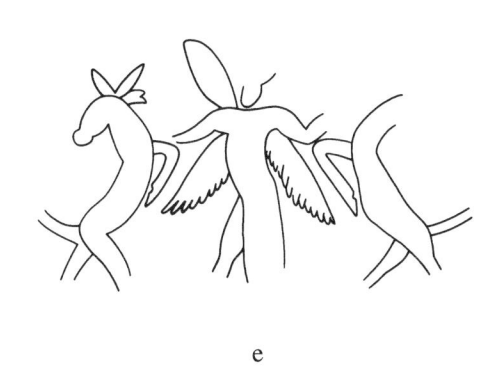

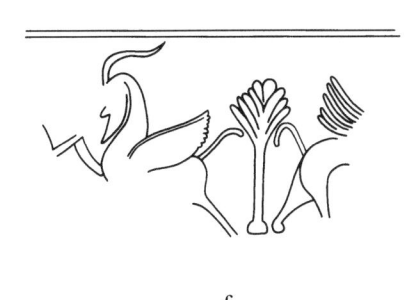

Horned Animals and Horned-animal Creatures of Undetermined Types: (*a*) PFS 17 (Cat.No. 235), (*b*) PFS 114 (Cat.No. 284), (*c*) PFS 243 (Cat.No. 303), (*d*) PFS 496 (Cat.No. 108), (*e*) PFS 782 (Cat.No. 105), (*f*) PFS 1002 (Cat.No. 196), and (*g*) PFS 1260s (Cat.No. 184)

Plate 226

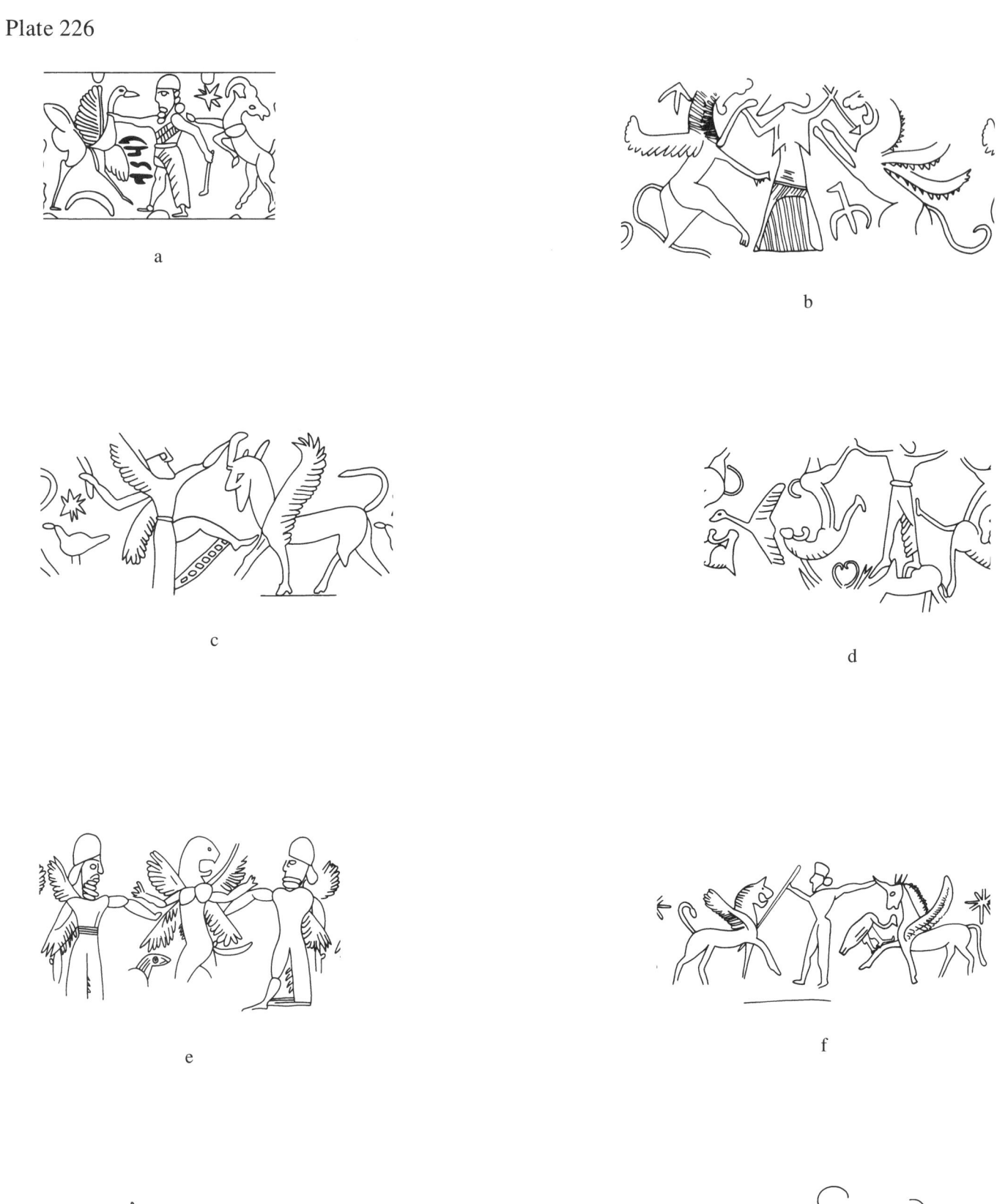

a

b

c

d

e

f

g

h

Birds: (*a*) PFS 9* (Cat.No. 288), (*b*) PFS 24 (Cat.No. 298), (*c*) PFS 30 (Cat.No. 291), (*d*) PFS 31 (Cat.No. 172), (*e*) PFS 65 (Cat.No. 241), (*f*) PFS 130 (Cat.No. 300), (*g*) PFS 138 (Cat.No. 186), and (*h*) PFS 263 (Cat.No. 289)

Plate 227

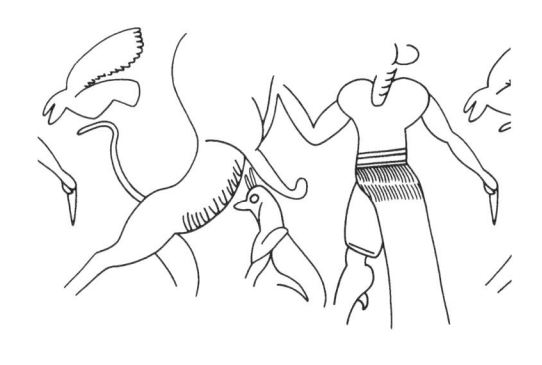

Birds (*cont.*): (*a*) PFS 266* (Cat.No. 208), (*b*) PFS 326 (Cat.No. 100), (*c*) PFS 329 (Cat.No. 28), (*d*) PFS 461 (Cat.No. 90), (*e*) PFS 841 (Cat.No. 13), (*f*) PFS 939 (Cat.No. 267), (*g*) PFS 1122 (Cat.No. 228), and (*h*) PFS 1475 (Cat.No. 177)

Plate 228

Pecking Birds: (*a*) PFS 30 (Cat.No. 291), (*b*) PFS 130 (Cat.No. 300), (*c*) PFS 1249 (Cat.No. 294), and (*d*) PFS 1527 (Cat.No. 32); and **Fish and Reptiles**: (*e*) PFS 152 (Cat.No. 295), (*f*) PFS 247 (Cat.No. 245), (*g*) PFS 263 (Cat.No. 289), (*h*) PFS 418 (Cat.No. 201), and (*i*) PFS 463 (Cat.No. 264)

Plate 229

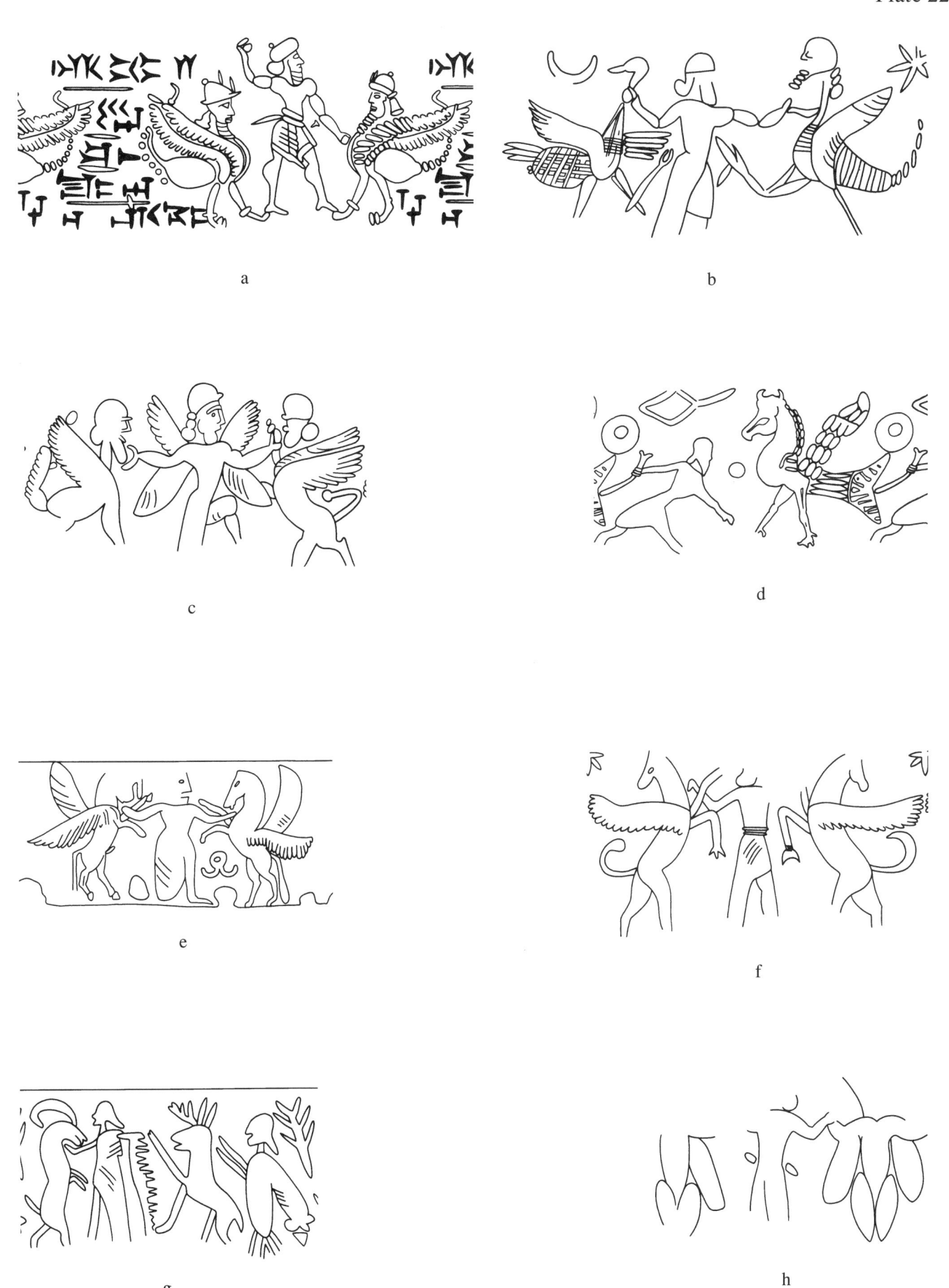

Scorpion, Fish, Horse, Bird, and Human Creatures (Excluding Hero Creatures): (*a*) PFS 4* (Cat.No. 292), (*b*) PFS 29 (Cat.No. 302), (*c*) PFS 1586 (Cat.No. 121), (*d*) PFS 10 (Cat.No. 251), (*e*) PFS 99 (Cat.No. 113), (*f*) PFS 749 (Cat.No. 110), (*g*) PFS 247 (Cat.No. 245), and (*h*) PFS 1485 (Cat.No. 112)

Plate 230

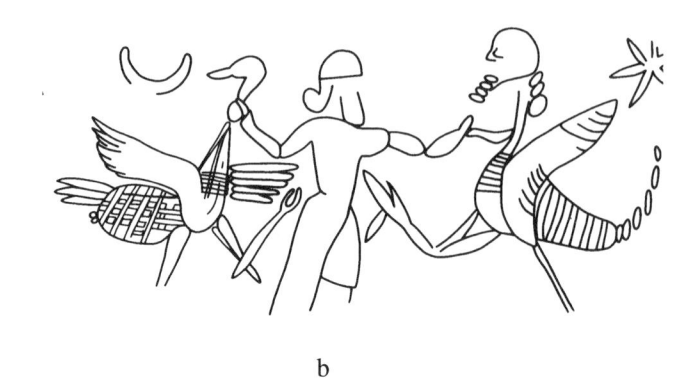

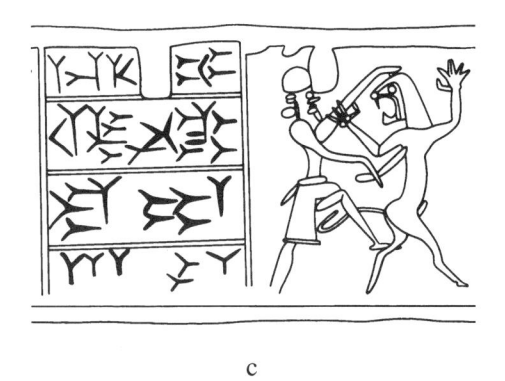

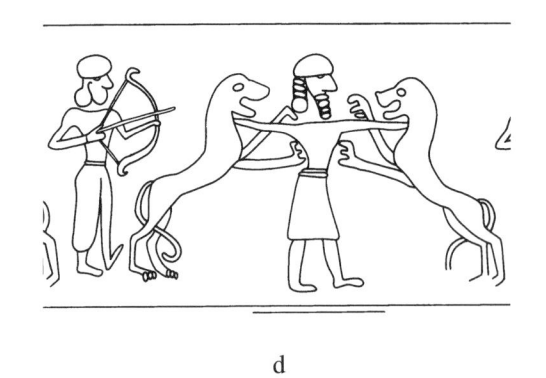

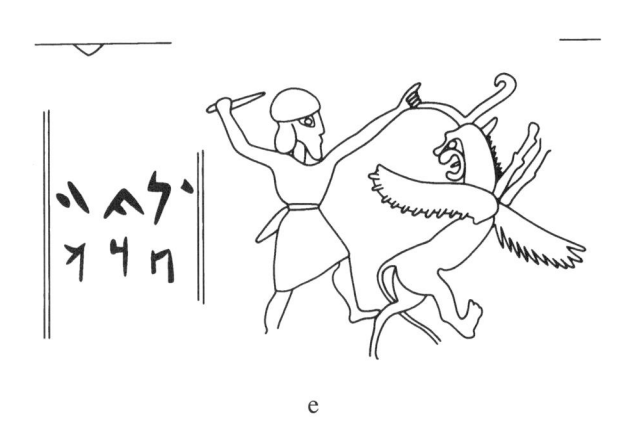

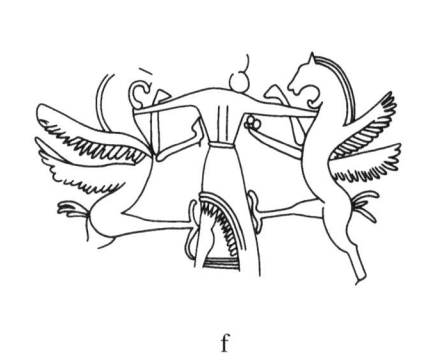

Feet of Animals and Creatures: (*a*) PFS 16* (Cat.No. 22), (*b*) PFS 29 (Cat.No. 302), (*c*) PFS 43* (Cat.No. 207), (*d*) PFS 49 (Cat.No. 23), (*e*) PFS 54* (Cat.No. 277), (*f*) PFS 86 (Cat.No. 48), (*g*) PFS 95 (Cat.No. 25), and (*h*) PFS 399 (Cat.No. 78)

Plate 231

Feet of Animals and Creatures (*cont.*): (*a*) PFS 513 (Cat.No. 85), (*b*) PFS 536 (Cat.No. 102), (*c*) PFS 673 (Cat.No. 64), (*d*) PFS 749 (Cat.No. 110), (*e*) PFS 841 (Cat.No. 13), (*f*) PFS 970 (Cat.No. 6), (*g*) PFS 1072 (Cat.No. 61), (*h*) PFS 1181 (Cat.No. 210), and (*i*) PFS 1624s (Cat.No. 261)

Plate 232

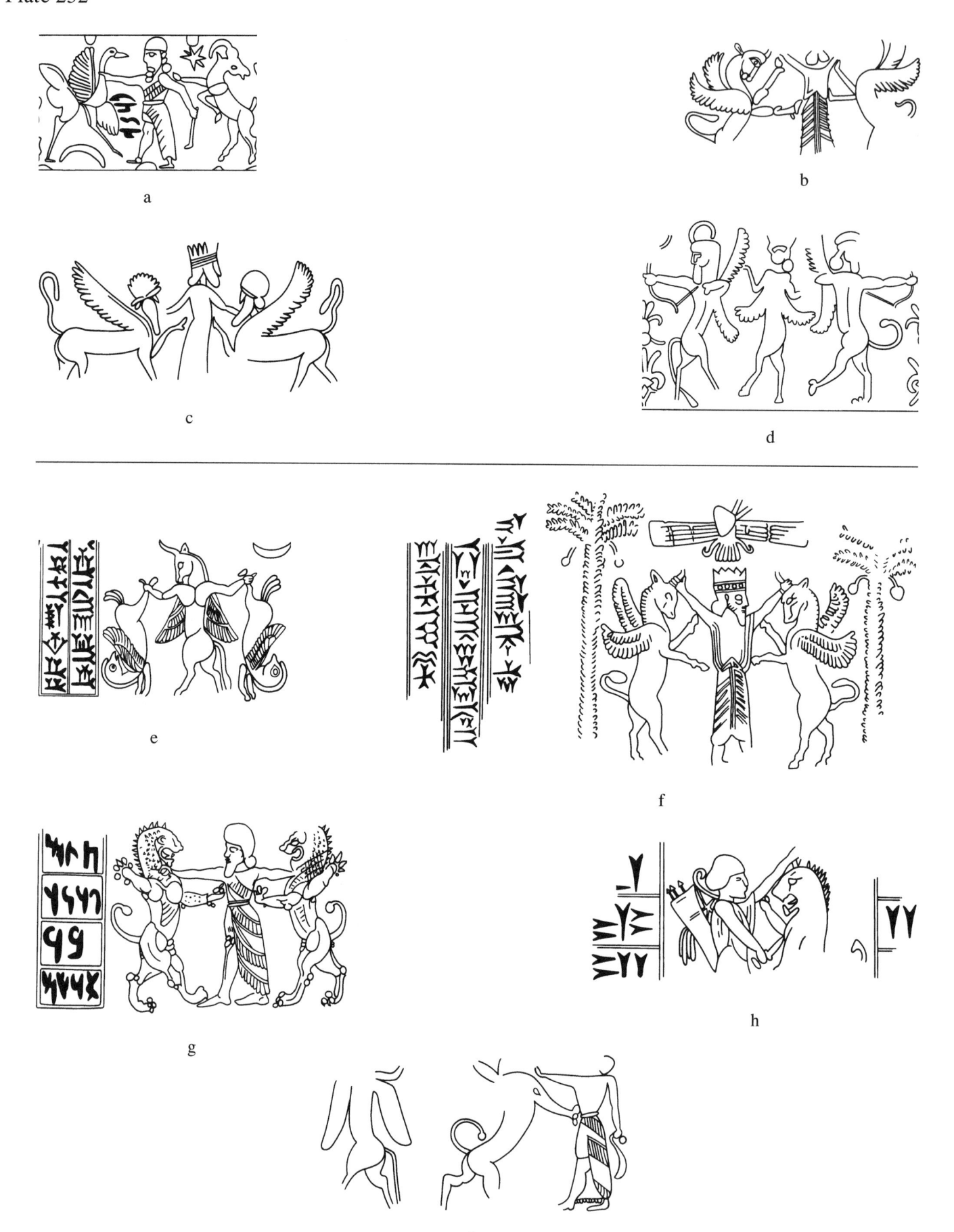

Animals/Creatures with Distinctive Perspectival Elements: (*a*) PFS 9* (Cat.No. 288), (*b*) PFS 970 (Cat.No. 6), (*c*) PFS 1155 (Cat.No. 190), and (*d*) PFS 1204 (Cat.No. 136); and **Spectacular Animal Studies**: (*e*) PFS 1* (Cat.No. 182), (*f*) PFS 7* (Cat.No. 4), (*g*) PFS 16* (Cat.No. 22), (*h*) PFS 859* (Cat.No. 205), and (*i*) PFS 1582 (Cat.No. 232)

Plate 233

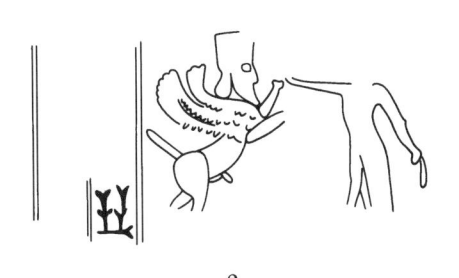

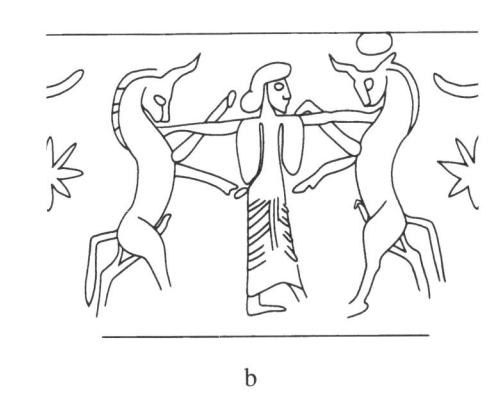

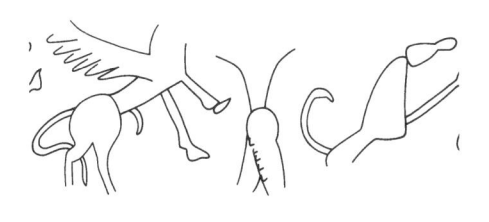

Ithyphallic Animals/Creatures: (*a*) PFS 18 (Cat.No. 15), (*b*) PFS 102 (Cat.No. 1), (*c*) PFS 152 (Cat.No. 295), (*d*) PFS 414 (Cat.No. 280), (*e*) PFS 526* (Cat.No. 216), (*f*) PFS 939 (Cat.No. 267), (*g*) PFS 1071 (Cat.No. 29), (*h*) PFS 1119 (Cat.No. 283), and (*i*) PFS 1637* (Cat.No. 273)

Plate 234

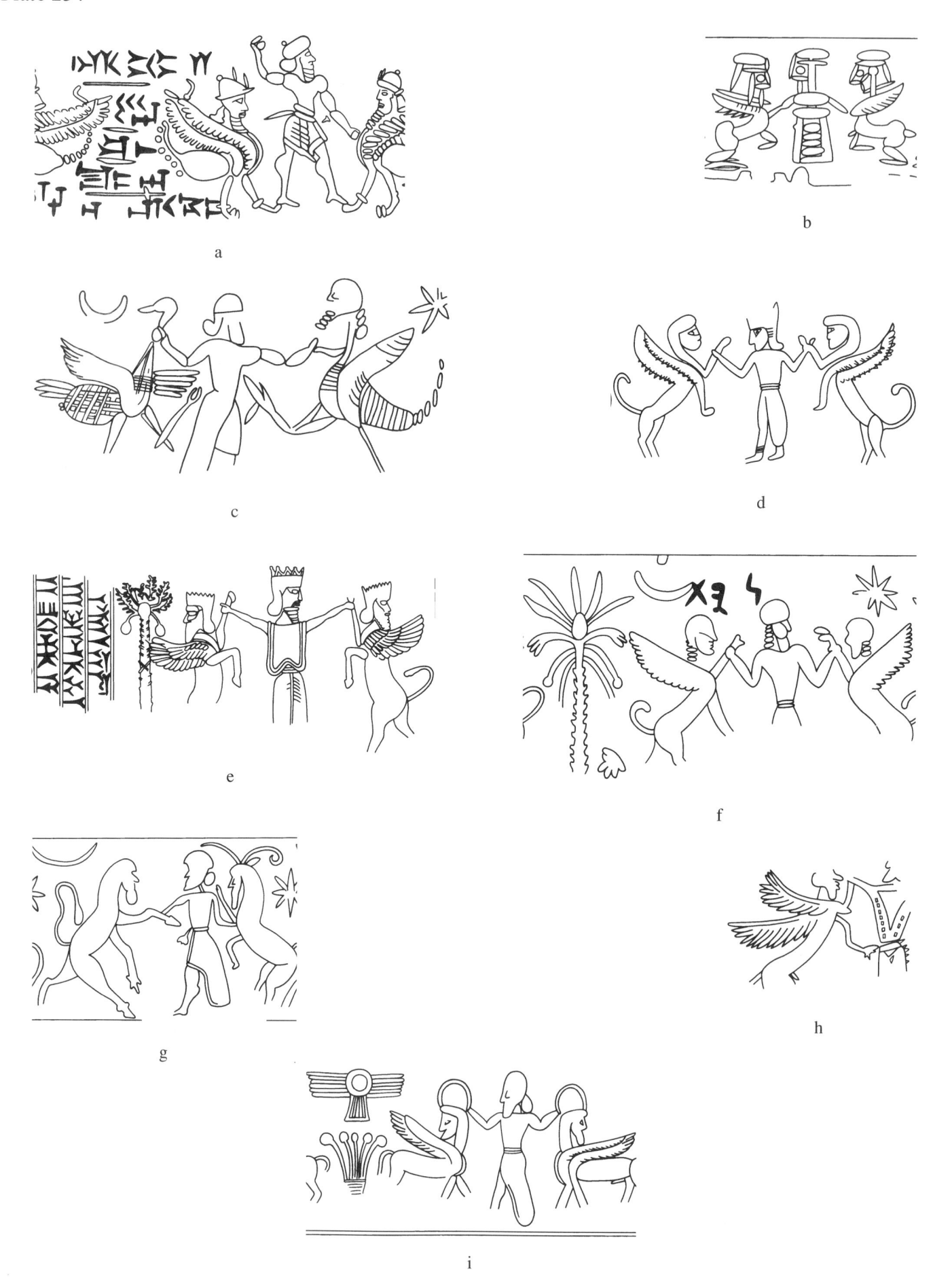

Human-headed/Human-faced Creatures: (*a*) PFS 4* (Cat.No. 292), (*b*) PFS 20 (Cat.No. 145), (*c*) PFS 29 (Cat.No. 302), (*d*) PFS 34 (Cat.No. 73), (*e*) PFS 113* (Cat.No. 19), (*f*) PFS 123* (Cat.No. 75), (*g*) PFS 222 (Cat.No. 117), (*h*) PFS 414 (Cat.No. 280), and (*i*) PFS 514 (Cat.No. 192)

Plate 235

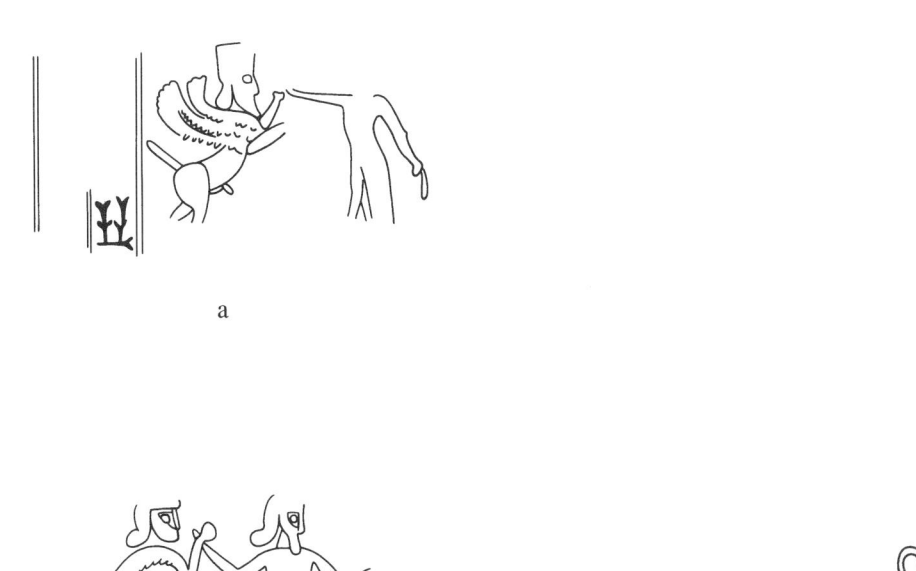

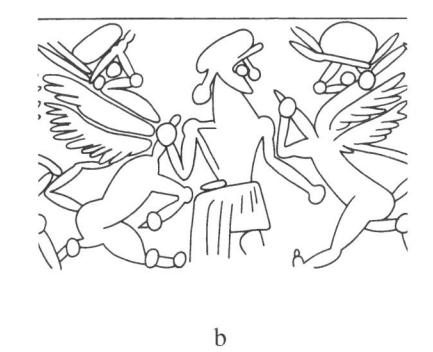

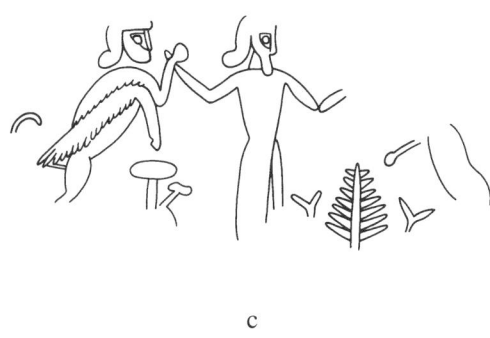

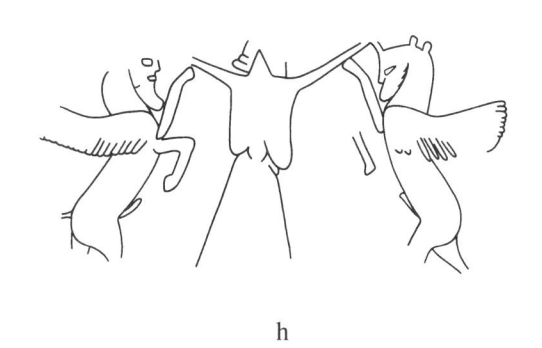

Human-headed/Human-faced Creatures (*cont.*): (*a*) PFS 526* (Cat.No. 216), (*b*) PFS 740 (Cat.No. 146), (*c*) PFS 1023 (Cat.No. 127), (*d*) PFS 1155 (Cat.No. 190), (*e*) PFS 1204 (Cat.No. 136), (*f*) PFS 1566* (Cat.No. 218), (*g*) PFS 1586 (Cat.No. 121), and (*h*) PFS 1684 (Cat.No. 17)

Plate 236

a

b

c

d

e

f

g

h

i

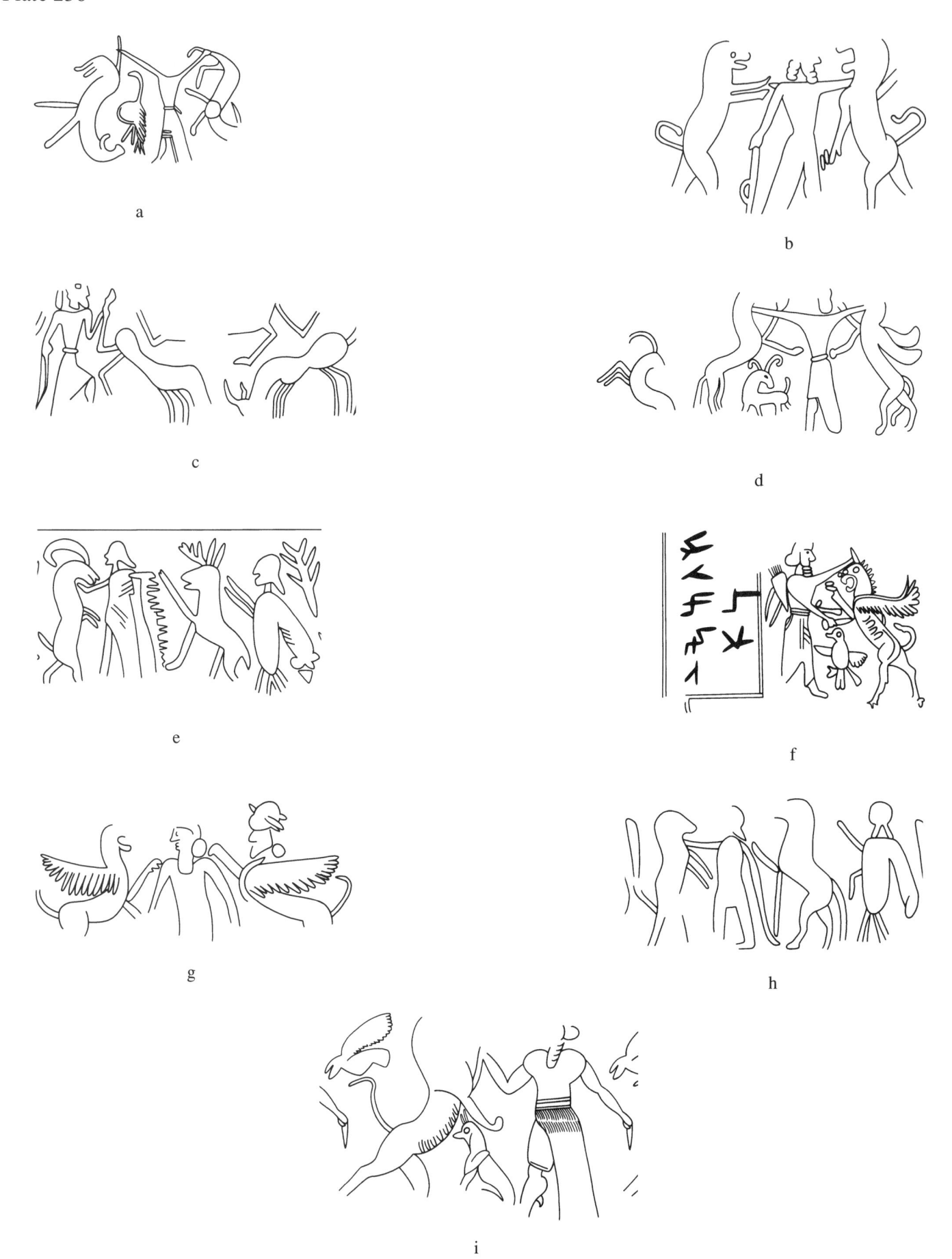

Animals/Creatures as Secondary Elements of Main Design Field: (*a*) PFS 138 (Cat.No. 186), (*b*) PFS 151 (Cat.No. 223), (*c*) PFS 190 (Cat.No. 286), (*d*) PFS 197 (Cat.No. 116), (*e*) PFS 247 (Cat.No. 245), (*f*) PFS 266* (Cat.No. 208), (*g*) PFS 312 (Cat.No. 237), (*h*) PFS 916 (Cat.No. 226), and (*i*) PFS 1122 (Cat.No. 228)

Plate 237

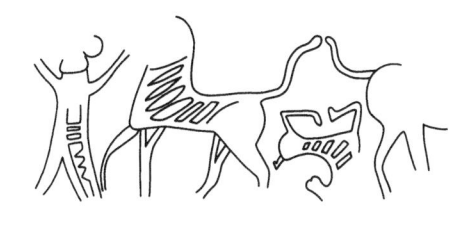

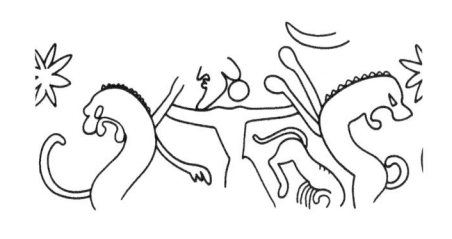

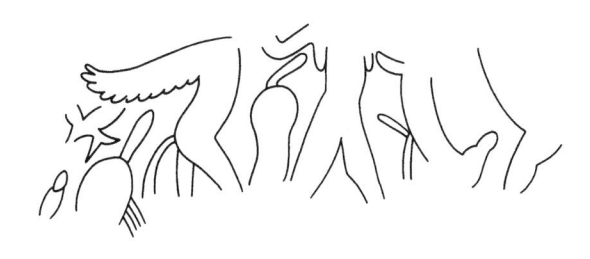

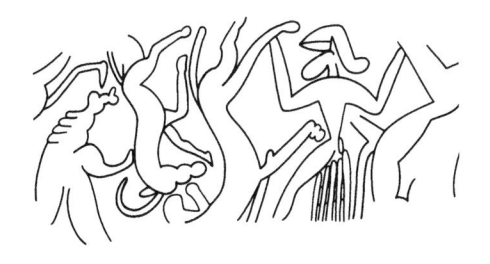

Animal Carcasses: (*a*) PFS 17 (Cat.No. 235), (*b*) PFS 243 (Cat.No. 303), (*c*) PFS 256 (Cat.No. 198), (*d*) PFS 1142 (Cat.No. 39), (*e*) PFS 1388 (Cat.No. 162), and (*f*) PFS 1475 (Cat.No. 177)

Plate 238

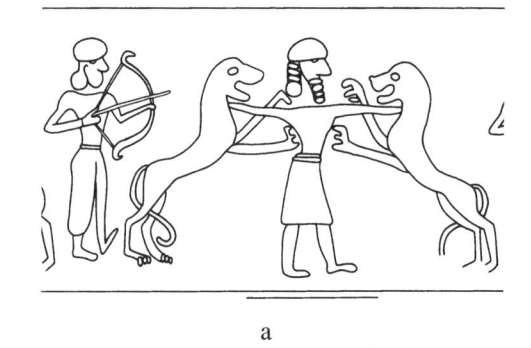

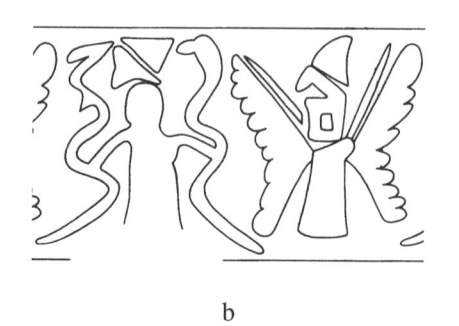

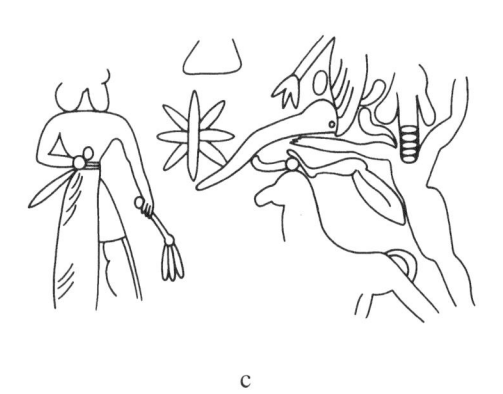

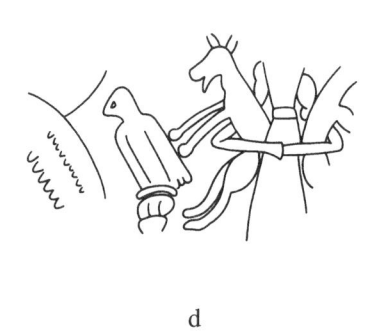

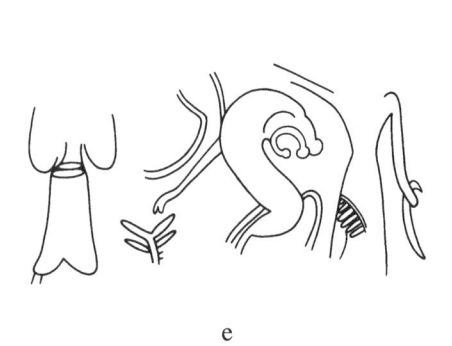

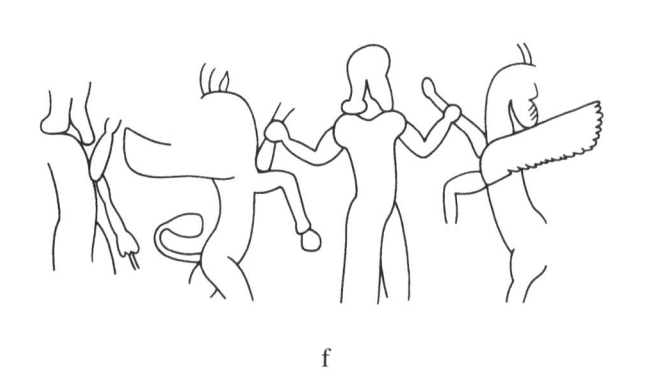

Subsidiary Human/Human-creature Figures in Encounter Images: (*a*) PFS 49 (Cat.No. 23), (*b*) PFS 418 (Cat.No. 201), (*c*) PFS 538 (Cat.No. 312), (*d*) PFS 1099 (Cat.No. 169), (*e*) PFS 1466 (Cat.No. 234), and (*f*) PFS 1641 (Cat.No. 18)

Plate 239

Unusual Formats of Heroic Encounter: (*a*) PFS 6 (Cat.No. 304), (*b*) PFS 24 (Cat.No. 298), (*c*) PFS 29 (Cat.No. 302), (*d*) PFS 243 (Cat.No. 303), (*e*) PFS 284* (Cat.No. 111), (*f*) PFS 435 (Cat.No. 310), (*g*) PFS 447 (Cat.No. 301), and (*h*) PFS 896 (Cat.No. 308)

Plate 240

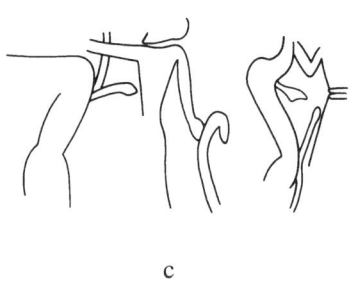

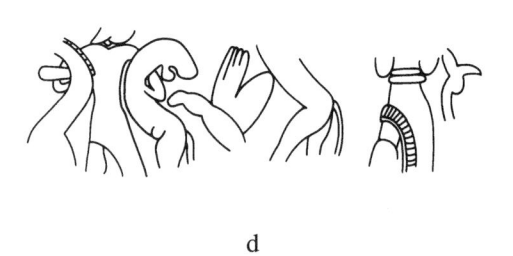

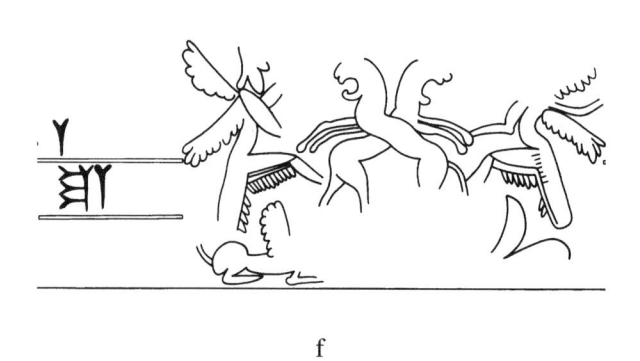

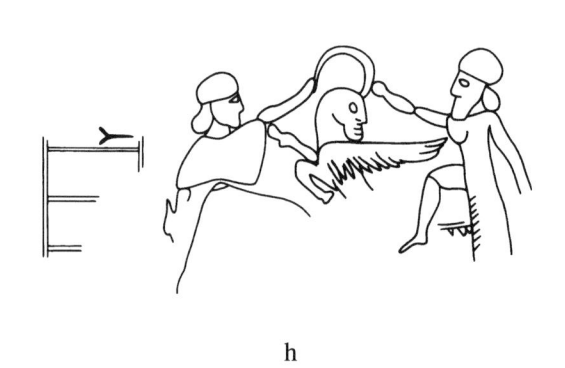

Double Encounter Images: (*a*) PFS 146 (Cat.No. 275), (*b*) PFS 152 (Cat.No. 295), (*c*) PFS 757 (Cat.No. 296), and (*d*) PFS 1249 (Cat.No. 294); and **Double Hero Encounters**: (*e*) PFS 65 (Cat.No. 241), (*f*) PFS 931* (Cat.No. 270), (*g*) PFS 1101 (Cat.No. 297), and (*h*) PFS 1227* (Cat.No. 219)

Plate 241

Heroic Encounters Merged with Animal Contests: (*a*) PFS 114 (Cat.No. 284), (*b*) PFS 148 (Cat.No. 311), (*c*) PFS 167 (Cat.No. 255), (*d*) PFS 241 (Cat.No. 252), (*e*) PFS 818 (Cat.No. 265), and (*f*) PFS 952 (Cat.No. 227); and
Heroic Encounters Fused with Heraldic Motifs: (*g*) PFS 162 (Cat.No. 249), (*h*) PFS 225 (Cat.No. 46),
(*i*) PFS 496 (Cat.No. 108), and (*j*) PFS 1204 (Cat.No. 136)

Plate 242

a

b

c

d

e

f

g

Heroic Encounters Fused with Crossed Animals: (*a*) PFS 737 (Cat.No. 281), (*b*) PFS 912 (Cat.No. 138), (*c*) PFS 931* (Cat.No. 270), and (*d*) PFS 952 (Cat.No. 227); and **Crossed Animals:** (*e*) PFS 213 (Cat.No. 140), (*f*) PFS 396 (Cat.No. 178), and (*g*) PFS 990 (Cat.No. 256)

Plate 243

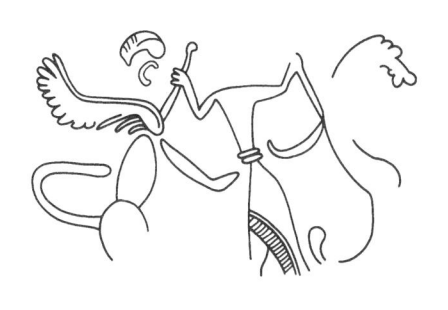

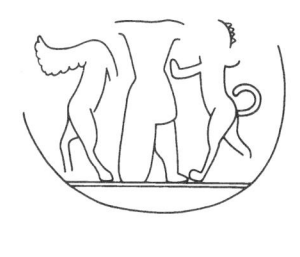

Faux-crossed Animal Creatures: (*a*) PFS 284* (Cat.No. 111); and **Mixed Animals/Creatures**: (*b*) PFS 334 (Cat.No. 133), (*c*) PFS 494 (Cat.No. 130), (*d*) PFS 731 (Cat.No. 131), (*e*) PFS 1102 (Cat.No. 132), (*f*) PFS 1249 (Cat.No. 294), and (*g*) PFS 1437s (Cat.No. 128)

Plate 244

a

b

c

d

e

f

g

h

i

j

Daggers and Swords: (*a*) PFS 80 (Cat.No. 202), (*b*) PFS 167 (Cat.No. 255), (*c*) PFS 246 (Cat.No. 290), (*d*) PFS 263 (Cat.No. 289), (*e*) PFS 584* (Cat.No. 203), (*f*) PFS 853 (Cat.No. 204), (*g*) PFS 1122 (Cat.No. 228), (*h*) PFS 1181 (Cat.No. 210), (*i*) PFS 1566* (Cat.No. 218), and (*j*) PFS 1582 (Cat.No. 232)

Plate 245

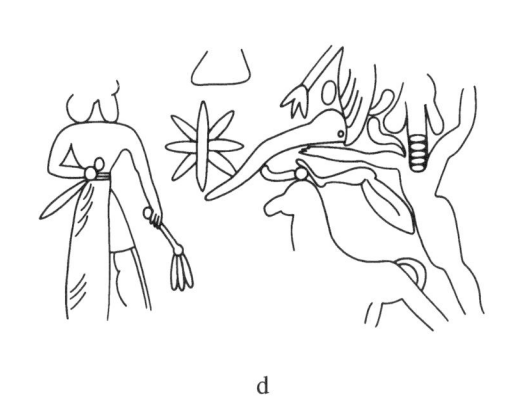

Various Weapons: (*a*) PFS 9* (Cat.No. 288), (*b*) PFS 98* (Cat.No. 217), (*c*) PFS 503 (Cat.No. 307), (*d*) PFS 538 (Cat.No. 312), and (*e*) PFS 1367s (Cat.No. 211); and **Spears**: (*f*) PFS 24 (Cat.No. 298), (*g*) PFS 130 (Cat.No. 300), and (*h*) PFS 1101 (Cat.No. 297)

Plate 246

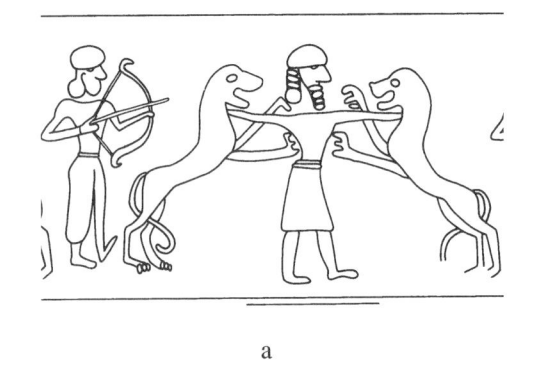

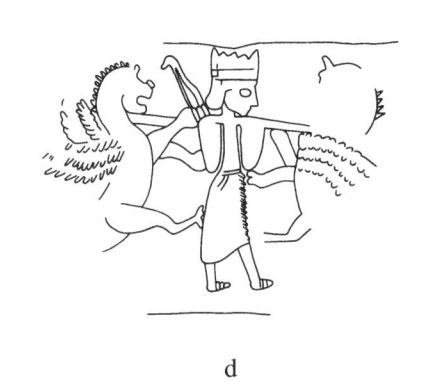

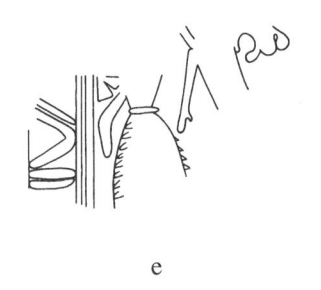

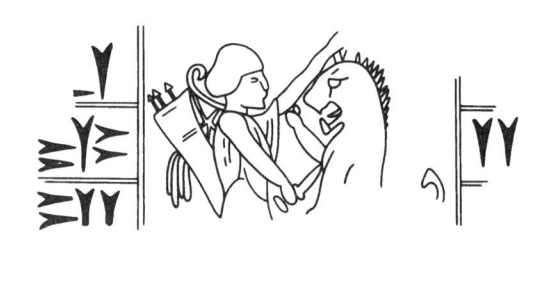

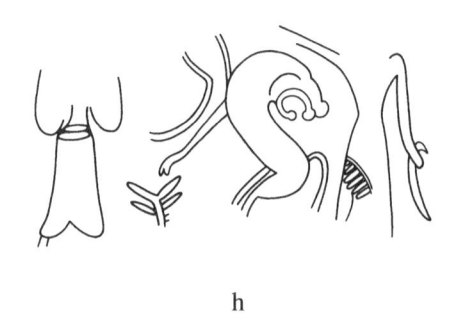

Bows, Arrows, Quivers: (*a*) PFS 49 (Cat.No. 23), (*b*) PFS 196 (Cat.No. 224), (*c*) PFS 266* (Cat.No. 208), (*d*) PFS 301 (Cat.No. 54), (*e*) PFS 709 (Cat.No. 271), (*f*) PFS 859* (Cat.No. 205), (*g*) PFS 1204 (Cat.No. 136), and (*h*) PFS 1466 (Cat.No. 234)

Plate 247

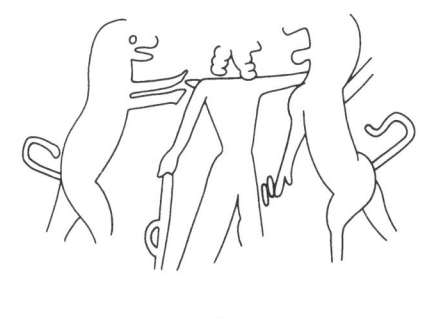

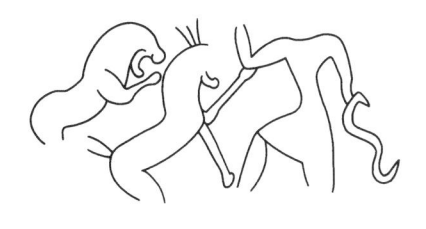

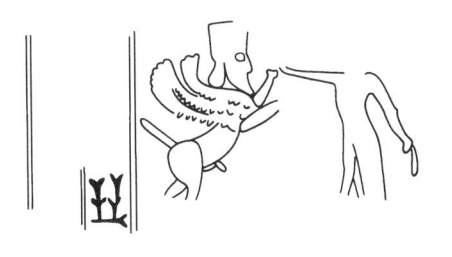

Projectiles, Slings: (*a*) PFS 4* (Cat.No. 292), (*b*) PFS 10 (Cat.No. 251), and (*c*) PFS 57* (Cat.No. 239); and
Weapons of Unusual or Uncertain Type: (*d*) PFS 125 (Cat.No. 250), (*e*) PFS 151 (Cat.No. 223),
(*f*) PFS 241 (Cat.No. 252), (*g*) PFS 247 (Cat.No. 245), and (*h*) PFS 526* (Cat.No. 216)

Plate 248

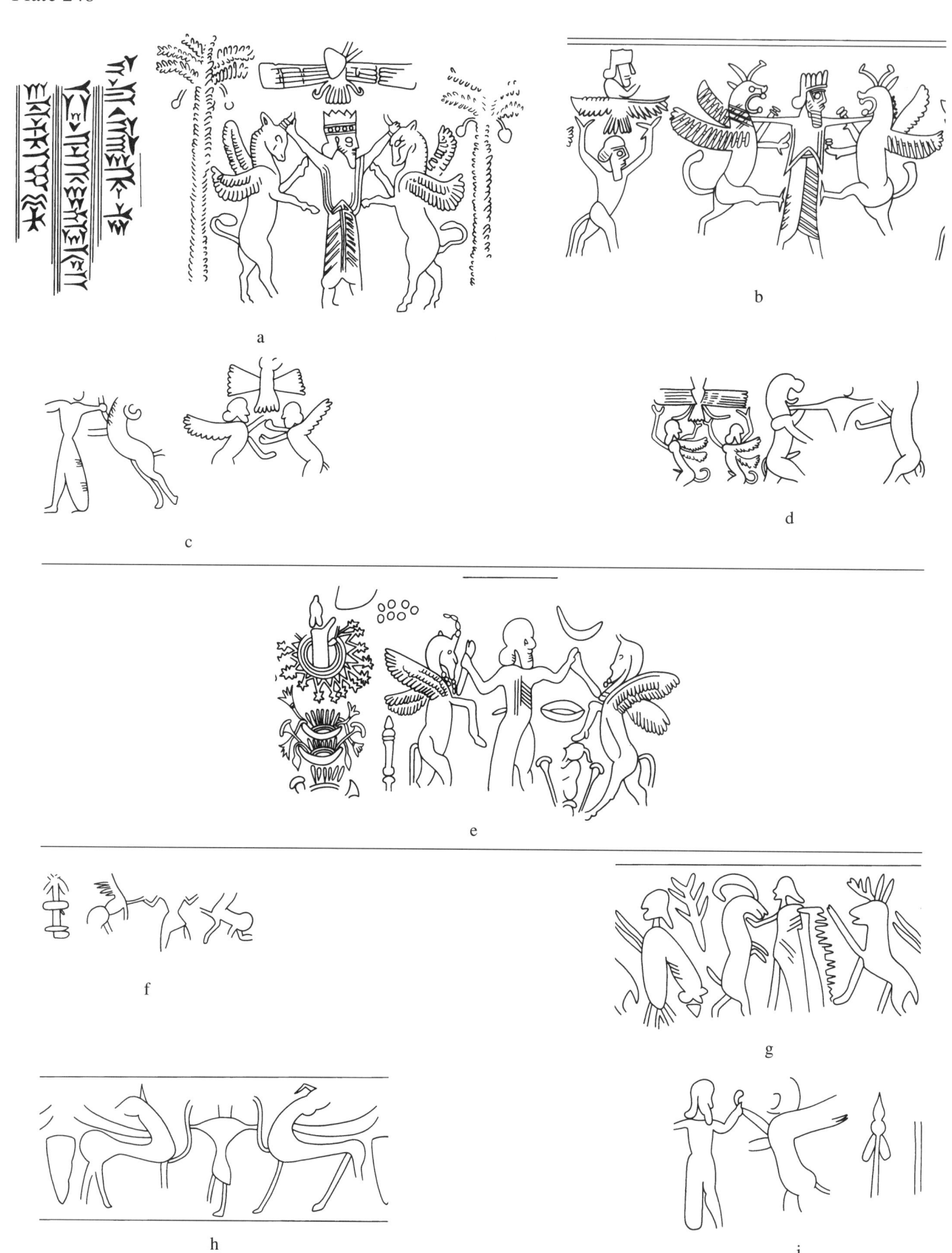

Deities Emergent from Winged Symbol: (*a*) PFS 7* (Cat.No. 4), (*b*) PFS 774 (Cat.No. 58), (*c*) PFS 1053 (Cat.No. 45), and (*d*) PFS 1071 (Cat.No. 29); **Deity Emergent from Nimbus of Stars**: (*e*) PFS 38 (Cat.No. 16); and **Abstract Symbols of Mesopotamian Deities**: (*f*) PFS 228 (Cat.No. 148), (*g*) PFS 247 (Cat.No. 245), (*h*) PFS 913 (Cat.No. 200), and (*i*) PFS 1501 (Cat.No. 238)

Plate 249

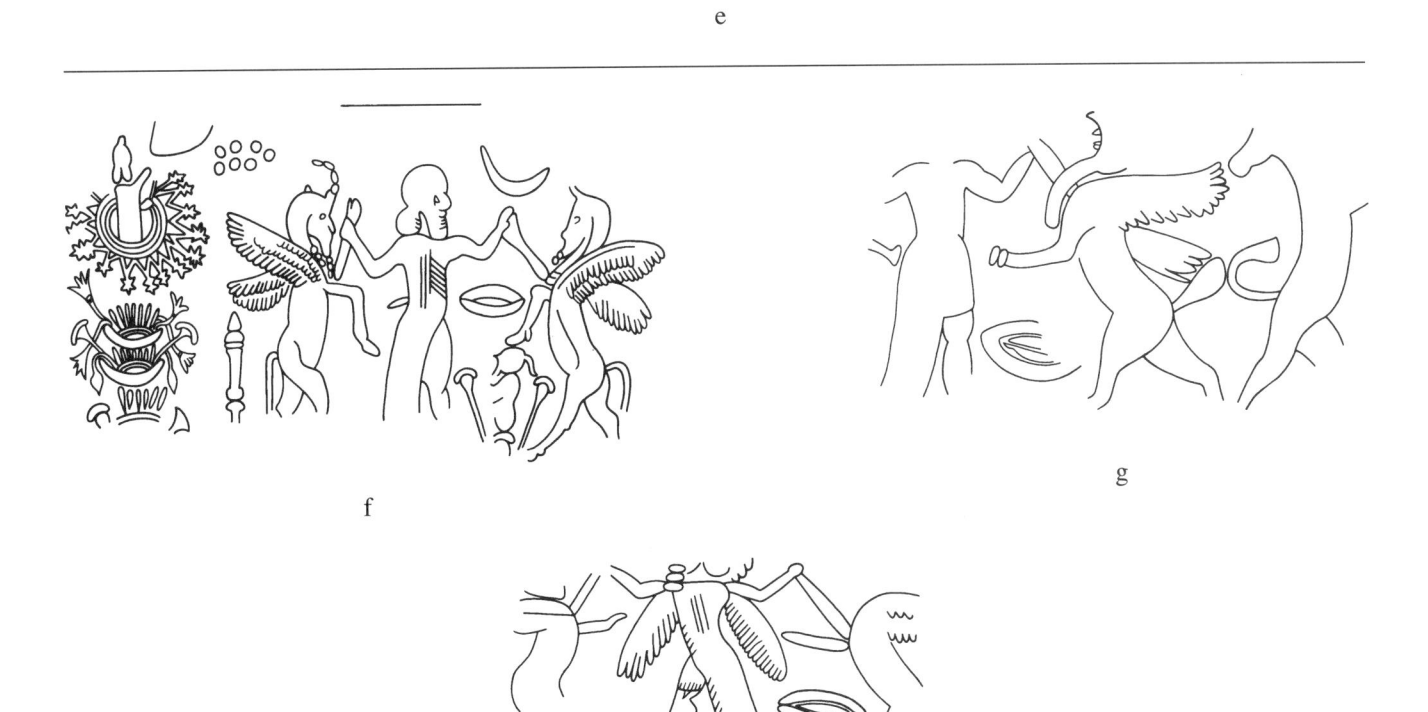

Winged Symbols: (*a*) PFS 62 (Cat.No. 104), (*b*) PFS 196 (Cat.No. 224), (*c*) PFS 514 (Cat.No. 192), (*d*) PFS 851 (Cat.No. 60), and (*e*) PFS 1189 (Cat.No. 8); and **Rhombs**: (*f*) PFS 38 (Cat.No. 16), (*g*) PFS 944 (Cat.No. 129), and (*h*) PFS 1026 (Cat.No. 156)

Plate 250

Crescents: (*a*) PFS 1* (Cat.No. 182), (*b*) PFS 38 (Cat.No. 16), (*c*) PFS 120 (Cat.No. 49), (*d*) PFS 232 (Cat.No. 26), (*e*) PFS 326 (Cat.No. 100), (*f*) PFS 364 (Cat.No. 149), (*g*) PFS 494 (Cat.No. 130), (*h*) PFS 614 (Cat.No. 287), and (*i*) PFS 720 (Cat.No. 57)

Plate 251

Crescents (*cont.*): (*a*) PFS 818 (Cat.No. 265), (*b*) PFS 964 (Cat.No. 260), (*c*) PFS 1076 (Cat.No. 193), (*d*) PFS 1146 (Cat.No. 40), (*e*) PFS 1440 (Cat.No. 42), (*f*) PFS 1444 (Cat.No. 62), (*g*) PFS 1463s (Cat.No. 231), (*h*) PFS 1483 (Cat.No. 88), and (*i*) PFS 1654 (Cat.No. 122)

Plate 252

Crescents and Stars: (*a*) PFS 9* (Cat.No. 288), (*b*) PFS 29 (Cat.No. 302), (*c*) PFS 102 (Cat.No. 1), (*d*) PFS 112 (Cat.No. 282), (*e*) PFS 123* (Cat.No. 75), (*f*) PFS 222 (Cat.No. 117), (*g*) PFS 896 (Cat.No. 308), (*h*) PFS 1030 (Cat.No. 120), and (*i*) PFS 1142 (Cat.No. 39)

Plate 253

Stars, Rosettes: (*a*) PFS 30 (Cat.No. 291), (*b*) PFS 95 (Cat.No. 25), (*c*) PFS 109 (Cat.No. 197), (*d*) PFS 114 (Cat.No. 284), (*e*) PFS 145 (Cat.No. 115), (*f*) PFS 260 (Cat.No. 225), (*g*) PFS 329 (Cat.No. 28), (*h*) PFS 884 (Cat.No. 123), (*i*) PFS 902 (Cat.No. 243), and (*j*) PFS 1123 (Cat.No. 279)

Plate 254

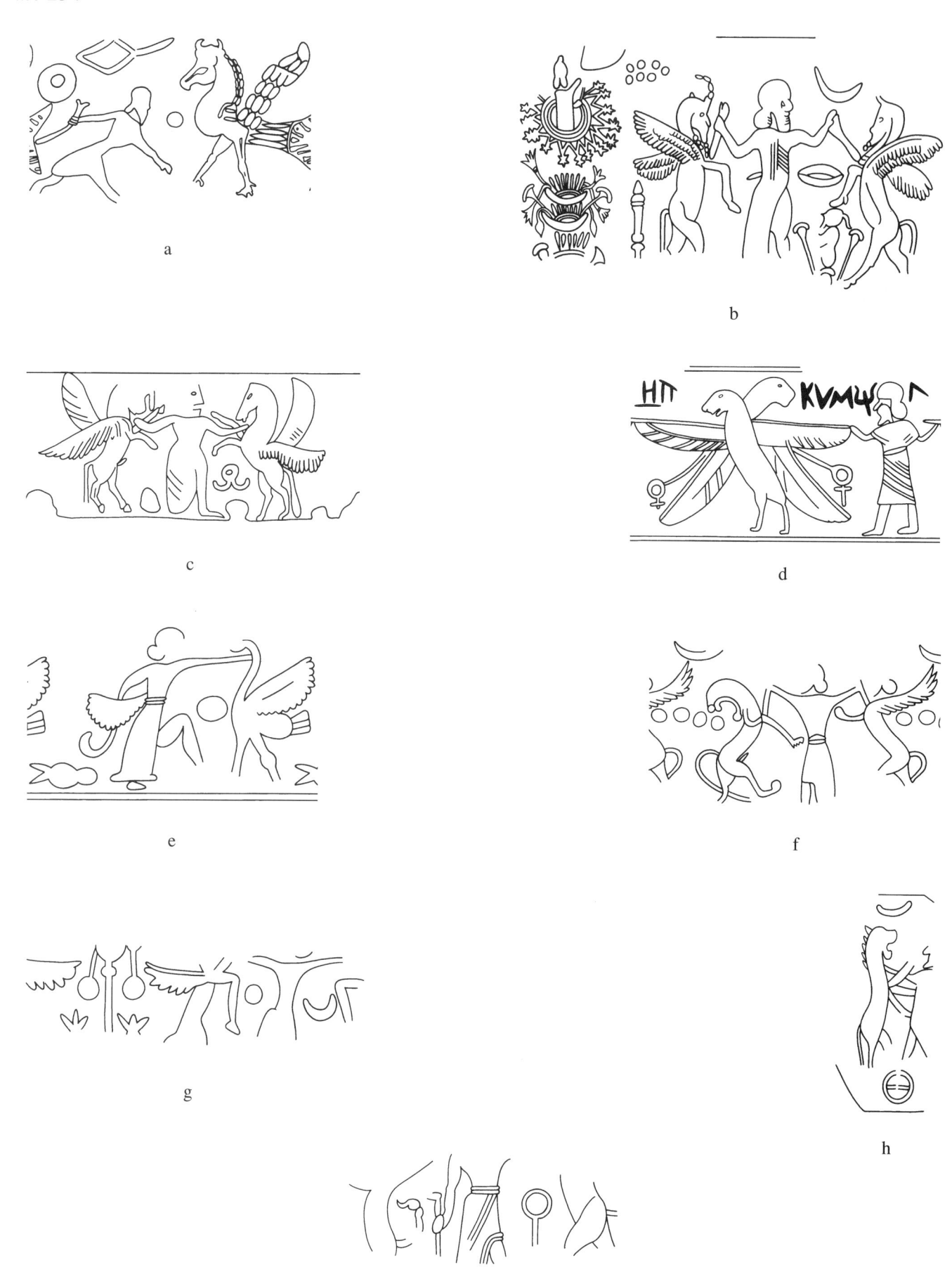

Various Devices and Symbols: (*a*) PFS 10 (Cat.No. 251), (*b*) PFS 38 (Cat.No. 16), (*c*) PFS 99 (Cat.No. 113), (*d*) PFS 284* (Cat.No. 111), (*e*) PFS 263 (Cat.No. 289), (*f*) PFS 494 (Cat.No. 130), (*g*) PFS 1236 (Cat.No. 159), (*h*) PFS 1463s (Cat.No. 231), and (*i*) PFS 1480 (Cat.No. 257)

Plate 255

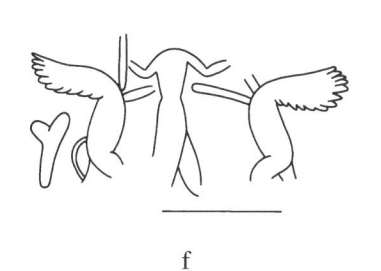

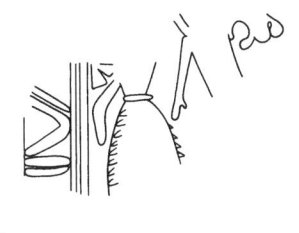

Various Devices and Symbols (*cont.*): (*a*) PFS 24 (Cat.No. 298), (*b*) PFS 231 (Cat.No. 51), (*c*) PFS 243 (Cat.No. 303), (*d*) PFS 385 (Cat.No. 38), (*e*) PFS 435 (Cat.No. 310), (*f*) PFS 555 (Cat.No. 93), (*g*) PFS 709 (Cat.No. 271), and (*h*) PFS 1057 (Cat.No. 70)

Plate 256

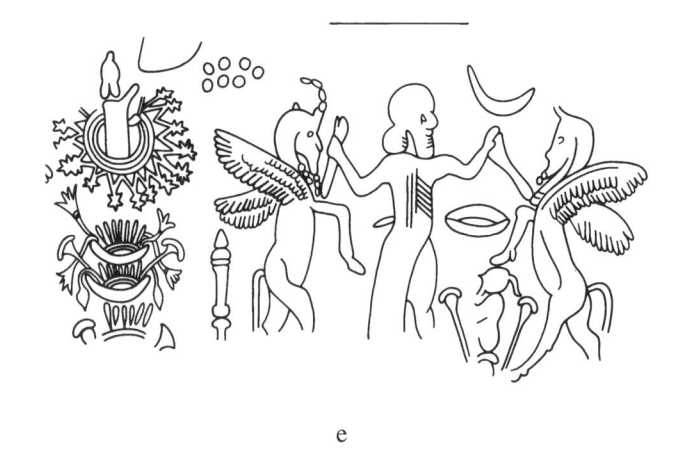

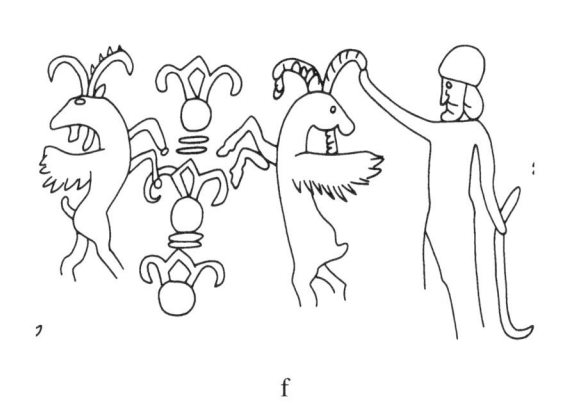

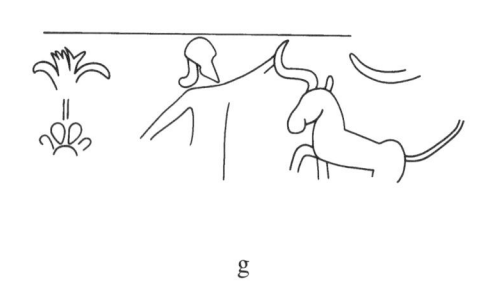

Stylized Trees: (*a*) PFS 225 (Cat.No. 46), (*b*) PFS 1072 (Cat.No. 61), (*c*) PFS 1091 (Cat.No. 68), and (*d*) PFS 1123 (Cat.No. 279); and **Stylized Floral Elements**: (*e*) PFS 38 (Cat.No. 16), (*f*) PFS 162 (Cat.No. 249), (*g*) PFS 614 (Cat.No. 287), and (*h*) PFS 1204 (Cat.No. 136)

Plate 257

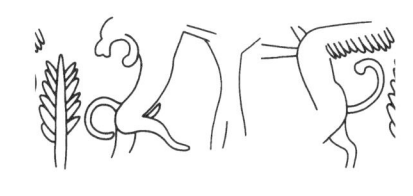

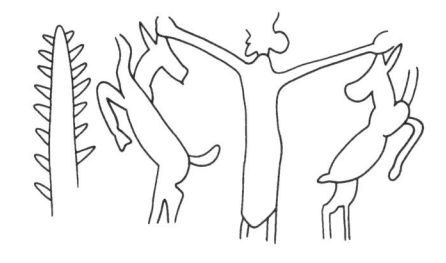

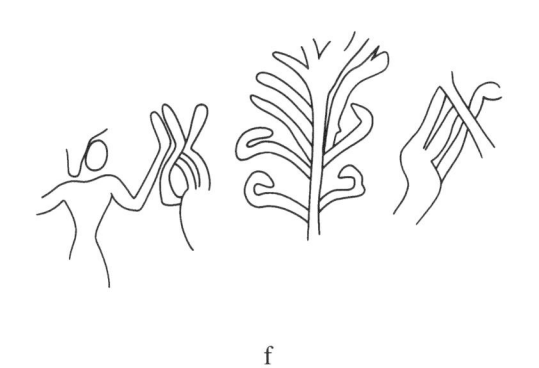

Conifers: (*a*) PFS 131 (Cat.No. 170), (*b*) PFS 334 (Cat.No. 133), (*c*) PFS 496 (Cat.No. 108), (*d*) PFS 971 (Cat.No. 171), and (*e*) PFS 1023 (Cat.No. 127); and **Trees of Uncertain Type**: (*f*) PFS 234 (Cat.No. 188), and (*g*) PFS 849 (Cat.No. 189)

Plate 258

Palm Trees: (*a*) PFS 58 (Cat.No. 242), (*b*) PFS 80 (Cat.No. 202), (*c*) PFS 149 (Cat.No. 212), (*d*) PFS 280 (Cat.No. 309), (*e*) PFS 381 (Cat.No. 179), (*f*) PFS 503 (Cat.No. 307), (*g*) PFS 1002 (Cat.No. 196), and (*h*) PFS 1362 (Cat.No. 30)

Plate 259

Date Palms: (*a*) PFS 7* (Cat.No. 4), (*b*) PFS 113* (Cat.No. 19), (*c*) PFS 123* (Cat.No. 75), (*d*) PFS 125 (Cat.No. 250), (*e*) PFS 853 (Cat.No. 204), (*f*) PFS 1236 (Cat.No. 159), and (*g*) PFS 1276 (Cat.No. 34)

Plate 260

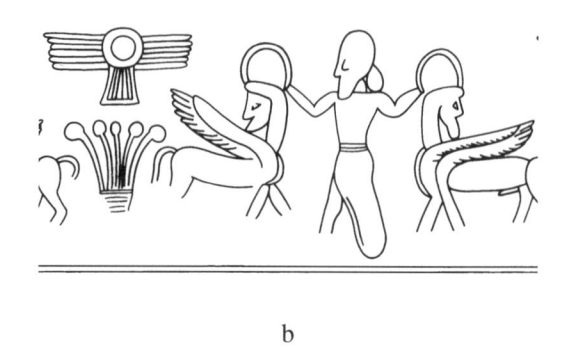

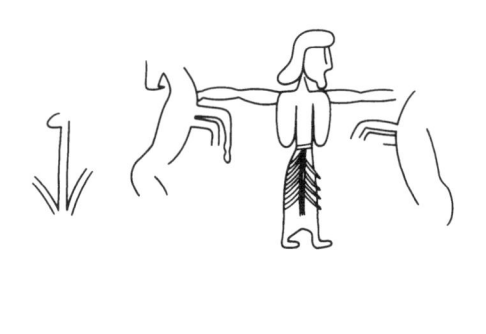

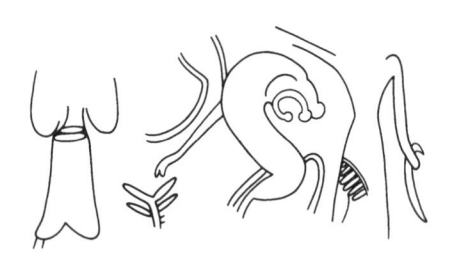

Papyrus Plants: (*a*) PFS 38 (Cat.No. 16) and (*b*) PFS 514 (Cat.No. 192); and
Various Plants: (*c*) PFS 632 (Cat.No. 143), (*d*) PFS 731 (Cat.No. 131),
(*e*) PFS 841 (Cat.No. 13), and (*f*) PFS 1466 (Cat.No. 234)

Plate 261

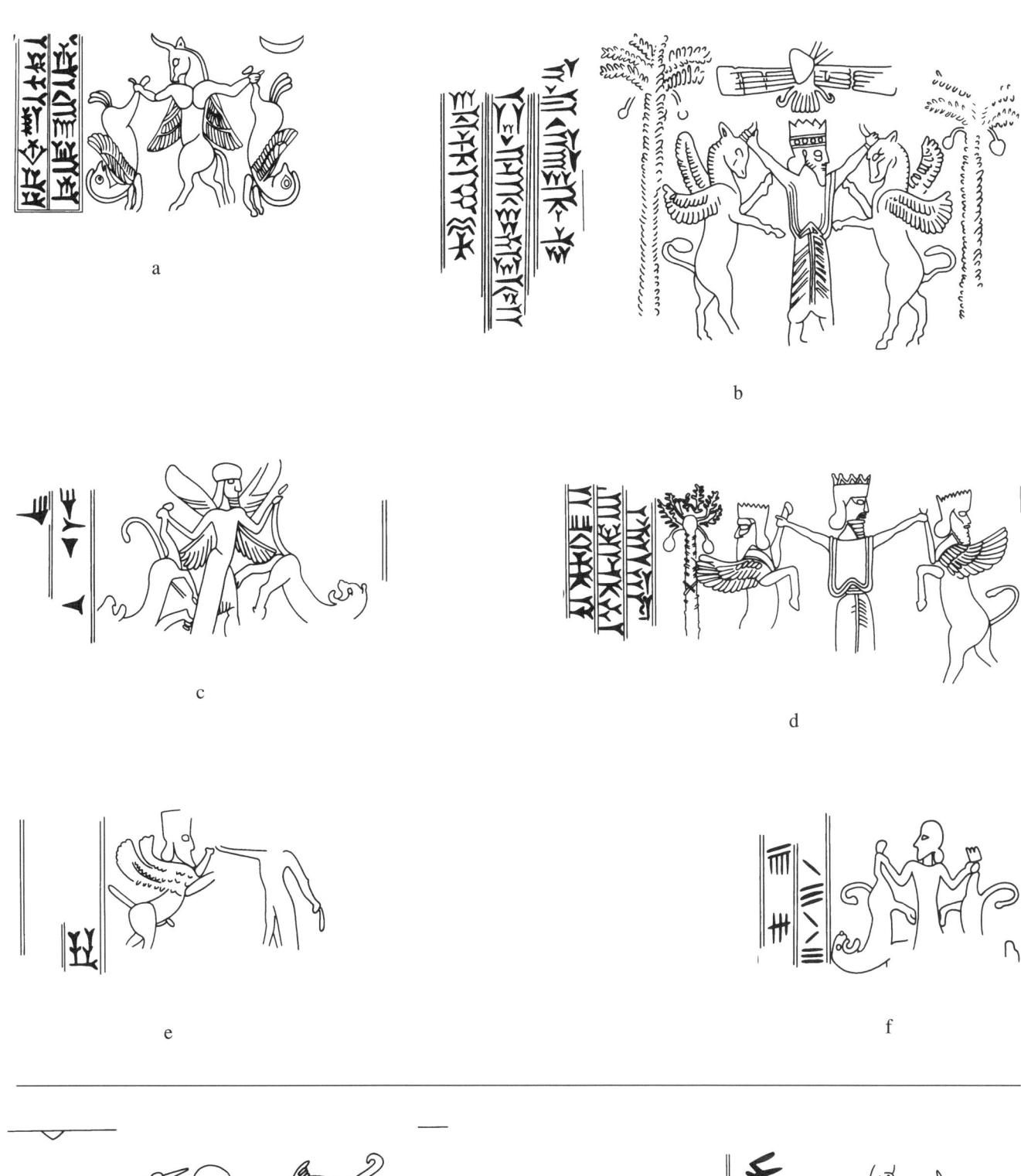

Paneled Inscriptions with Vertical Case Lines: (*a*) PFS 1* (Cat.No. 182), (*b*) PFS 7* (Cat.No. 4), (*c*) PFS 64* (Cat.No. 173), (*d*) PFS 113* (Cat.No. 19), (*e*) PFS 526* (Cat.No. 216), and (*f*) PFS 671* (Cat.No. 174); and
Paneled Inscriptions without Case Lines: (*g*) PFS 54* (Cat.No. 277) and (*h*) PFS 266* (Cat.No. 208)

Plate 262

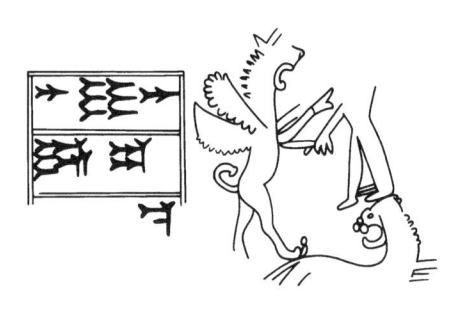

Paneled Inscriptions with Horizontal Case Lines: (*a*) PFS 16* (Cat.No. 22), (*b*) PFS 36* (Cat.No. 5), (*c*) PFS 43* (Cat.No. 207), (*d*) PFS 199* (Cat.No. 305), (*e*) PFS 272* (Cat.No. 272), (*f*) PFS 523* (Cat.No. 209), (*g*) PFS 584* (Cat.No. 203), and (*h*) PFS 769* (Cat.No. 278)

Plate 263

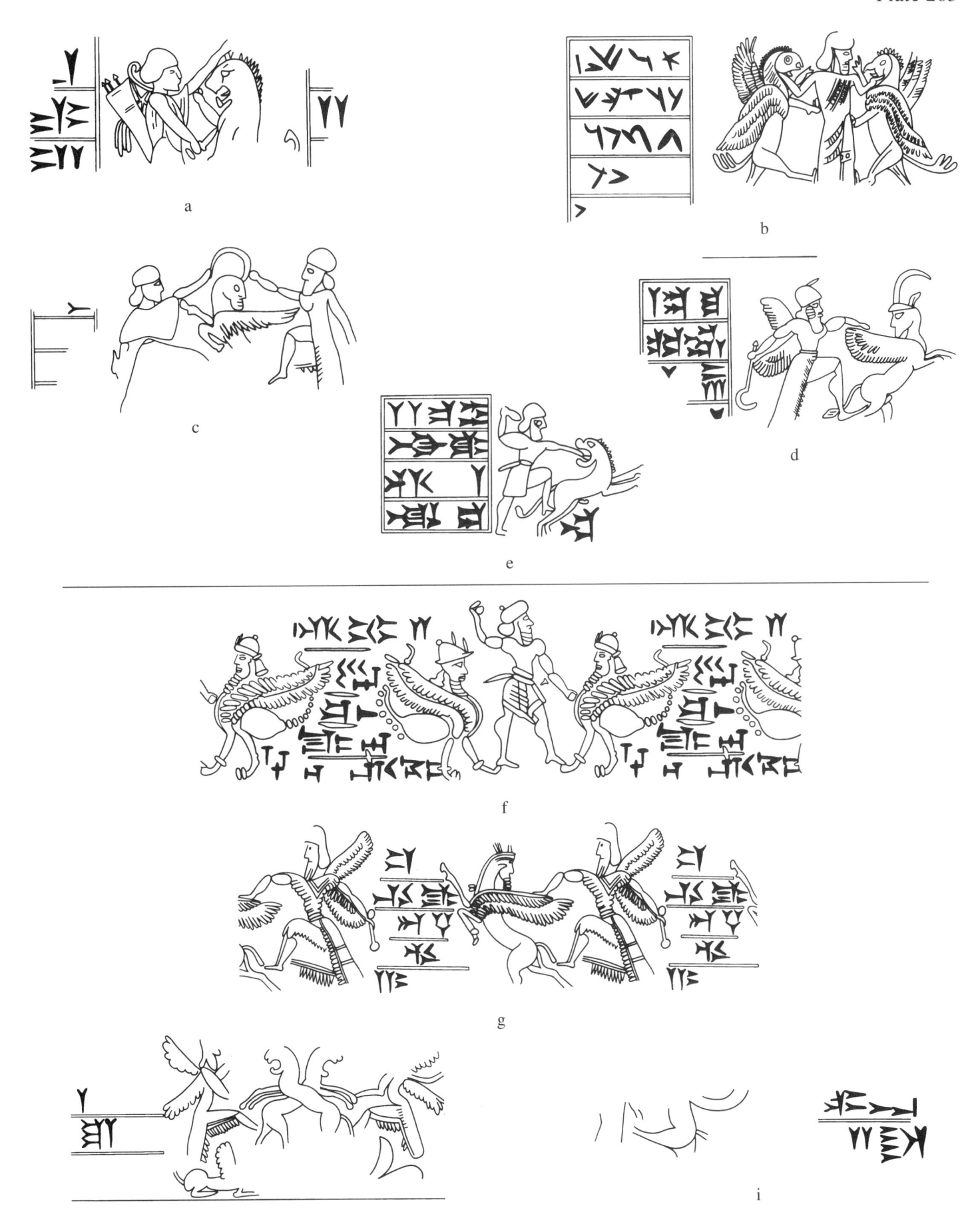

Paneled Inscriptions with Horizontal Case Lines (*cont.*): (*a*) PFS 859* (Cat.No. 205), (*b*) PFS 981* (Cat.No. 87), (*c*) PFS 1227* (Cat.No. 219), (*d*) PFS 1566* (Cat.No. 218), and (*e*) PFS 1637* (Cat.No. 273); and
Inscriptions without Panels, with Horizontal Case Lines: (*f*) PFS 4* (Cat.No. 292), (*g*) PFS 98* (Cat.No. 217), (*h*) PFS 931* (Cat.No. 270), and (*i*) PFS 1025* (Cat.No. 266)

Plate 264

a

b

c

d

e

f

g

h

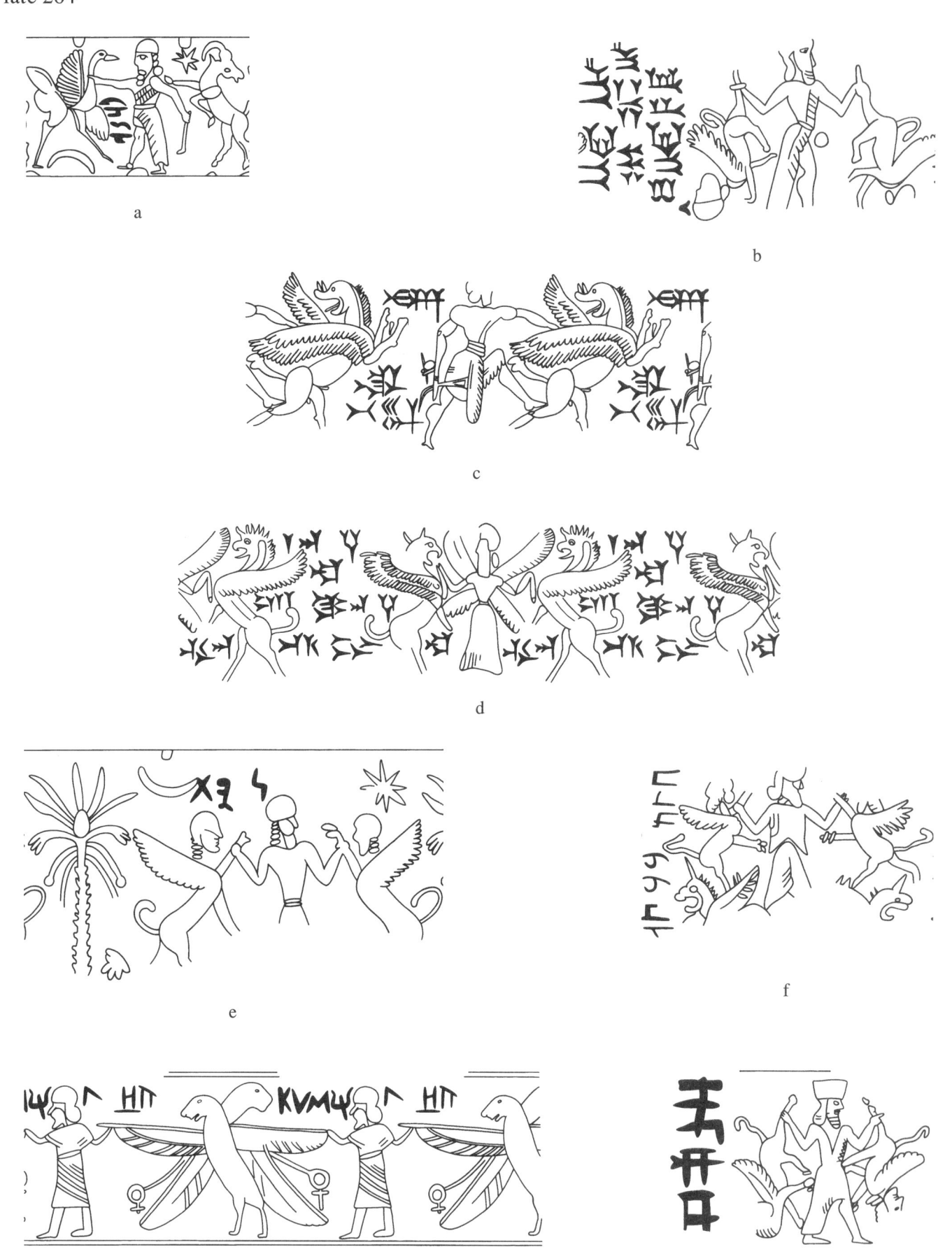

Inscriptions without Panels or Case Lines: (*a*) PFS 9* (Cat.No. 288), (*b*) PFS 32* (Cat.No. 180), (*c*) PFS 57* (Cat.No. 239), (*d*) PFS 103* (Cat.No. 84), (*e*) PFS 123* (Cat.No. 75), (*f*) PFS 164* (Cat.No. 20), (*g*) PFS 284* (Cat.No. 111), and (*h*) PFS 677* (Cat.No. 181)

Plate 265

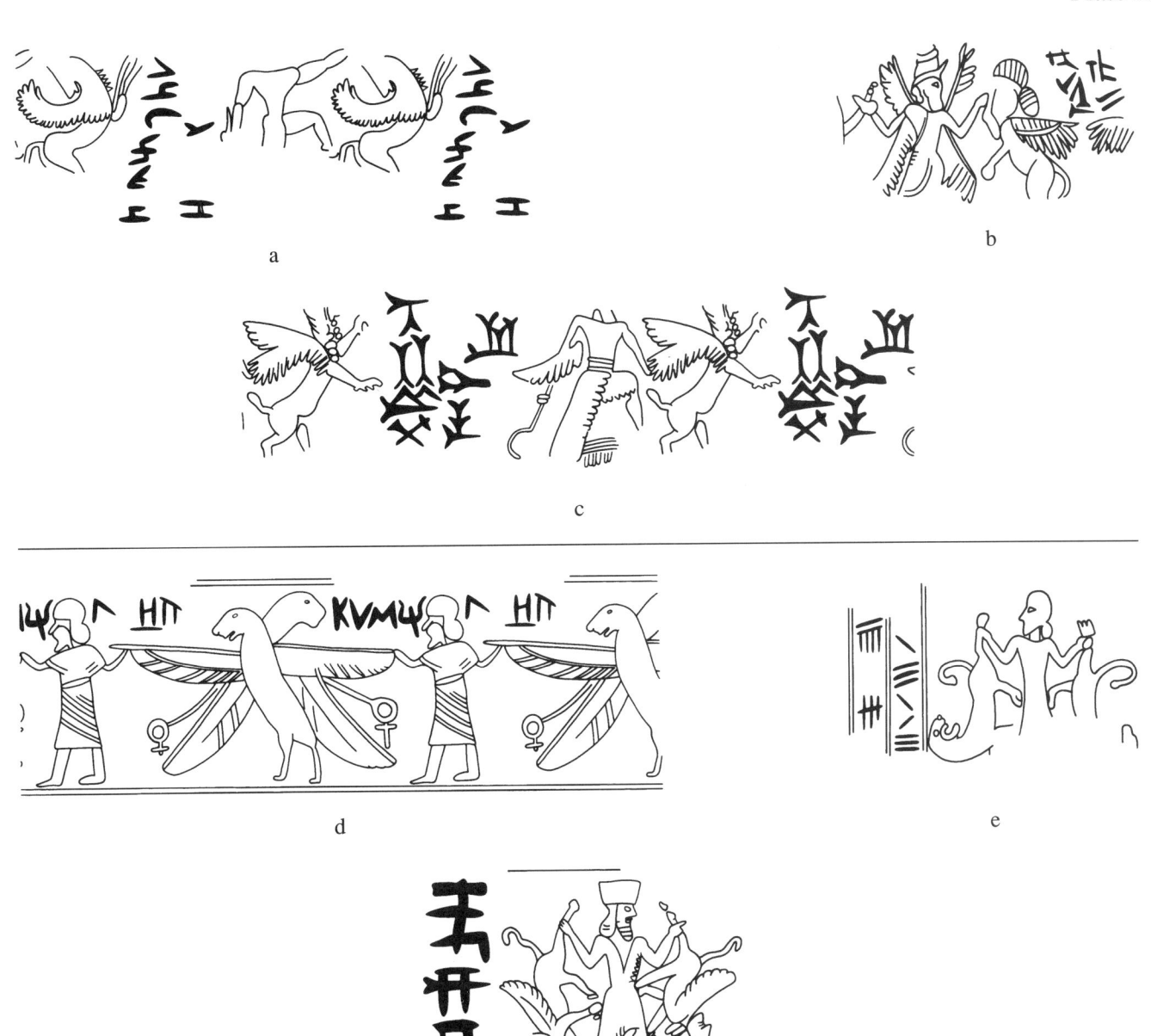

Inscriptions without Panels or Case Lines (*cont.*): (*a*) PFS 815* (Cat.No. 215), (*b*) PFS 883* (Cat.No. 97), and (*c*) PFS 1632* (Cat.No. 244); **Mock Inscriptions**: (*d*) PFS 284* (Cat.No. 111), (*e*) PFS 671* (Cat.No. 174), and (*f*) PFS 677* (Cat.No. 181); and **Trilingual (Royal Name) Inscriptions**: (*g*) PFS 7* (Cat.No. 4) and (*h*) PFS 113* (Cat.No. 19)

Plate 266

a

b

c

d

e

f

g

h

i

Terminal Field Motifs Other than Inscriptions: (*a*) PFS 196 (Cat.No. 224), (*b*) PFS 418 (Cat.No. 201), (*c*) PFS 774 (Cat.No. 58), (*d*) PFS 851 (Cat.No. 60), (*e*) PFS 1053 (Cat.No. 45), (*f*) PFS 1071 (Cat.No. 29), (*g*) PFS 1099 (Cat.No. 169), (*h*) PFS 1501 (Cat.No. 238), and (*i*) PFS 1582 (Cat.No. 232)

Plate 267

Terminal Field Motifs Other than Inscriptions (*cont.*): (*a*) PFS 30 (Cat.No. 291), (*b*) PFS 130 (Cat.No. 300), (*c*) PFS 231 (Cat.No. 51), (*d*) PFS 263 (Cat.No. 289), (*e*) PFS 326 (Cat.No. 100), (*f*) PFS 720 (Cat.No. 57), (*g*) PFS 749 (Cat.No. 110), (*h*) PFS 913 (Cat.No. 200), and (*i*) PFS 1142 (Cat.No. 39)

Plate 268

Terminal Field Motifs Other than Inscriptions (*cont.*): (*a*) PFS 31 (Cat.No. 172), (*b*) PFS 197 (Cat.No. 116), (*c*) PFS 256 (Cat.No. 198), (*d*) PFS 265 (Cat.No. 240), (*e*) PFS 461 (Cat.No. 90), (*f*) PFS 536 (Cat.No. 102), (*g*) PFS 853 (Cat.No. 204), (*h*) PFS 990 (Cat.No. 256), (*i*) PFS 1444 (Cat.No. 62), and (*j*) PFS 1475 (Cat.No. 177)

Plate 269

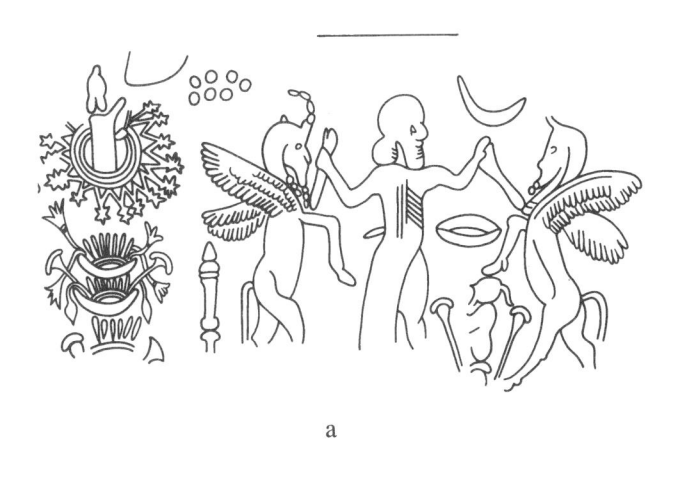

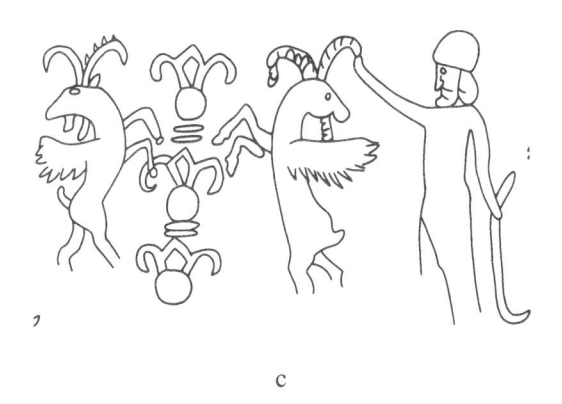

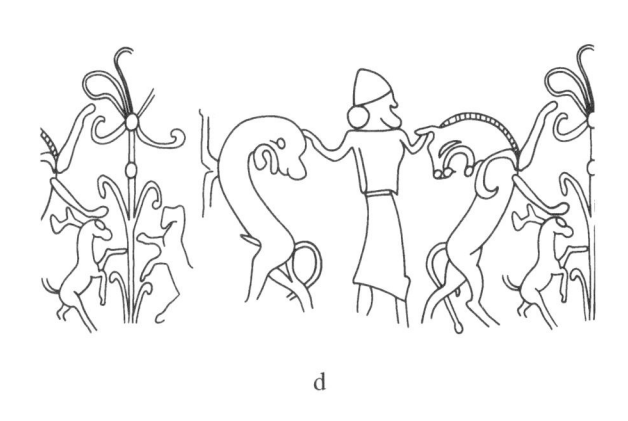

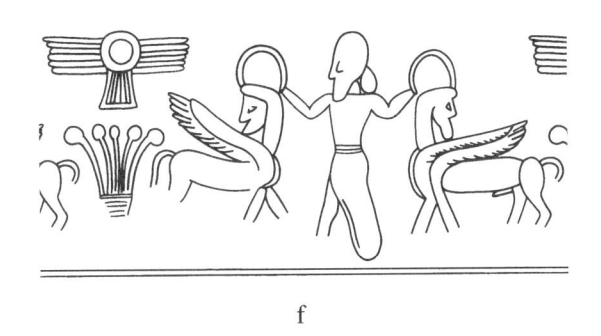

Terminal Field Motifs Other than Inscriptions (*cont.*): (*a*) PFS 38 (Cat.No. 16), (*b*) PFS 80 (Cat.No. 202), (*c*) PFS 162 (Cat.No. 249), (*d*) PFS 225 (Cat.No. 46), (*e*) PFS 496 (Cat.No. 108), (*f*) PFS 514 (Cat.No. 192), (*g*) PFS 1072 (Cat.No. 61), and (*h*) PFS 1204 (Cat.No. 136)

Plate 270

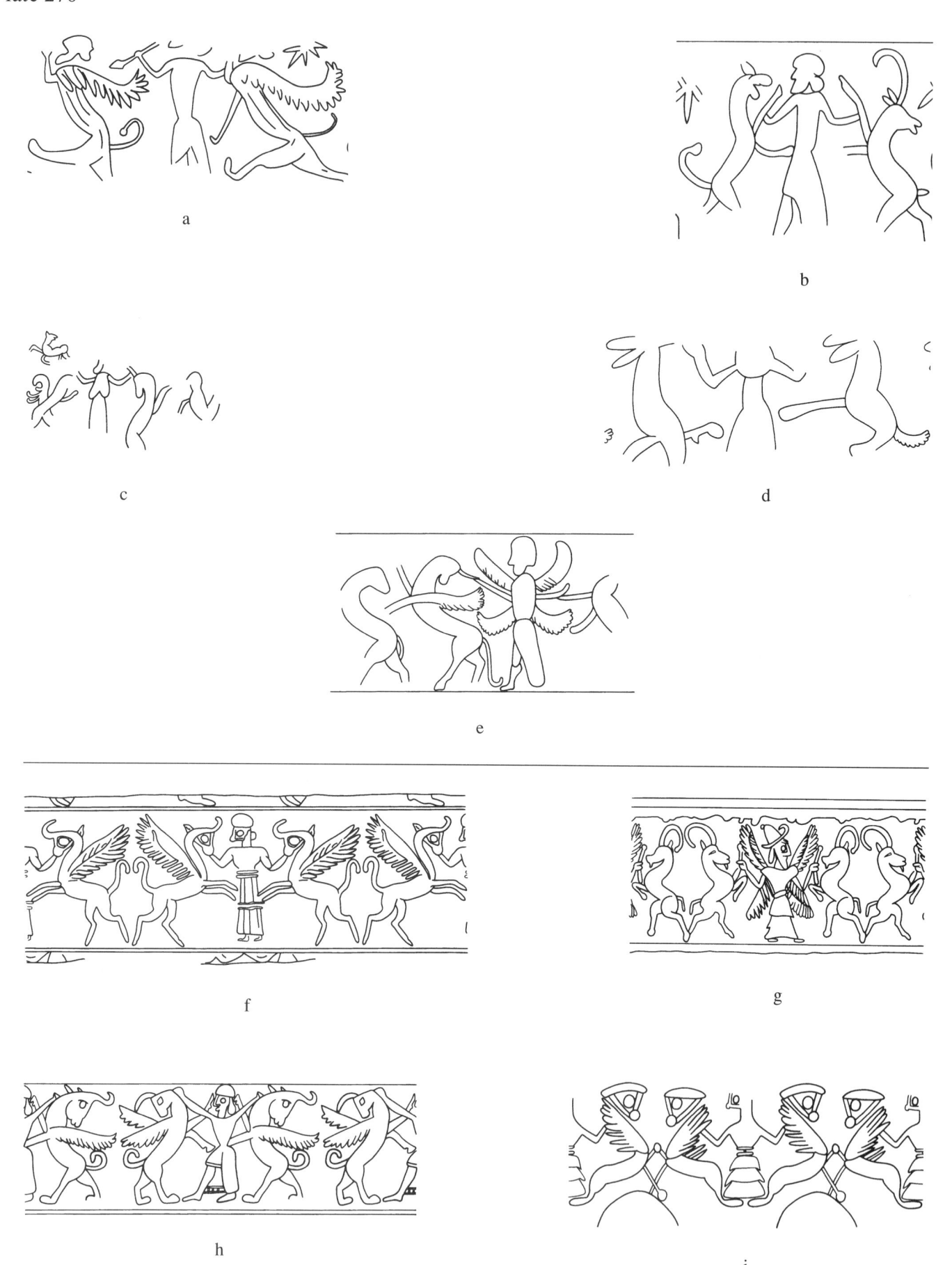

Compositions with Strong Unidirectional Movement: (*a*) PFS 26 (Cat.No. 299), (*b*) PFS 781 (Cat.No. 107), (*c*) (PFS 912 (Cat.No. 138), (*d*) PFS 1188 (Cat.No. 144), and (*e*) PFS 1202 (Cat.No. 137); and **Compositions Creating Dynamic Negative Space as Terminal Field**: (*f*) PFS 2 (Cat.No. 3), (*g*) PFS 594 (Cat.No. 103), (*h*) PFS 778 (Cat.No. 11), and (*i*) PFS 1519 (Cat.No. 167)

Plate 271

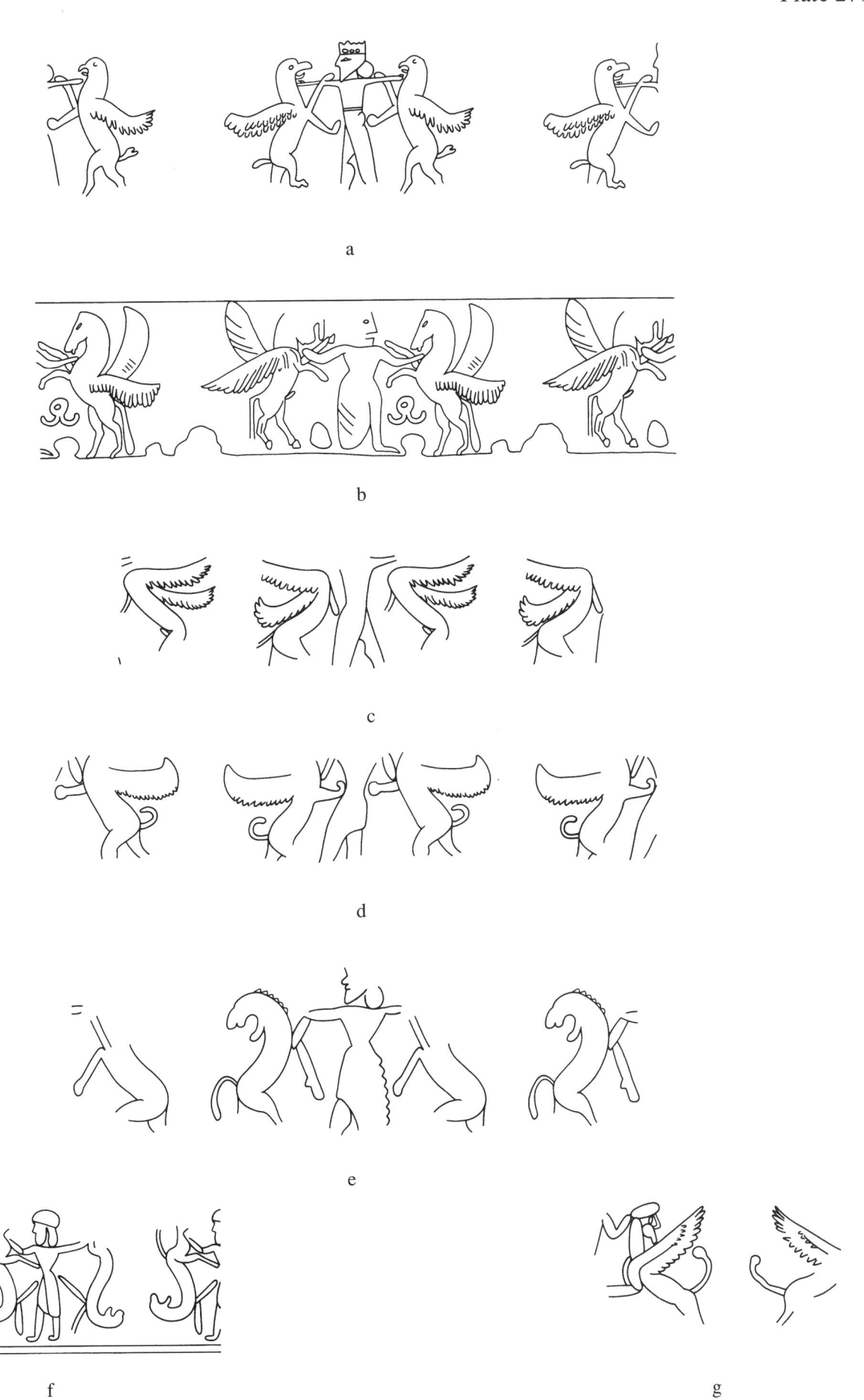

Compositions with Large Empty Space as Terminal Field: (*a*) PFS 79 (Cat.No. 83), (*b*) PFS 99 (Cat.No. 113), (*c*) PFS 454 (Cat.No. 92), (*d*) PFS 996 (Cat.No. 155), (*e*) PFS 1083 (Cat.No. 43), (*f*) PFS 1090 (Cat.No. 175), and (*g*) PFS 1613 (Cat.No. 82)

Plate 272

a

b

c

d

e

f

g

h

i

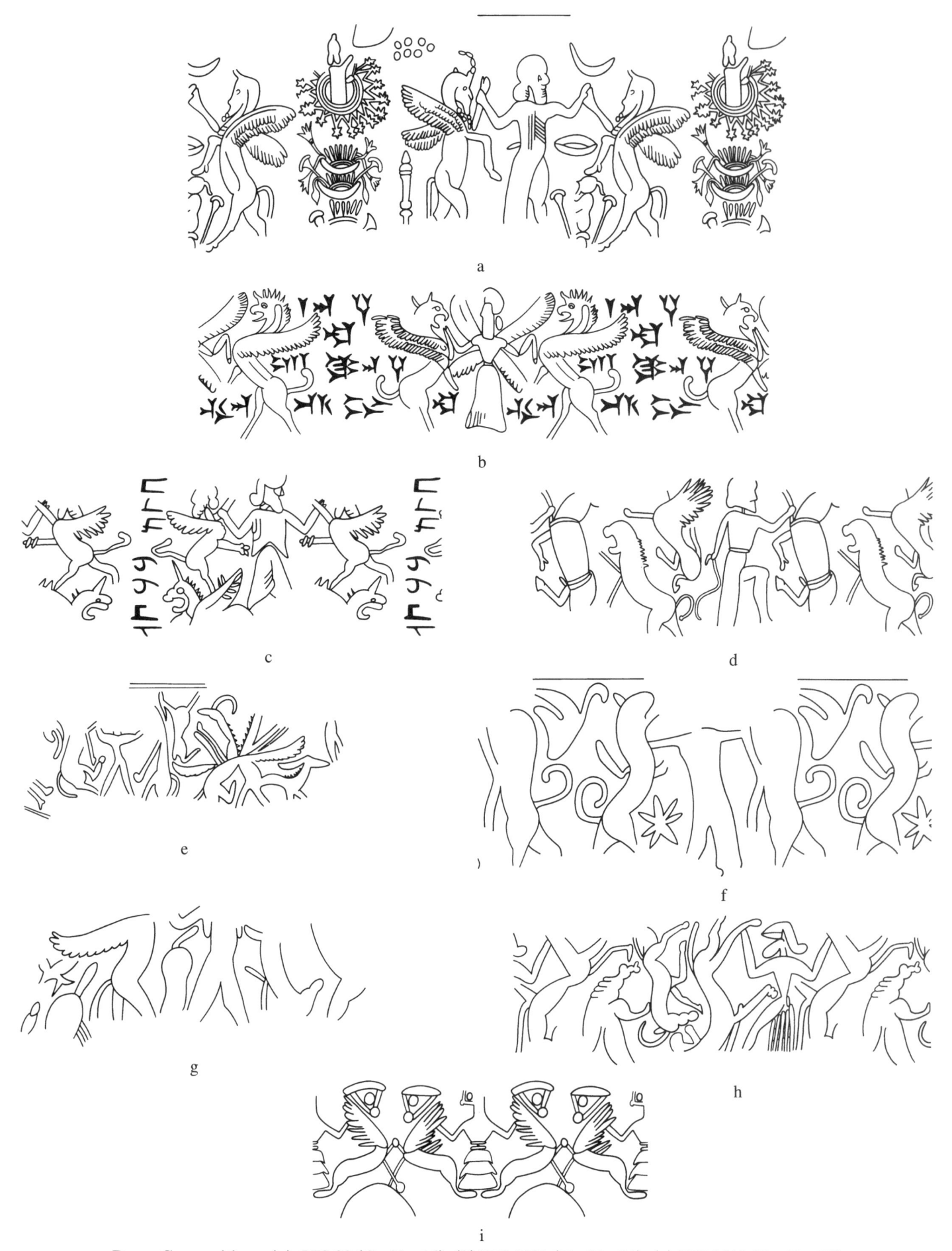

Dense Compositions: (*a*) PFS 38 (Cat.No. 16), (*b*) PFS 103* (Cat.No. 84), (*c*) PFS 164* (Cat.No. 20), (*d*) PFS 167 (Cat.No. 255), (*e*) PFS 213 (Cat.No. 140), (*f*) PFS 329 (Cat.No. 28), (*g*) PFS 1388 (Cat.No. 162), (*h*) PFS 1475 (Cat.No. 177), and (*i*) PFS 1519 (Cat.No. 167)

Plate 273

Open Compositions: (*a*) PFS 36* (Cat.No. 5), (*b*) PFS 52 (Cat.No. 114), (*c*) PFS 72 (Cat.No. 147), (*d*) PFS 149 (Cat.No. 212), (*e*) PFS 321 (Cat.No. 125), (*f*) PFS 513 (Cat.No. 85), (*g*) PFS 547 (Cat.No. 151), (*h*) PFS 885 (Cat.No. 187), and (*i*) PFS 1165 (Cat.No. 89)

Plate 274

Stamp Seals: (*a*) PFS 39s (Cat.No. 221), (*b*) PFS 139s (Cat.No. 222), (*c*) PFS 298s (Cat.No. 236), (*d*) PFS 919s (Cat.No. 259), (*e*) PFS 959s (Cat.No. 246), (*f*) PFS 1217s (Cat.No. 168), (*g*) PFS 1260s (Cat.No. 184), (*h*) PFS 1264s (Cat.No. 206), and (*i*) PFS 1309s (Cat.No. 229)

Plate 275

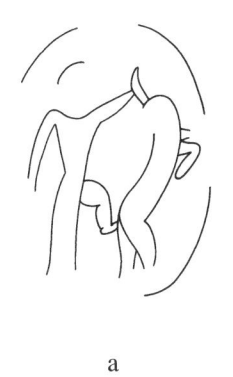

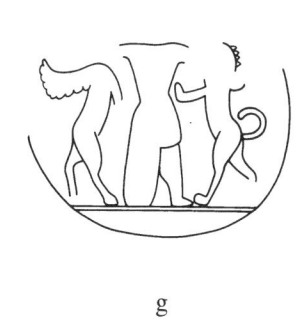

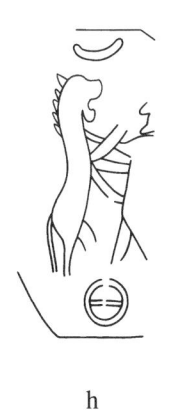

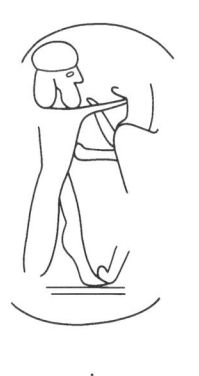

Stamp Seals (*cont.*): (*a*) PFS 1311s (Cat.No. 247), (*b*) PFS 1315s (Cat.No. 253), (*c*) PFS 1321s (Cat.No. 176), (*d*) PFS 1367s (Cat.No. 211), (*e*) PFS 1375s (Cat.No. 254), (*f*) PFS 1428s (Cat.No. 230), (*g*) PFS 1437s (Cat.No. 128), (*h*) PFS 1463s (Cat.No. 231), and (*i*) PFS 1624s (Cat.No. 261)

Plate 276

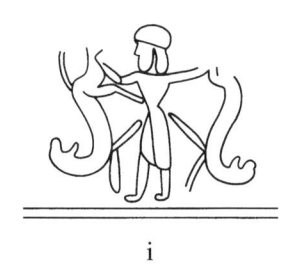

Evidence of Original Seal Caps: (*a*) PFS 2 (Cat.No. 3), (*b*) PFS 594 (Cat.No. 103), and (*c*) PFS 690 (Cat.No. 139); and
Borders: (*d*) PFS 80 (Cat.No. 202), (*e*) PFS 231 (Cat.No. 51), (*f*) PFS 284* (Cat.No. 111),
(*g*) PFS 819 (Cat.No. 86), (*h*) PFS 1072 (Cat.No. 61), and (*i*) PFS 1090 (Cat.No. 175)

Plate 277

Ground Lines on Stamp Seals: (*a*) PFS 919s (Cat.No. 259), (*b*) PFS 1260s (Cat.No. 184), (*c*) PFS 1321s (Cat.No. 176), (*d*) PFS 1437s (Cat.No. 128), and (*e*) PFS 1624s (Cat.No. 261); and **Ground Lines on Cylinder Seals**: (*f*) PFS 30 (Cat.No. 291) and (*g*) PFS 1440 (Cat.No. 42)

Plate 278

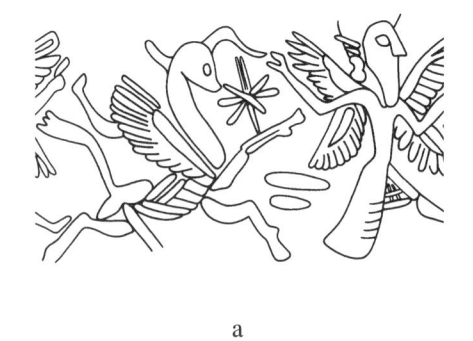

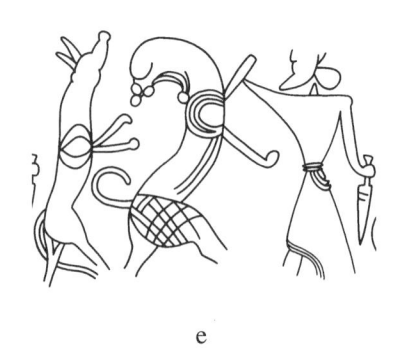

Carving Anomalies: (*a*) PFS 6 (Cat.No. 304), (*b*) PFS 247 (Cat.No. 245), (*c*) PFS 103 * (Cat.No. 84), (*d*) PFS 740 (Cat.No. 146), (*e*) PFS 255 (Cat.No. 233), and (*f*) PFS 1367s (Cat.No. 211)

Plate 279

Carving Anomalies (*cont.*): (*a*) PFS 373 (Cat.No. 306), (*b*) PFS 1309s (Cat.No. 229), (*c*) PFS 1101 (Cat.No. 297), (*d*) PFS 1483 (Cat.No. 88) (*e*) PFS 853 (Cat.No. 204), and (*f*) PFS 1428s (Cat.No. 230)

Plate 280

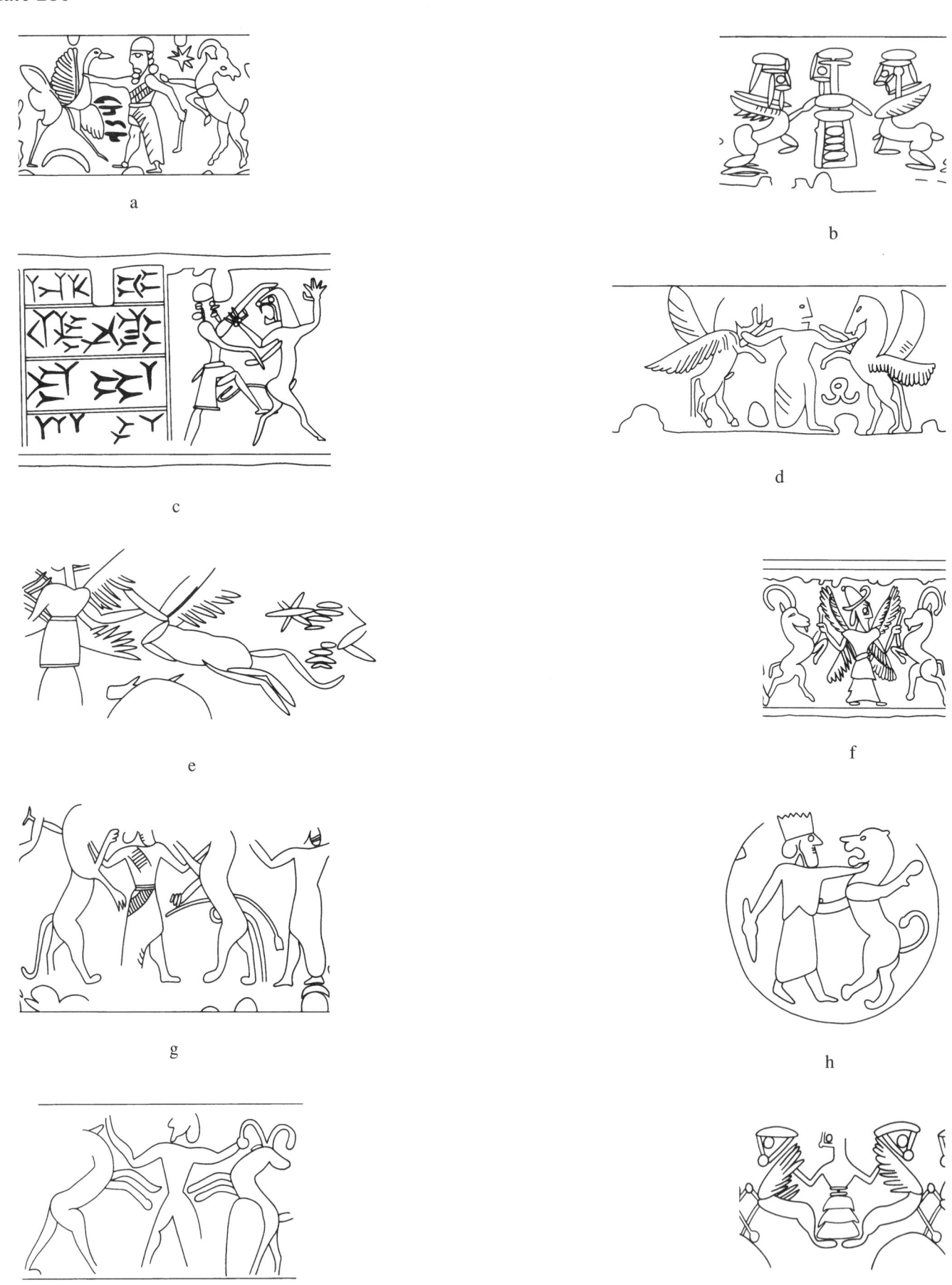

Chips in Seal Matrices: (*a*) PFS 9* (Cat.No. 288), (*b*) PFS 20 (Cat.No. 145), (*c*) PFS 43* (Cat.No. 207), (*d*) PFS 99 (Cat.No. 113), (*e*) PFS 463 (Cat.No. 264), (*f*) PFS 594 (Cat.No. 103), (*g*) PFS 1101 (Cat.No. 297), (*h*) PFS 1428s (Cat.No. 230), (*i*) PFS 1489 (Cat.No. 106), and (*j*) PFS 1519 (Cat.No. 167)

Plate 281

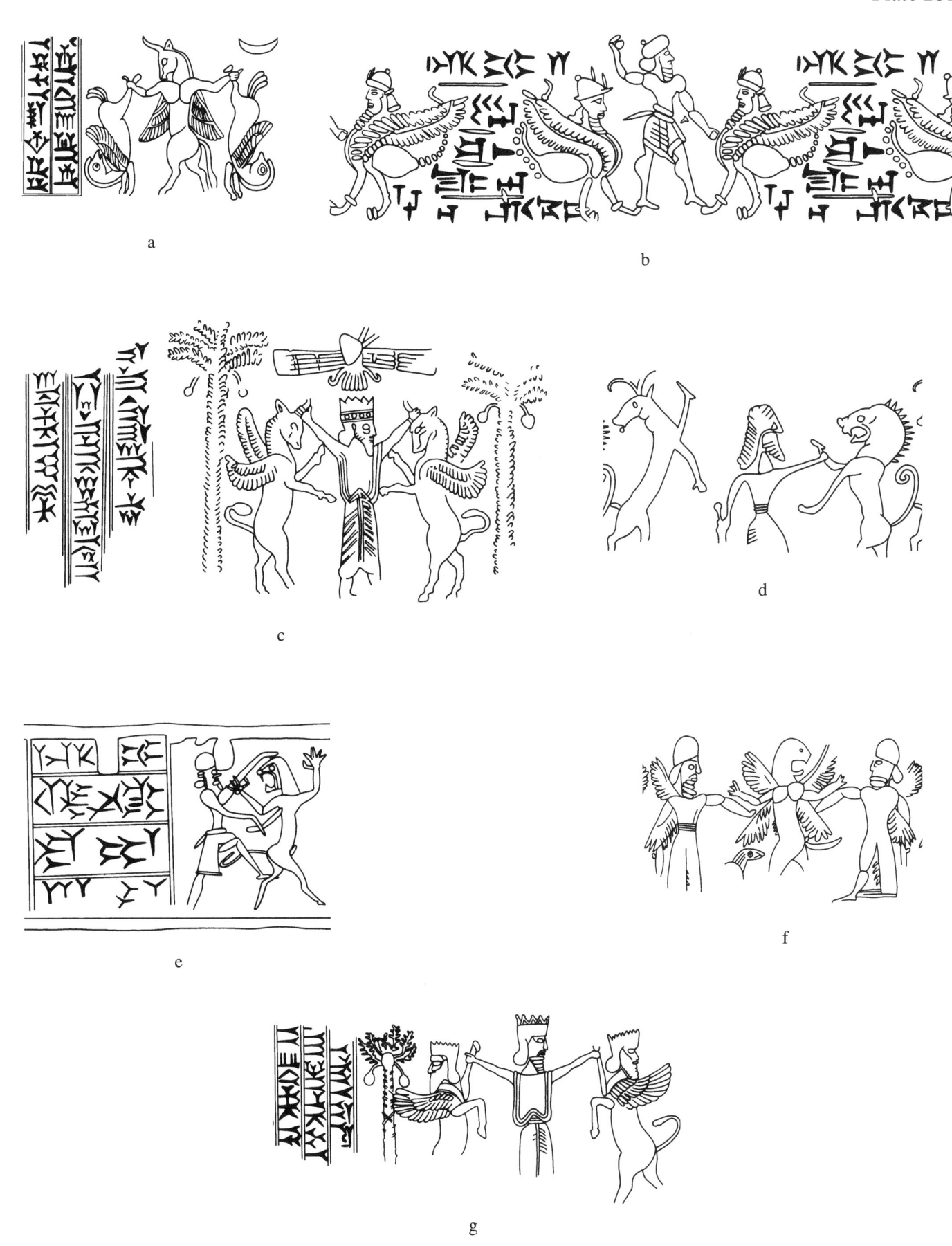

Office Seals: (*a*) PFS 1* (Cat.No. 182; Office Concerned with Rations for Workers), (*b*) PFS 4* (Cat.No. 292; Office Recording Payments for Workers and Animals), (*c*) PFS 7* (Cat.No. 4; Office in Charge of the King's Food Supply), (*d*) PFS 33 (Cat.No. 220; Office Concerned with Flour, Beer, Grain, and Exotic Commodities); (*e*) PFS 43* (Cat.No. 207; Office Concerned with Grain Supply), (*f*) PFS 65 (Cat.No. 241; Tirazziš [Shiraz] Treasury), and (*g*) PFS 113* (Cat.No. 19; Persepolis Treasury)

Plate 282

a

b

c

d

e

f

g

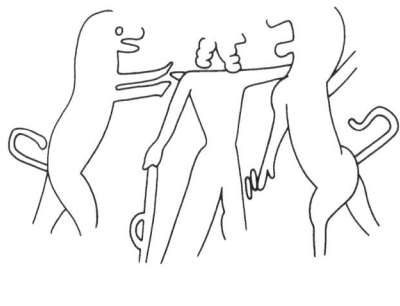

Personal Seals of Supply/Apportionment Officers: (*a*) PFS 2 (Cat.No. 3; Irtuppiya, Grain and Cattle), (*b*) PFS 20 (Cat.No. 145; Mamannawiš, Overseer of a Grain Depot), (*c*) PFS 29 (Cat.No. 302; Ammamarda, Grain), (*d*) PFS 63 (Cat.No. 24; Hiumizza, Horses), (*e*) PFS 79 (Cat.No. 83; Unnamed, Grain and Wine), (*f*) PFS 132 (Cat.No. 69; Kamišdana, Grain), and (*g*) PFS 151 (Cat.No. 223; Šimut-ap, Grain)

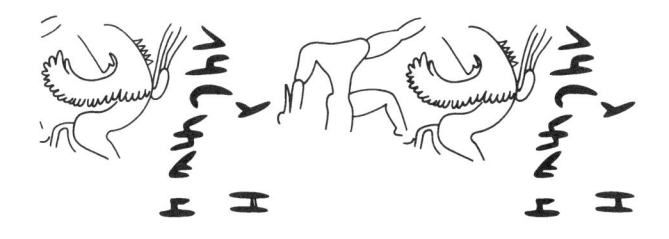

Plate 283

a

b

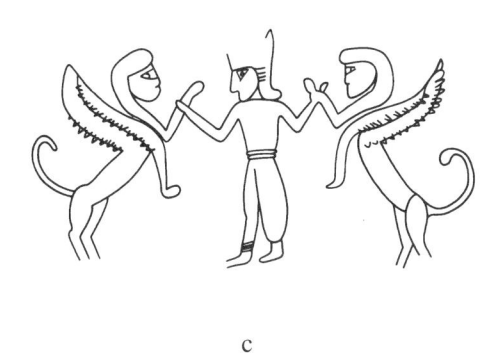

c

d

Personal Seals of Supply/Apportionment Officers (*cont.*): (*a*) PFS 815* (Cat.No. 215; Dattaparna, Wine) and (*b*) PFS 859* (Cat.No. 205; Unnamed Officer, Cattle); and **Personal Seals of Tax Collectors**: (*c*) PFS 34 (Cat. No. 73; Bakabaduš[?]) and (*d*) PFS 1632* (Cat.No. 244; Raubasa, Collection of Animals as Tax for King)

Plate 284

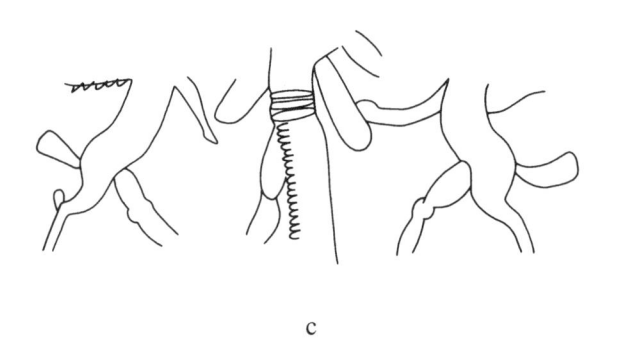

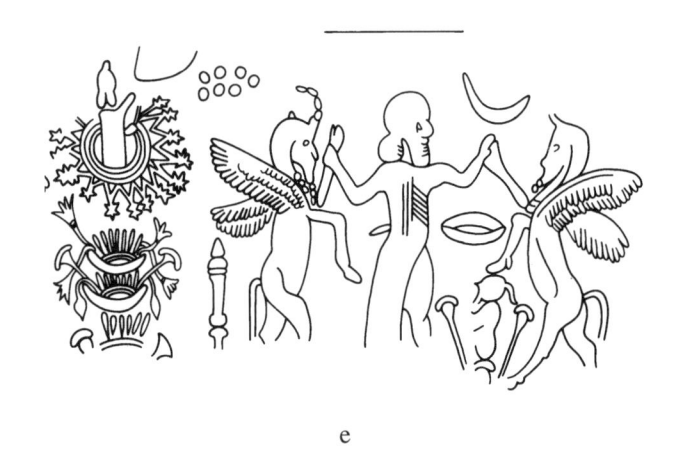

Personal Seals of Various Officers: (*a*) PFS 32* (Cat.No. 180; Šuddayauda, Chief of Workers), (*b*) PFS 64* (Cat.No. 173; Tiridada, Co-overseer for the Provisioning of Workers at Hidali), (*c*) PFS 72 (Cat.No. 147; Mannunda, Director of Royal Bakery in Persepolis Region[?]), and (*d*) PFS 225 (Cat.No. 46; Da'uka, *titikaš* [supervisor?], Receiving and Passing on Rations to Workers); and **Personal Seals of Women**: (*e*) PFS 38 (Cat.No. 16; Irtašduna, Daughter of Cyrus and Wife of Darius, Drawing Royal Provisions and Ratifying Letters), and (*f*) PFS 1437s (Cat.No. 128; Mizapirzaka, Woman Receiving Beer under Authority of Bakabana while en Route to Persepolis)

Plate 285

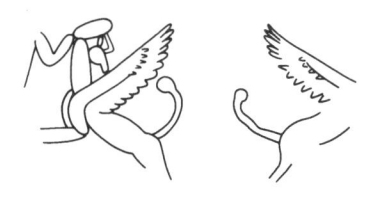

Personal Seals of Barušiyatiš, Flour Supplier: (*a*) PFS 26 (Cat.No. 299) and (*b*) PFS 1613 (Cat.No. 82); **Personal Seals of the Official Abbateya, Who Sets Apportionments**: (*c*) PFS 98* (Cat.No. 217) (plausibly) and (*d*) PFS 1566* (Cat.No. 218) (definitely); **Personal Seals of Parnaka, Son of Aršam, Uncle of Darius, and Chief Functionary at Persepolis**: (*e*) PFS 9* (Cat.No. 288) and (*f*) PFS 16* (Cat.No. 22); and **Personal Seals of Matukka**: (*g*) PFS 139s (Cat.No. 222; Matukka Receiving Beer Rations while en Route to Persepolis with Forty *halla*-makers) and (*h*) PFS 1428s (Cat.No. 230; Matukka Receiving Beer Rations while en Route to Persepolis [along with 2,454 Gentlemen] under Authority of King)

Plate 286

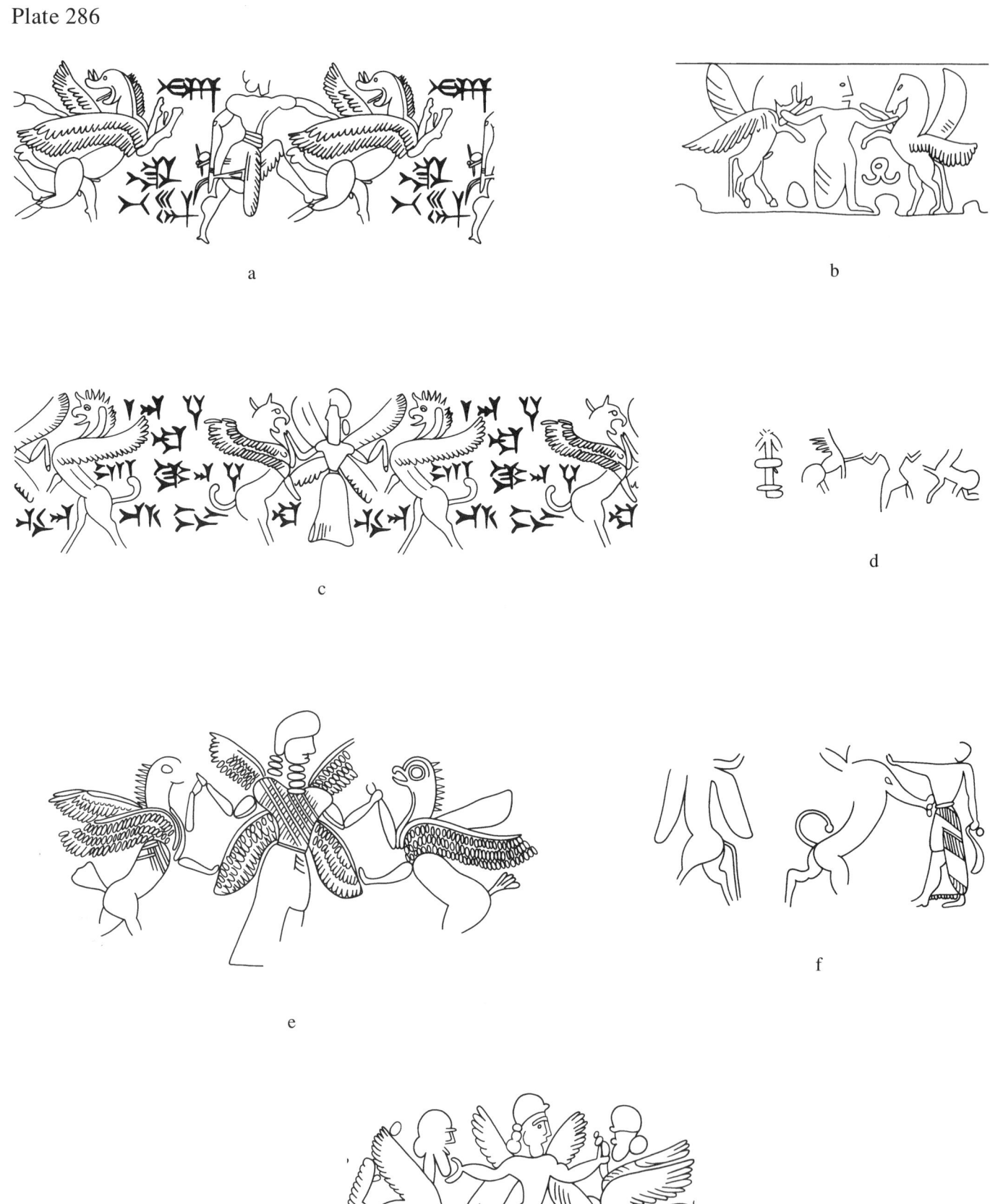

Personal Seals of Accountants: (*a*) PFS 57* (Cat.No. 239; Mirinzana), (*b*) PFS 99 (Cat.No. 113; Unnamed),
(*c*) PFS 103* (Cat.No. 84; Unnamed Director of Accounting Operations), (*d*) PFS 228 (Cat.No. 148; Unnamed),
(*e*) PFS 513 (Cat.No. 85; Unnamed), (*f*) PFS 1582 (Cat.No. 232; Unnamed), and
(*g*) PFS 1586 (Cat.No. 121; Manezza)

Plate 287

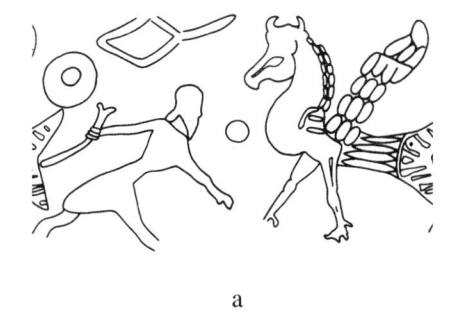

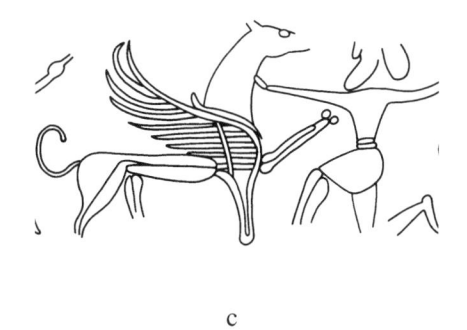

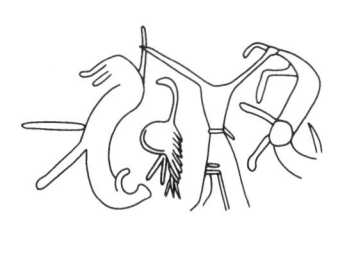

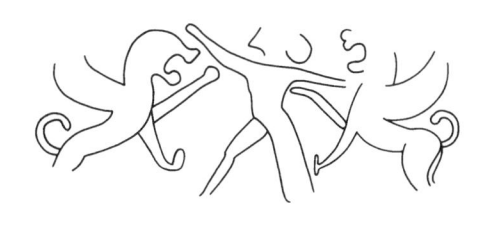

Personal Seals of Various Suppliers: (*a*) PFS 10 (Cat.No. 251; Haturdada, Supplying Flour), (*b*) PFS 17 (Cat.No. 235; Ušaya, Supplying Wine), (*c*) PFS 67 (Cat.No. 293; Kuntukka, Involved in Grain Supply at Tirazziš [Shiraz]), (*d*) PFS 138 (Cat.No. 186; Unnamed Supplier of Flour at Hidali), (*e*) PFS 201 (Cat.No. 50; Unnamed Beer Supplier at Hidali), (*f*) PFS 940 (Cat.No. 81; Karkašša, Supplying Wine to Group en Route from Susa to Kandahar), and (*g*) PFS 1252 (Cat.No. 161; Appumanya, Supplier of Flour Rations)

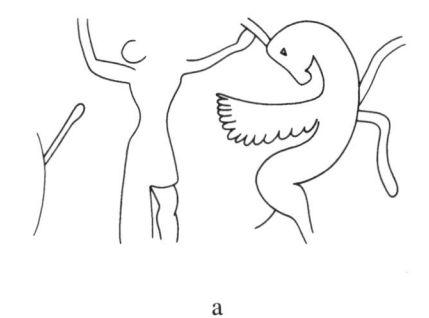

Plate 288

a

b

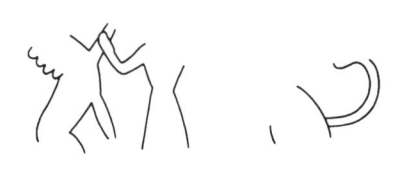

c

d

e

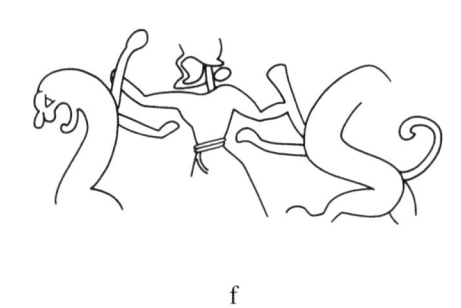

f

g

Personal Seals of Various Men Leading Groups: (*a*) PFS 1612 (Cat.No. 268; Barnuš, a *karamaraš* [OD], Receiving Flour for Large Group en Route to Susa under Authority of King), (*b*) PFS 1285 (Cat.No. 44; Turpiš, Caravan Leader [*karabattiš*] Receiving Flour for One Gentleman and Two Servants), and (*c*) PFS 1447 (Cat.No. 163; Šappiš, Receiving Wine Rations for 100 Turmiriyan Workers en Route to Elam under Authority of Ziššawiš); and **Personal Seals of Elite Guides (*barrišdama*)**: (*d*) PFS 49 (Cat.No. 23; Išbaramištima, Traveling from India to Susa with the Indian Abbatema), (*e*) PFS 213 (Cat.No. 140; Zišanduš, Traveling from Susa to Kandahar), (*f*) PFS 1325 (Cat.No. 41; Kammazikara, Escorting Two Sardian Men to Susa), and (*g*) PFS 1460 (Cat.No. 9; Paršena, Escorting 108 Cappadocian Workers from Unstated Location to Elam)

Plate 289

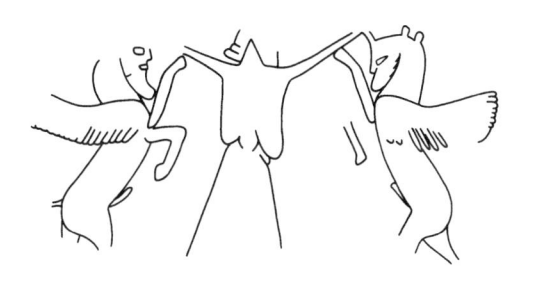

Personal Seals of Fast Messengers (*pirradaziš*): (*a*) PFS 1260s (Cat.No. 184; Harmasula, Traveling to King under Authority of Mišmina) and (*b*) PFS 1264s (Cat.No. 206; Bakakeya, Traveling to King under Authority of King); and **Personal Seals of Various Receivers:** (*c*) PFS 146 (Cat.No. 275; Karkiš, "of the Place Šurauša, formerly of Babylon," Receiving Beer under Authority of King), (*d*) PFS 1391 (Cat.No. 248; Misraka, Receiving Flour Rations under Authority of Parnaka), (*e*) PFS 1440 (Cat.No. 42; Yaunaparza, a Miller[?], Receiving Wine Rations under Authority of Parnaka), and (*f*) PFS 1684 (Cat.No. 17; Šauša, Receiving Rations on Mission to King)

Plate 290

a

b

c

d

e

f

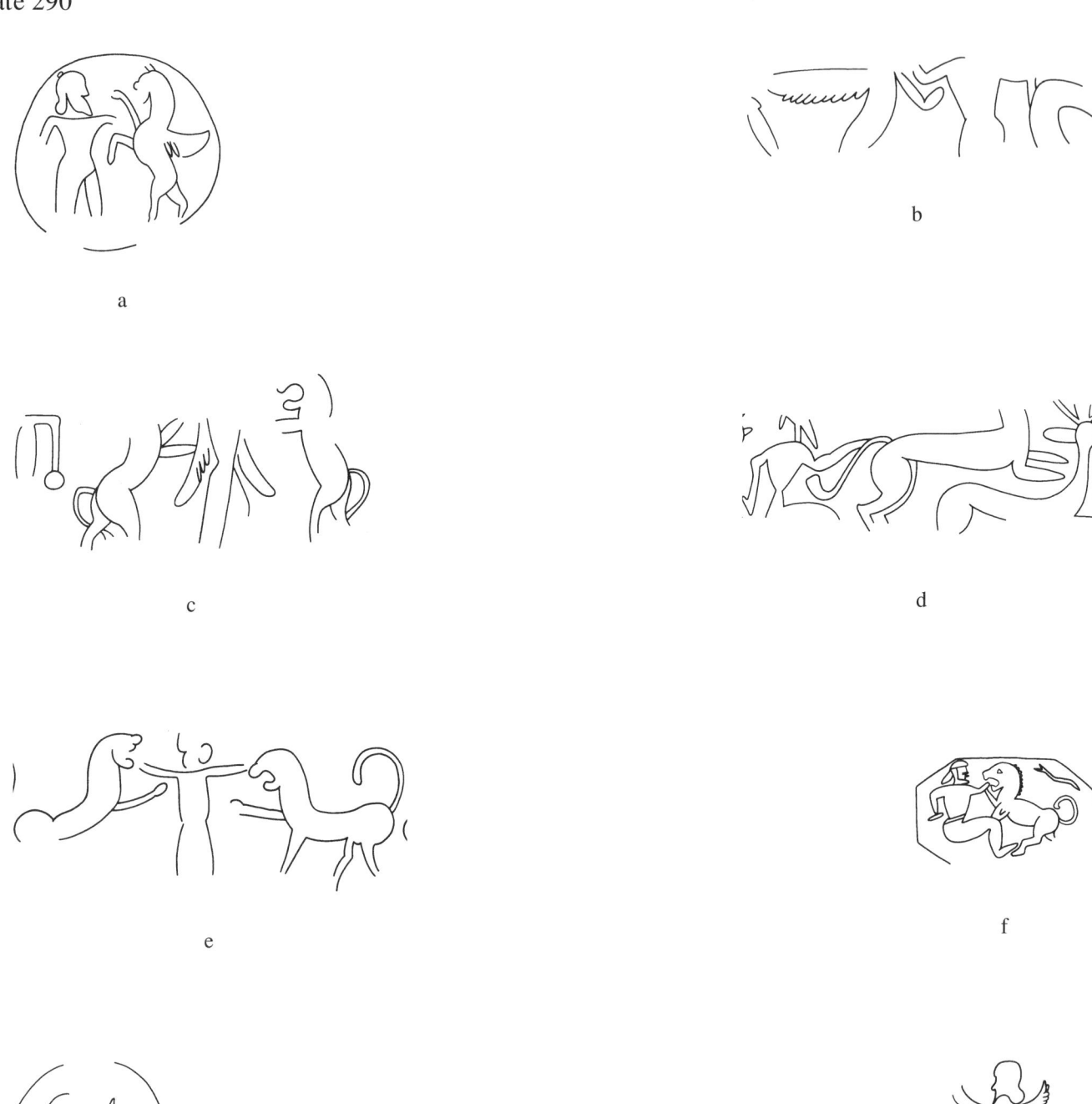

g

h

Personal Seals of Various Travelers: (*a*) PFS 298s (Cat.No. 236; Išbakatukka, Arabian on Mission to King [along with Eight Companions], Receiving Flour under Authority of Bakabana), (*b*) PFS 1238 (Cat.No. 160; Miyara, Receiving Flour Rations en Route to Susa under Authority of Parnaka), (*c*) PFS 1276 (Cat.No. 34; Mirinzamna, Receiving Flour Rations en Route from Susa to Kerman), (*d*) PFS 1286 (Cat.No. 258; Mannuya, Treasurer Receiving Flour Rations en Route from Susa to Matezziš), (*e*) PFS 1300 (Cat.No. 191; Bakanšakka, Receiving Flour Rations en Route from Persepolis to Susa under Authority of King), (*f*) PFS 1309s (Cat.No. 229; Dadaka, Receiving Flour Rations en Route to Persepolis under Authority of Parnaka), (*g*) PFS 1311s (Cat.No. 247; Napidan, Receiving Flour Rations en Route to Persepolis under Authority of Bakabana), and (*h*) PFS 1321s (Cat.No. 176; Dauma, Receiving Flour Rations en Route from Sardis to Persepolis under Authority of Artadara)

Plate 291

a

b

c

d

e

f

g

h

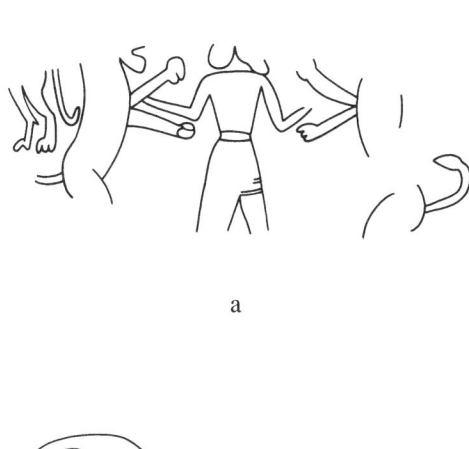

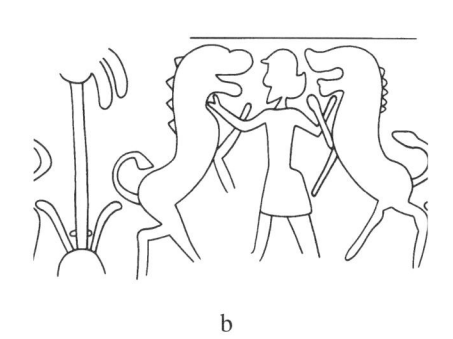

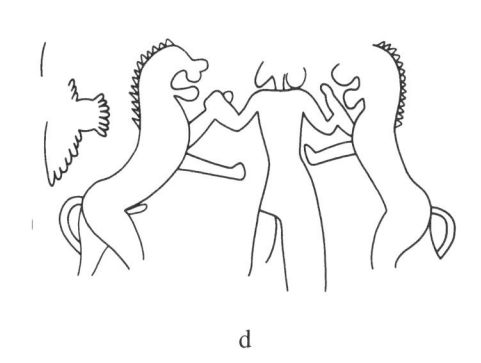

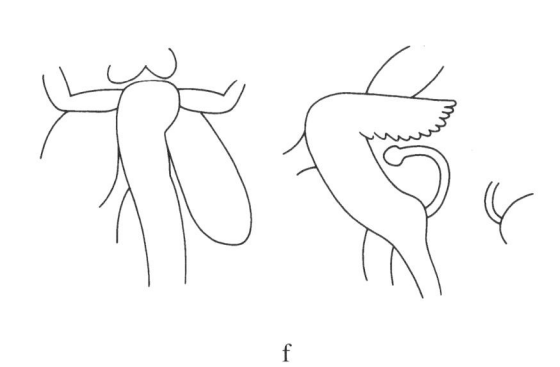

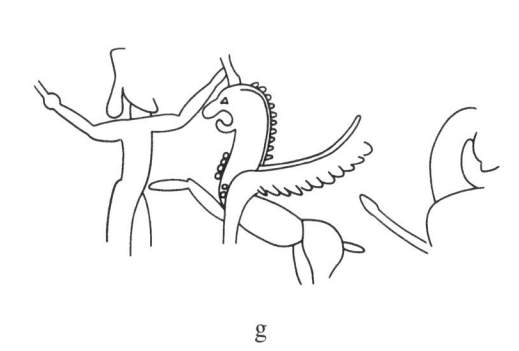

Personal Seals of Various Travelers (*cont.*): (*a*) PFS 1322 (Cat.No. 36; Umiša, en Route to Persepolis under Authority of Bakabana), (*b*) PFS 1362 (Cat.No. 30; Harraštamka, Receiving Flour Rations while Traveling under Authority of King), (*c*) PFS 1367s (Cat.No. 211; Hiyautarra, Receiving Flour Rations en Route to Susa under Authority of Ziššawiš), (*d*) PFS 1374 (Cat.No. 31; Kamnakka, Receiving Flour Rations en Route to Persepolis under Authority of Parnaka), (*e*) PFS 1375s (Cat.No. 254; Kapiša, Receiving Flour Rations under Authority of King), (*f*) PFS 1387 (Cat.No. 72; Minduka, Receiving Flour Rations en Route to Persepolis under Authority of King), (*g*) PFS 1406 (Cat.No. 276; Ratešda, a *hupika* [OD] Receiving Flour Rations en Route to Arachosia under Authority of King), and (*h*) PFS 1463s (Cat.No. 231; Pirdukana, Receiving Sesame Rations en Route from Susa to Persepolis under Authority of King)